KB135329

리걸플러스 133

회사법제와 M&A

리걸플러스+133

회사법제와
M&A

박한성 지음

한국학술정보

머리말

    기업의 자본조달과 기업지배구조와 관련된 제반 사항들은 기업의 입장에서 지속적으로 해결해야 할 가장 핵심적인 사안으로 떠오르고 있다. 특히 자본조달에 있어서는 사채와 같은 타인자본에 의한 방법보다는 주식과 같은 자기자본에 의한 방법이 더 효과적이라고 생각된다. 주식을 발행하다 보면 투자자나 회사의 경영진 또는 지배주주 사이에 첨예한 이해관계가 대립하게 된다. 즉, 투자자는 수익성에만 관심을 갖게 되고, 현 경영진이나 지배주주는 회사의 지배권에만 신경을 쓰게 된다. 지금까지 우리나라 현행 상법은 주주평등의 원칙을 고수하여 권리의 내용이 상이한 종류주식의 발행을 허용하지 않고 있고, 자본조달의 방편으로 예외적으로 한정된 수종의 주식만을 인정하여 왔다.

    그러나 주요 선진국들은 다양한 종류주식을 인정하여 기업자금을 조달하여 왔고 이러한 종류주식을 통하여 적대적 M&A에 대한 효과적인 방어권을 행사하여 왔다. 반면, 우리나라 기업들은 경영권 방어 수단에 관하여 매우 제한적인 환경 속에 있었고, 급변하는 세계경제와 국제경쟁력 제고를 위해 현행 상법에 규정되어 있는 종류주식보다 더욱 다양한 종류주식의 도입을 검토해야 할 적절한 시기가 되었다. 따라서 다양한 종류주식의 도입은 기업에 대한 규제완화와 기업의 효율적 운영에 탄력을 줄 것으로 기대된다. 방어적 종류주식의 도입에 따른 부정적인 효과를 들어 다양한 종류주식의 도입을 배제하는 것은 적절한 입법방향이 될 수 없다고 본다. 종류주식과 관련한 입법규제를 완화하고 다양한 종류주식을 채택하여 기업하기 좋은 환경을 조성하고 적대적 M&A에 대한 효율적인 경영권 방어수단을 강구하는 데 다 같이 지혜를 모아야 할 것이다.

한편, 최근 상법(회사법)에서는 1963년 도입 이후 지금껏 한 번도 발행되지 않은 '무기명주식' 제도를 아예 폐지하는 것을 내용으로 한 법률 제12591호를 2014년 5월 20일부터 시행하고 있다. 무기명주식 제도는 주권 또는 주주명부에 주주 성명이 기재되지 않은 주식을 말한다. 1963년 시행된 제정 상법에서부터 존재했지만 현재까지 발행사례는 단 한 차례도 없어 지금껏 기업의 자본조달에 기여하지 않았다. 그뿐만 아니라 만약 무기명주식이 발행되더라도 소유자 파악이 곤란해 양도세 회피 등 과세사각지대의 발생 우려가 있는 것으로 나타나 혹시라도 앞으로 있을 발행에 대비해 폐지 필요성이 꾸준히 제기되어 왔다. 이에 따라 현행 무기명주식 제도를 폐지하고 주식을 기명주식으로 일원화해 조세 및 기업 소유구조의 투명성 제고를 위한 법적 기반을 마련하는 내용을 골자로 한 상법을 일부 개정하였다.

즉, "무기명주식 제도는 조세 및 기업 소유구조의 투명성 결여로 인한 국가의 대외신인도를 저하시키는 제도적 원인이 되고 있다"며 "프랑스, 일본, 미국, 독일 등 주요 선진국들도 이러한 문제점을 인식해 무기명주식 제도를 폐지하는 추세임을 감안할 때 무기명주식 제도를 더 이상 유지할 실익이 없다"고 판단하였기 때문이다. 또한 정보교환의 실질적 이행을 위한 'OECD 정보교환 글로벌포럼'도 최근 조세정보교환 관련 법제 및 이행능력 평가에서 우리나라의 '무기명 주식 소유자 정보 확보' 부분이 완벽하지 않다고 지적한 바 있어 관련 법 개정 필요성이 제기되었다.

이렇듯 시대적 흐름과 기업환경에 맞게 상법(회사법)이 잦게 개정되고 있는 현실을 감안할 때, 회사법제와 M&A 방어수단에 관련된 내용을 학습함에 있어 졸고가 기초적 지식을 전달하는 데 초석이 되길 바라는 마음이다.

본 필자의 학문적 역량과 학자로서 인성 함양에 많은 가르침을 주신 한국외국어대학교 법학전문대학원 최완진 교수님께 깊은 감사의 말씀을 드리고 싶다. 또한 현재 필자가 연구에 전념할 수 있도록 훌륭한 연구여건을 제공해 주신 한국외국어대학교 법학연구소장 문재완 교수님께도 감사의 말씀드리는 바이다.

부족함이 많은 원고를 필자의 책으로 출판할 수 있도록 기회를 주신 한국학술정보(주)의 채종준 대표이사님 이하 실무 담당자 여러분께도 심심한 감사의 마음을 전해드리는 바이다.

평생 자식을 위해 헌신적으로 살아오신 부모님과 아낌없는 응원과 격려를 해준 아내 이은현과 사랑하는 딸 경주와 아들 기연에게 고마움을 표하고 싶다.

2015년 1월 법학연구소에서
박한성

❏ Contents

Chapter 03   종류주식제도에 대한 고찰

Chapter 04	적대적 M&A 방어수단으로서 종류주식의 활용 방안

Chapter 05	맺음말

♣ 표 목차 ♣

♣ 그림 목차 ♣

CHAPTER

01

들어가며

Ⅰ. 논의의 목적 및 범위

1. 논의의 목적

회사는 다양한 종류의 주식을 발행함으로써 기업발전에 필요한 자금을 조달할 수 있고, 경영권의 안정, 회사의 재무구조의 안정, 적대적 M&A의 방어, 주주 간의 지배권의 분배 등에 관해 다양한 목적들을 달성할 수 있다. 또한 투자자에게 다양한 금융상품을 제공할 수 있을 것이다. 그러나 현행 상법은 종류주식을 제한적으로 규정하고 있고 주주평등의 원칙이 상법 전반에 엄격하게 통제되고 있으므로 종류주식의 활용도가 매우 단순하고 기업의 요구를 충족시키지 못하고 있는 실정이다.

IMF 이후 우리나라는 외자유치와 기업구조조정을 위해 의무공개매수제도 및 외국인 주식취득한도 폐지[1] 등 대부분의 기업경영권

---

1) 적대적 M&A의 주요한 방어수단이었던 상장법인발행주식의 10% 초과 소유제한, 의무공개매수제도, 외국인 주식취득한도의 제한 및 외국인의 국내기업주식 10% 이상 취득 시 당해 이사회의 동의요건 등이 폐지되었다.

보호장치가 사라짐에 따라 국가안보와 우리나라의 국가경제에 중추적 역할을 담당하고 있는 기업들마저 외국자본들의 적대적 M&A의 대상[2]이 되고 있는 실정이다. 적대적 M&A에 대비하거나 직면한 상황에서 경영권의 방어를 위하여 이용할 수 있는 주식을 방어적 주식(defensive stocks)이라고 한다. 이러한 주식은 다양한 기준으로 분류될 수 있다.[3] 개정상법 이전에 인정하고 있었던 수종의 주식의 유형은 3가지이다. 즉, 이익배당, 건설이자배당, 잔여재산분배에 관한 내용이 다른 주식이다(구상법 제344조 제1항). 이 중 종류주식으로서 실질적 기능을 하는 것은 배당우선주에 한하고 방어적 기능과도 거리가 멀다. 그런데 여러 형태의 종류주식 중에는 방어수단으로서 강력한 기능을 수행하는 것도 있기 때문에, 종류주식의 조합방법에 따라 종류주식을 활용한 다양한 방어수단이 나올 수 있다. 최근 국내기업에 대한 외국인의 적대적 M&A의 가능성이 증대되면서 그에 대한 방어수단 마련의 필요성이 크게 대두되고 있는데, 주식의 종류 및 그 발행조건을 다양화할 경우 유용하게 활용될 수 있을 것이다. 즉, 경영권 방어를 위한 효과적인 방법으로 종류주식을 다양화하는 것이 필요하다고 본다.

이러한 시점에서 법무부는 2008년 10월에 상법(회사법)개정안을

---

2) 전국경제인연합회, "외국계 투기자본의 적대적 M&A 대응, 방어수단 마련 시급", 인터넷판 (2006.3.5) 보도자료에 의하면, 실제로 2003년과 2006년 우량기업으로 평가받던 SK와 KT&G가 각각 소버린과 칼 아이칸에 의해 경영권 분쟁에 휘말리자 국내 기업들은 이러한 위협에 효과적으로 대항할 수 있는 적대적 M&A 방어수단의 도입을 요구하였다.

3) 복수의결권주식과 거부권주식 등과 같은 황금주, 의결권제한주식 및 임원임면부주식은 의결권 조정형 주식, 상환주식과 전환주식은 상환·전환형 주식, 전부 양도제한주식과 일부 양도제한주식은 양도제한형 주식으로, 그리고 포이즌 필과 신주예약권과 같은 잠재주식은 옵션부여형 주식으로 분류된다[송종준, "방어적 주식제도의 국제적 입법동향과 법적 과제", 『경영법률』 제17권 제2호(2007), 94면].

국회에 제출하였다. 개정안 중에서 일부는 2009년 2월과 5월 두 차례에 걸쳐 개정된 바 있으나, 기업의 자본조달의 중요한 수단이 되는 주식제도에 관해서는 개정이 유보되었다. 2008년 당시 정부가 국회에 제출한 상법(회사편)개정안의 종류주식에 관한 주요 내용은 다음과 같다. 종래 수종의 주식과 특수한 주식의 분류를 통합하여 종류주식으로 통일하고 종래의 상환주식과 전환주식도 종류주식으로 편입하였다. 그리하여 2008년 개정안은 이익의 배당, 잔여재산의 분배, 주주총회에서의 의결권의 행사, 주식의 양도, 상환 및 전환 등에 관하여 내용이 다른 종류의 주식을 발행할 수 있도록 규정함으로써 종류주식의 종류를 다양화하고 있었다. 그러나 방어수단의 관점에서 보면 주식의 양도제한주식과 의결권제한주식, 상환 및 전환주식이 이에 해당된다. 또한 법무부가 2006년 6월에 정부에 제출한 상법(회사법)개정안에서 거부권부주식과 임원임면권부주식은 방어수단으로서 이용 가능성이 크다는 이유로 2008년 개정안에서는 삭제되기도 하였다.[4)

다행히 국회는 이러한 실정을 감안하여 상법(회사법) 일부개정(법률 제10600호)법률안을 2011년 4월 14일에 통과시켰고, 이 개정법률(이하 '개정상법'이라 함)은 공포 1년 후인 2012년 4월 15일부터 시행하게 되었다. 또한, 개정상법하에서는 소멸하는 회사의 주주에게 제공하는 재산이 존속하는 회사의 모회사주식을 포함하는 경우에는 존속하는 회사는 그 지급을 모회사주식으로 취득할 수도 있다(개정상법 제523조의2). 이른바 합병대가로 모회사의 주식을 제공하는 것

---

4) 권종호, "방어수단으로서 종류주식-2006년 개정안과 2008년 개정안을 중심으로-", 『상사법연구』 제27권 제2호(2008), 52면.

으로 미국의 삼각합병(triangular merger)을 도입한 것이다.[5] 삼각합병이 허용됨에 따라 적대적 M&A 상황은 더욱 다양한 형태로 전개될 것으로 예상된다. 적대적 M&A에 대한 방어수단이 절실히 요구되고 있는 시점에서 우리나라는 주식법제와 관련하여 종류주식을 다양하게 도입하게 되었다. 이러한 상법(회사편) 일부개정으로 인하여 종류주식이 다양화됨에 따라, 자금운용의 기동성을 높여줄 수 있을 뿐 아니라, 투자자의 입장에서는 투자상품이 다양화되어 자본시장활성화에 기여할 것이며 기업의 경쟁력 제고에도 도움이 될 것이다. 따라서 본서에서는 상법(회사편) 일부개정 법률에서 도입한 종류주식 등을 활용하여 적대적 M&A에 대한 경영권 방어수단에 관하여 연구하고자 한다.

2. 논의의 범위와 방법

미국의 경우에는 일찍부터 다양한 유형의 종류주식을 인정하여 왔고,[6] 이미 20여 년 전에 '엑손-폴로리오'법을 제정하여 기간산업에 대한 외국인의 M&A를 정부직권으로 막을 수 있도록 하였다. 일본도 이미 2001년 개정 상법, 2002년 개정상법 및 2005년 개정상법에서 종류주식의 다양화를 도모하여 새로운 유형의 종류주식을 도입[7]

---

5) 미국의 삼각합병에 관한 규정으로는 모범사업회사법(RMBCA) §11.02(c)(3)을 들 수 있다. 즉, the manner and basis of converting the shares of each merging domestic or foreign business corporation and eligible interests of each merging domestic or foreign eligible entity into shares or other securities, eligible interests, obligations, rights to acquire shares, other securities or eligible interests, cash, other property, or any combination of the foregoing라고 규정하고 있다.

6) Robert W. Hamilton and Jonathan R. Macey, *Case and Materials on Corporations* 8th Ed, West Group(2003), p.388.

7) 前田庸, "商法等の一部を改正する法律案要綱の解説（Ⅰ）", 『商事法務』 제1621호(2002.2), 5면.

하였다. 유럽국가들도 황금주나 복수의결권주식을 채택하여 기업의 방어장치를 튼튼하게 마련하고 있다.[8]

반면, 우리 상법은 회사가 다양한 주식을 발행함에 있어 경직되어 있고, 그 분류방법 또한 경직되어 있어서 국제경쟁력을 갖추는 데 한계점이 있다. 또한 종류주식 중에는 방어수단으로서 강력한 기능을 수행하는 것이 있으며, 종류주식을 어떻게 조합하느냐에 따라 종류주식의 다양화는 방어수단의 다양화로 이어질 수 있다. 이러한 점 때문에 우리나라에서는 종류주식의 다양화는 곧 방어수단의 다양화라는 인식이 강하고, 그 결과 종류주식의 논의는 방어수단에 관한 논의로 변질되어 종류주식이 갖는 고유기능마저 논외로 치부되는 경향이 있었다.[9]

그러나 본서에서는 개정상법에서 도입된 의결권제한주식과 전환사유부주식을 활용한 적대적 M&A로부터 회사의 경영권을 방어하기 위한 수단에 관해 구체적이고 현실적인 방안을 모색해 보고자 한다. 따라서 적대적 M&A 방어수단으로서 종류주식의 활용에 관한 연구를 본서의 연구대상과 범위로 정하였다.

이와 같은 관점에서, 본서는 적대적 M&A의 방어수단으로서 종류주식의 활용 방안에 관하여 5개의 장으로 나누어 고찰하고 그 내용은 다음과 같다.

제1장에서는 본서의 서론에 관한 장으로서 논의의 목적과 범위와 방법을 기술하고자 한다.

---

8) 최완진, "종류주식의 다양화에 관한 법적 고찰", 『경영법률』 제20권 제1호(2009.10), 248면.
9) 권종호, "종류주식의 다양화와 경영권방어", 한국상사법학회(2008년 춘계학술대회) 발표자료집, 37면.

제2장에서는 적대적 M&A 방어수단 및 적법성 판단에 관한 장으로서 적대적 M&A 일반론에 관해서는 개념 및 유형, 적대적 M&A에 사용될 수 있는 개정상법에 도입된 삼각합병의 소개와 적대적 M&A의 순기능 및 폐해에 대해 고찰해 보고 경영권 방어에 대한 필요성, 적대적 M&A 방어행위에 대한 적법성 판단기준에 관해서는 미국의 기준과 일본의 기준을 고찰한 후 우리나라의 기준 등에 관해 고찰해 보고자 한다.

제3장에서는 종류주식에 대한 고찰에 관한 장으로서 먼저 종류주식제도 일반론으로서 종류주식제도의 다양화 필요성과 2011년 개정상법상 도입된 종류주식에 대한 소개, 주요국의 종류주식제도에 관해서는 미국·일본·독일·영국을 중심으로 살펴보고, 종류주식 활용에 따른 주주평등의 원칙에 대한 재검토에 관해서는 종류주식의 도입에 따른 주주평등의 원칙약화와 적용범위 및 이러한 주주평등의 원칙에 관한 관계 재조정 등에 관해 검토해 보고자 한다.

제4장에서는 적대적 M&A 방어수단으로서 종류주식의 활용 방안에 관한 장으로서 먼저 개정상법상 도입된 종류주식의 활용으로서 의결권제한주식과 주식상환에 관한 종류주식 및 전환사유부주식을 활용하는 방안과 이에 따른 문제점을 살펴보고, 기타 방어주식제도로 도입이 가능한 종류주식, 향후 중소기업의 이익을 위한 활용 방안, 방어수단 활용 시 제기되는 기타 새로운 회사법적 이슈 등에 관해 살펴보고자 한다.

제5장에서는 본서의 결론에 관한 장으로서 위의 내용을 요약 정리하여 상법상 종류주식의 다양화에 따른 여러 측면 중에서도 방어수단에 관한 필요성을 강조하고, 향후 우리 상법이 나아가야 할 방법을

제시하겠다.

　본 연구의 방법은 주로 문헌적인 연구방법으로 국내문헌, 외국문
헌, 국내외 중요 인터넷 자료, 정부자료의 관계법령집, 선행 연구물
등을 활용하였다. 필요에 따라서는 외국의 판례와 국내의 주요 판례
를 검색하여 활용하였다. 최근 우리나라 상법의 개정이 잦아지고 있
는 가운데, 이번 2011년 개정상법은 상행위편 합자조합이 신설되었
고, 회사편에 관한 사항이 개정되어 본서에서는 현행 상법상 수종의
주식에 대한 문제점에 대한 개선책으로 2011년 개정상법에 도입된
종류주식에 대하여 검토한 후, 적대적 M&A에 대한 경영권 방어수단
으로 종류주식의 활용 가능성을 검토하여, 향후 우리나라가 취해야
할 상법(회사법)의 법적 개선방안을 도출하고자 한다.

적대적 M&A 방어수단 및
적법성 판단

I. M&A 일반론

1. M&A의 개념

M&A는 법학보다는 경영·경제학에서 자주 이용되고 있는 용어로서 법적으로 정확한 개념이 없어 일상적으로 '인수·합병', '기업인수', '매수' 등 다양한 뜻으로 사용되고 있다. 대체적으로 기업의 경영권 취득을 목적으로 하는 거래의 총체라고 이해되고, 합병을 의미하는 Merger와 인수를 뜻하는 Acquisition의 약자로 이루어진 것으로 인식되고 있다.[10] 특히 합병은 독립적인 2개 이상의 기업이 하나의 기업으로 합해지는 경우로, 한 회사가 존속하고 다른 회사가 소멸하는 흡수합병(Merger)과 당사회사가 전부 소멸하고 신회사가 설립되는 신설합병(Consolidation)으로 분류되나 양자 간의 합병의 형태를 제외한 합병요건 및 절차적인 면은 동일하다고 볼 수 있다.[11] 또한 인수

---

10) 정동윤, 『회사법』, 법문사, 2007, 855~856면.

11) James D. Cox & Thomas Lee Hazen, *Corporations Volume II*, Aspen Publisher(2003), p.606.

의 방법에는 주식인수와 자산인수가 있다. 먼저 주식인수 방법은 주식의 상당부분을 매수함으로써 경영권을 취득하는 경우이고, 자산인수는 대부분의 자산을 매입하여 실제적인 기업을 인수하는 경우이다. 이와 같이 합병과 인수가 형태에 있어서 다르지만 보통의 경우에 합병 또는 인수 후 과거의 경영진이 새로운 경영진으로 교체된다는 점에서 공통점을 찾을 수 있다.[12]

2. M&A의 유형

M&A의 유형은 매우 다양하다. 즉, 분류기준에 따라 다양하게 분류되고, 아래의 도표를 보면, 결합형태 · 거래의사 · 매수결제수단 · 결합주체에 따라 분류할 수 있다.[13] 이하에서는 각 분류에 대하여 살펴보기로 한다.

---

[12] 전국경제인연합회, "적대적 M&A 방어수단 관련 현행법상 문제점과 개선방안", 『연구용역보고서』(2005.12), 11면; 권재열, "적대적 M&A의 방어방법에 관한 연구", 『코협연구보고서』 05-1(2005), 5~6면.

[13]

<표 1> M&A 유형

분류	유형
결합형태	수평적 M&A, 수직적 M&A, 혼합형 M&A
거래의사	우호적 M&A, 적대적 M&A, 중립적 M&A
매수결제수단	현금매수, 주식매수, 차입매수(LBO)
결합주체	국내기업 간 M&A, 국내기업의 국외기업 M&A, 국외기업의 국내기업 M&A

자료: 지호준 · 박용원, 『M&A: 기업인수 · 합병』, 법문사, 2004, 13면.

(1) 기업결합형태에 의한 분류

수평적 M&A(Horizontal M&A)는 동일한 시장 내에서 경쟁관계에 있는 동종 또는 유사제품을 생산·판매하는 2개 이상의 기업들 간의 M&A를 말한다. 이는 규모가 크면 클수록 유리한 '규모의 경제(Economies of Scale)'를 누릴 수 있는 결합형태이다. 수직적 M&A(Vertical M&A)는 생산에서부터 판매에 이르기까지 수직적 흐름에 있어서 서로 다른 단계에 속한 기업 간의 결합형태를 말한다. 혼합형 M&A(Conglomerate M&A)는 상이한 사장에 속하기 때문에 상호경쟁관계 또는 수직적인 관계에 있지 않은 기업들 간의 M&A를 의미한다.[14)

(2) 기업의 거래의사에 의한 분류

M&A를 대상회사(Subject Firm) 내지 표적기업(Target Firm)(이하 '대상회사'라 함)의 경영진의 거래의사 또는 동의 여부를 기준으로 분류하는 것으로, 먼저 우호적 M&A(Friendly M&A, Agreed M&A)는 인수희망기업(Acquiring Firm) 내지 인수희망자(Acquirer)가 대상회사와 합의하에 M&A를 하는 경우를 말한다. 즉, 우호적 M&A의 경우에는 시장의 지배와 관련된 공정거래법에서 기업결합에 대한 규제를 가하고 있고, 그 외의 사항에 대해서는 상법에 따라 주주보호 절차와 채권자보호 절차만 거치면 법적인 제재를 받지 않는 자율적인 경영사항이다. 반면, 적대적 M&A(Hostile M&A, Defended M&A)는 대

---

14) 권재열, 『경제법』, 법원사, 2005, 112~114면.

상회사의 현 경영진의 의사에 반하여 그 경영진을 교체하려는 목적으로 대상회사의 경영권을 획득하는 것을 말한다. 따라서 적대적 M&A의 경우는 인수당하는 회사의 의사와 관계없이 인수희망자가 독단적으로 경영권을 빼앗는 구조이므로 공격자(Raider)와 방어자(Defender) 간의 첨예한 이해관계가 대립하게 된다. 즉, 적대적 M&A의 경우에는 대상기업을 기습적으로 공격한다는 점에서 경영상의 혼란을 초래할 수 있고, 주주들이 충분한 정보를 가지고 주식의 매도 여부를 결정할 수 있는 기회가 주어지기 어렵기 때문에 이들을 보호할 필요성이 있다. 중립적 M&A(Neutral or Unopposed M&A)는 대상회사의 경영진이 인수희망자에게 M&A에 관해 찬성도 반대도 하지 않는 경우를 말한다.[15)]

(3) 매수결제수단에 의한 분류

매수결제수단에 의한 분류로, 먼저 현금매수는 기업매수의 대가로 현금을 지불하는 거래의 형태를 말하고 주식매수 내지 주식교환매수는 대상회사의 주식과 인수회사의 주식을 일정한 비율로 교환하는 방식으로 이루어지는 매수를 의미한다. 또한 차입매수(Leveraged Buyout; LBO)는 대상회사의 자산을 담보로 조달한 부채를 자금으로 매수를 실행하는 것을 뜻한다.[16)]

---

15) 전국경제인연합회, 전게보고서(주 12), 13~14면; 한정미, "적대적 M&A 관련 법제의 비교법적 연구", 『한국법제연구원』(2006), 14~15면.

16) LBO 중에서 경영자가 자사주식을 매수하는 행위를 경영자매수(Management Buyout, MBO)라 한다. MBO에서는 회사의 사정을 잘 아는 현 경영진이 최대주주가 되어 독립경영과 책임경영을 할 수 있다는 것이 장점이다. 또한 종업원 매수(Employee Buyout, EBO)란 우리사주조합 등 종업원들이 중심이 되어 당해 기업의 주식을 매수하는 것을 말한다[권재열, 전게보고서(주 12), 10

(4) 결합주체에 의한 분류

결합주체에 따른 M&A의 분류로는 국내기업 간에 이루어지는 국내 M&A(In-In), 국내기업이 국외기업을 M&A하는 국제M&A(In-Out), 국외기업이 국내기업을 M&A하였을 경우(Out-In)로 분류된다.[17] 따라서 국경 간 M&A에 관해서는 외국인의 국내기업 M&A는 미국·영국·독일·프랑스·스웨덴 등의 순으로 활발하였고, 내국인의 외국기업 M&A는 영국·미국·독일·프랑스·네덜란드 등의 순으로 활발했다. 아시아 지역도 외국인 M&A에 대한 세계적인 흐름을 타고, 일본·싱가포르·홍콩 등의 순으로 외국기업에 대한 M&A에 적극적 태도를 보였다. 그리고 세계적으로 외국인 M&A가 증가한 것은 여러 요인이 있겠지만, M&A에 대한 장벽을 완화한 것과 자본시장의 개혁과 탈규제도 제 몫을 한 것으로 보인다.[18]

면].

17) 전국경제인연합회, 전게보고서(주 12), 14면.

18) 한정미, 전게논문(주 15), 14~15면.

II. 적대적 M&A에 대한 이해

1. 적대적 M&A의 환경

우리나라 M&A 환경은 2011년 개정상법상 개선된 합병제도로 인하여 우호적·적대적인 것을 불문하고 M&A의 가능성과 유인이 제고되고 있다. 예를 들면, 현금지급합병제도의 도입(개정상법 제523조 4호), 소수주식 강제매수제도의 도입(개정상법 제360조의24),[19] 삼각합병제도(개정상법 제532조의2)의 도입 등이다. 특히 현금지급합병(Cash-out merger)은 최대지주가 자신의 지분율의 확보가 가장 중요한 사안인 경우, 자신의 지분을 희석시키지 않으면서도 합병할 수 있어 M&A를 활성화시킬 유인으로 작용할 수 있다. 이러한 현금지급합병과 삼각합병을 허용함으로써 기업시너지 효과의 극대화와 효율적 구조조정을 위해 다양한 적대적 M&A 수단으로 이용될 수 있을 것이다. 더욱이 다양한 종류주식을 발행할 수 있게 되고, 자기주식취득제도를 전면 수정하고 법정자본금의 활용이 유연화됨으로써 적대적 M&A에 대한 방어수단으로 활용가능성이 높을 것으로 기대된다. 이하에서는 삼각합병과 기타 환경 등에 대하여 살펴보겠다.

---

19) 또한 개정상법은 회사발생주식 중 95% 이상을 보유하고 있는 지배주주가 소수주주의 주식을 강제로 매입하여 소수주주를 회사의 경영에서 축출하여 1인회사화할 수 있게 하는 이른바 소수주식 강제매수제도 내지 소수주주 강제축출제도(freeze-out; squeeze-out)를 도입하고 있다(개정상법 제360조의24). 따라서 소수주주들이 부당한 경영상의 이유를 들어서 합리적인 방향의 기업구조조정 시도에 저항하는 사례가 줄 것으로 예상된다.

1) 삼각합병과 적대적 M&A

일본이 삼각합병제도를 도입한 후, 외국계 법인에 의한 적대적
M&A 공포가 높아진 것처럼,[20) 우리 기업의 경우에도 외국기업에 의
한 적대적 M&A가 발생가능성이 예전보다 높아질 것으로 예상된다.
이처럼 삼각합병이 허용됨에 따라 모회사는 소멸회사의 법률상의
권리, 의무나 책임을 승계하지 않으면서도 경제적인 통합을 달성할
수 있다. 이러한 경우 모회사가 상장법인인 경우 소멸회사의 주주는
우회상장과 같은 효과를 얻을 수 있고, 모회사가 외국법인인 경우에
는 국제적 합병도 가능하게 되었다.[21)

(1) 삼각합병의 의의

삼각합병은 회사법상 개념과 세법상 개념으로 나눌 수 있지만,
본 연구에서는 개정상법에 도입된 삼각합병(triangular merger)을
소개하겠다. 즉, 회사법상의 삼각합병이란 회사의 흡수합병 시 소
멸회사의 주주에 대해서 합병대가로 존속회사의 모회사 주식이 교
부되는 경우를 말한다. 예를 들면, P사가 모회사인 자회사 S사가 존
속회사가 되어, T사를 소멸회사로 하는 흡수합병이 있는 경우, 그 대
가로 T사 주주에게 P사 주식이 교부되는 것을 가리킨다[이를 '정삼
각합병(forward triangular merger)'이라 한다]. 한편 이와는 달리 S사를
소멸회사로 하고 T사를 존속회사로써 P사 주식을 교부하는 것을 '역

---

20) 안경봉·박훈, "삼각합병제도와 과세", 『법학논총』 제22권 제2호(2010), 265면.
21) 안경봉·박훈, 전게논문(주 20), 261면.

삼각합병(reverse triangular merger)'이라고 한다. 따라서 개정상법은 "상법 제342조의2(자회사에 의한 모회사 주식취득 금지)에도 불구하고 제523조(흡수합병계약서) 제4호에 따라 소멸하는 회사의 주주에게 제공하는 재산이 존속하는 회사의 모회사주식을 포함하는 경우에는 존속회사는 그 지급을 위하여 모회사의 주식을 취득할 수 있다"라고 규정하고 있다.[22] 이러한 규정은 합병대가를 보다 유연하게 제공할 수 있도록 흡수합병의 존속회사는 그 대가를 전부 또는 일부를 금전이나 기타 재산으로 제공할 수 있도록 개정하였다.[23] 따라서 우리나라에서도 삼각합병의 활용이 가능하게 되었다. 정삼각합병과 역삼각합병을 도식화해 보면 다음 그림과 같다.

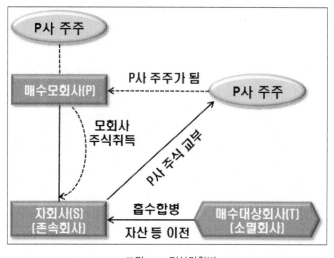

<그림 1> 정삼각합병

---

22) 개정상법 제523조의2(합병대가가 모회사주식인 경우의 특칙).

23) 개정상법 제523조 제4호(흡수합병의 합병계약서).

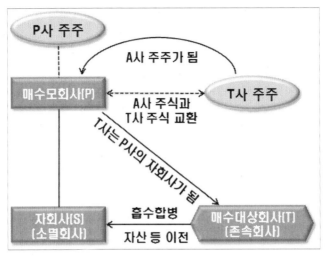

<그림 2> 역삼각합병

일본의 경우에도, 회사법 제정 전의 통설은 합병대가로 존속회사 주식 이외의 재산을 교부하는 것을 인정하지 않았으나, 회사법에서는 명문으로 이를 인정하여 존속회사 주식(회사법 제749조 1항 2호) 이외의 금전 등을 합병대가로 하는 것이 가능해졌다(이른바 '합병대가의 유연화'라 한다). 이러한 '합병대가의 유연화'의 일환으로 존속회사의 사채, 신주예약권, 신주예약권부사채 외에 '존속회사의 주식 등 이외의 재산'을 합병대가로 하는 것이 인정되고, 이러한 '존속회사의 주식 등 이외의 재산'으로써 존속회사의 모회사주식을 이용하는 유형이 삼각합병에 해당되는 것이다.[24] 예컨대, 합병계약의 당사회사는 언제까지나 자회사 또는 대상회사이고, 대가인 주식의 발행 주체인 모회사는 해당 합병에 사실상 관여하는 것으로 그친다.[25] 즉,

---

24) 奈良輝久ほか 編, 『M&A法制の羅針盤』, 靑林書院, 2007, 106면.

25) 相澤哲, "合倂等代價の柔軟化の實現とそ經緯", のマール(2007.7), 27면.

삼각합병의 법적 평가는 종래의 흡수합병과 특별히 다른 것이 아니라 합병대가로 착안한 변화의 하나로 구별되고 있다. 또한 모회사·자회사·대상회사 등의 세 회사가 함께 국내기업인 경우에는 삼각합병과 마찬가지로 경제적 실질은 주식교환과 합병을 병용하더라도 실현 가능하며, 반드시 삼각합병의 제도화를 기다려야 하는 것은 아니었다. 따라서 합병대가의 변화가 풍부하게 된다는 것은 회사에 있어서 조직재편행위의 선택의 폭이 넓어지는 것을 의미하고, 특히 삼각합병의 경우, 자회사는 현금을 필요로 하지 않고 대상회사를 매수할 수 있기 때문에 그 도입의 영향이 크다고 할 수 있겠다. 이러한 이유로 삼각합병을 다른 유형과 구별하는 것은 경제적·법적 관점에서도 상당한 합리성이 있다고 본다.[26]

(2) 도입의 경위

종래의 합병제도는 기업이 경영환경 변화에 능동적이고 신속하게 대응할 수 있는 조직재편에 관한 법제도가 매우 단순한 형태로 존재하였다. 그러나 우리나라 상법은 입법적인 관점에서 자회사의 모회사 주식취득이라는 문제점을 야기하고, 실무적으로 주식교환보다 우회적이라는 이유로 제도적으로 우수한 주식교환제도를 도입한 바 있고, 삼각합병제도는 2011년 개정상법에 의해 도입하게 되었다. 따라서 개정상법에서 삼각합병을 도입한 취지는 기업의 현실에 가장 적합한 조직재편수단을 선택할 수 있는 다양한 수단을 제공함으로

---

26) 奈良輝久ほか 編, 전게서(주 24), 106면.

써 기업편의를 도모함과 동시에, 자회사를 통한 M&A를 허용하여 M&A 시장을 활성화하려는 것에 있다고 본다.[27)

또한 일본의 경우, 삼각합병을 포함한 '합병대가의 유연화'는 원칙적으로 경제환경의 변화에 대응해 능동적이고, 원활한 조직재편을 실현한다는 취지로 2003년 10월 사단법인 일본경제단체연합회의 '회사법 개정에의 제언'을 통하여 그 검토가 시작되었다. 이후 2005년에는 회사법을 제정하면서, 삼각합병이나 현금지급합병이라는 조직재편행위의 변화에 입각하여 그 촉진을 도모함으로써 M&A시장의 육성 및 시장도태로 인한 일본경제의 활성화가 진행되고 있는 실정이었다.[28)

따라서 기업의 경영현실에 맞추어 우리나라 상법에서도 이러한 기업현실에 능동적이고 신속하게 대응하기 위한 방안으로 2011년 개정상법(제523조 제4호)에서 현금지급합병과 삼각합병 제도를 도입하게 되었다(개정상법 제532조의2). 그러나 2011년 개정법률에서는 역삼각합병은 허용되지 않았고, 미국이나 일본처럼 삼각주식교환[29)이나 삼각분할합병[30)과 같은 제도도 도입되지 않았다.

---

27) 정윤모, "개정상법상 삼각합병에 대한 이해", 『상장』 11월호(2011), 77면.

28) (社) 日本經濟團體聯合會<http://keidanren.or.jp/japaness/policy/2003/095.html>(2011.11.9 방문).

29) 삼각주식교환이란 주식교환에서 자회사가 모회사주식을 취득하고 모회사주식을 이용하여 주식교환을 함으로써 완전모자관계를 창설하는 제도이다. 삼각주식교환제도를 활용하기 위해서는 기본적인 상법상 주식교환이 이루어져야 한다. 즉, 어느 회사를 완전자회사화하는 간단한 방법이 주식교환이다. 이러한 주식교환제도를 이용할 경우 채권자보호절차가 필요 없게 된다. 삼각합병과 비교할 때, 주식교환제도보다 편리한 장점들이 존재하기에 삼각합병을 도입하여 이용하게 된다. 예컨대, 삼각합병의 경우에 완전모회사의 주주총회 승인이 필요 없고, 완전모회사의 주주에게는 주식매수청구권이 인정되지 않아 모회사의 비용이 절감되고, 합병대상회사의 의무나 책임이 모회사로 승계되지 않고, 국적을 달리하는 회사 간에도 이용 가능하다는 점 등을 들 수 있다 [김지환, "삼각합병 활용과 법적 과제", 한국경영법률학회·한국기업법학회(2011년 추계 공동학술 대회) 발표자료, 74면; 정윤모, 전게논단(주 27), 77면]. 이러한 삼각주식교환제도는 우리 상법에 허용되고 있지 않다.

참고로 이러한 삼각주식교환과 삼각분할합병을 도식화하면 다음 그림과 같다.

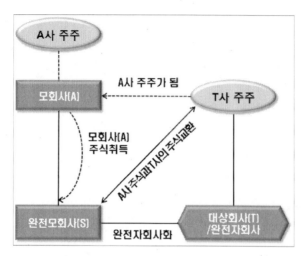

<그림 3> 삼각주식교환

---

30) 참고로, 일본에서는 삼각합병보다 삼각분할이 더 많이 이용되고 있다고 한다[http://www.toranomon.com/kaishaho/indeＸ.html(2011.12.1 방문)]. 즉, 이러한 삼각(흡수)분할이란 삼각합병과 유사한 방법으로 하는 흡수분사형 분할을 의미한다. 분할법인에 대해 분할승계법인의 모회사주식 등을 교부하게 되며, 그 구조가 삼각합병과 유사하기 때문에 삼각(흡수)합병이라고 부른다. 예컨대, A사는 분할승계법인인 S사의 100% 모회사라고 가정하고, 분할법인인 T사의 甲부문을 분리하고, 그 甲부문을 S사가 승계함과 동시에 S사는 甲부분을 흡수합병한 대가로서 S사의 모회사인 A사의 주식 등을 교부하는 것이다(그림 4 삼각분할합병 참조). 그리고 삼각분할이 삼각합병보다 여러 가지 이점이 존재한다. 먼저, ① 완전모회사를 지주회사(완전지주회사)로 두고 있는 자회사(완전자회사, 분할승계회사)가 어느 한 회사(분할회사)의 영업부문을 분할합병하는 경우 그 대가로 그 회사(분할승계회사)의 자기주식을 교부하는 경우에 그 회사는 더 이상 완전자회사가 될 수 없다. ② 삼각분할의 경우에는 삼각합병과 달리 승계자산 또는 채무를 선택할 수 있다. ③ 삼각분할의 경우에는 양도회사(분할회사)가 분할합병의 대가를 교부받으므로 주주평등의 원칙을 적용받지 않음은 물론이고, 흡수분할한 회사(분할승계회사)가 양도회사에 대하여 모회사주식을 비롯하여 현금 등 다양한 유형의 재산을 지급할 수 있지만 삼각합병의 경우에는 양도회사의 (분산된)주주에 대하여 합병대가를 주주평등의 원칙에 따라 직접 교부하는 구조인 까닭에 주식 또는 금전을 지급할 수밖에 없게 된다[황남석, "주식회사 분할의 과세에 관한 연구", 서울시립대학교 박사학위논문(2010), 218~219면]. 이러한 삼각분할의 이점이 삼각합병보다 비교우위에 있는 만큼 합병의 유연화 차원에서도 삼각분할도 입법적으로 도입하는 것이 바람직하다고 본다.

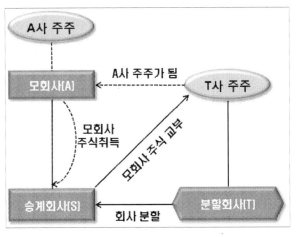

<그림 4> 삼각분할합병

(3) 삼각합병의 절차 및 방법

개정상법에서는 삼각합병의 절차에 관하여 자회사의 모회사 주식 취득을 허용하는 규정(개정상법 제523조의2) 이외에는 특별한 규정이 없다. 따라서 삼각합병도 합병의 일종으로 일반합병절차에 따르면 되지만, 다음과 같은 경우를 고려할 필요성이 있다.

가. 자회사 설립

자회사의 설립은 삼각합병을 하기 위한 전제조건으로 기존에 자회사가 설립되어 있는 경우가 아니라면 자회사를 설립하여야 한다. 이러한 경우 서류형태로만 자회사를 설립할 수도 있다. 문제는 과연 모회사가 자회사의 지분을 어느 정도 소유할 것인가에 있다. 즉, 이러한 문제는 자회사의 설립비용에 대한 조달능력이나 자회사에 소수주주가 존재할 경우의 부담감 등을 종합적으로 고려하여 결정해야 할 것이다. 또한 모회사가 삼각합병을 하기 위해 자회사를 설립한 경우, 사후에 대상회사가 합병계약을 거절할 경우에 대비하여 매수회사와 매수대상회사 간에 합병절차가 개시되기 전에 합병각서를 체결하는 것이 효과적일 것이다.[31]

나. 삼각합병 계약체결

먼저 삼각합병 계약체결에 있어서 당사자는 누가 되는가라는 사안에서 삼각합병의 계약당사자는 자회사와 대상회사이고 모회사는 당사자가 아니다.[32] 그러나 실무상 모회사를 포함한 3당사회사자 간에 계약을 체결하고, 자회사에 의한 모회사의 주식취득이나 합병의 대가로 모회사의 주식의 내용과 수 등 여러 가지 제반사항에 관하여 합의를 한 후 계약서를 작성하는 것이 필요하다고 본다.[33]

특히 자회사에 의한 모회사의 주식취득과 관련하여 삼각합병에 있어서도 합병의 당사자는 존속회사 및 소멸회사이기 때문에, 합병대가의 발행주체인 모회사가 직접 대상회사 주식에 대하여 자기주식을 교부할 수 없고, 일단 자회사가 대상회사의 주식을 취득할 필요가 있다. 이는 자본충실의 원칙과 자본공동화 현상을 방지하기 위해 원칙적으로 자회사에 의한 모회사 주식취득이 금지되지만(상법 제342조의2 1항), 삼각합병이 도입됨에 따라 예외적으로 이를 허용하게 되었다(개정상법 제523조의2). 또한 자회사가 삼각합병의 대가를

---

31) 김지환, 전게발표자료(주 29), 75~76면; 정윤모, 전게논단(주 27), 77~78면.

32) 相澤哲, 전게논문(주 25), 27면; 김지환, 전게발표자료(주 29), 76면.

33) 大石篤史ほか, "三角合併の實務對應に伴う法的諸問題", 『商事法務』 1802号(2007), 20면.

지급하기 위해 대상회사가 모회사 주식의 취득 시기를 언제로 할 것인가에 대해 개정상법에는 명문규정이 없기 때문에 논란이 될 수 있다. 예컨대 합병승인결의가 있은 후에 가능한가, 합병계약이 체결되면 가능한가, 장차 합병계약을 계획하면 취득할 수 있는가이다. 따라서 모회사주식취득금지제도의 탈법을 용이하게 하므로 모회사주식의 용도가 객관적으로 분명해지는 시기인 합병계약 체결 후가 타당하다고 하는 견해[34]가 있는데 타당하다고 본다. 이와 관련하여 일본의 경우에도 모회사 주식취득의 원칙적 금지, 합병대가로 이용되지 않는 모회사의 주식취득은 허용되지 않는 점, 삼각합병계약 전에 모회사의 주식을 취득하고 그 후에 흡수합병계약이 성립되지 않았을 경우에 취득한 모회사의 주식의 처리문제로 인하여 삼각합병계약체결 후에 취득하는 것이 일반적이라는 견해가 다수이다.[35] 개정상법에는 모회사의 주식취득 수량에 관한 규정이 없기 때문에 자회사가 모회사의 주식을 초과하여 취득할 수 있는 경우가 발생할 수 있으므로, 그 초과취득한 부분에 대한 주식도 취득한 날로부터 6개월 내에 처분해야 할 것이다(상법 제342조의2 2항).

다. 삼각합병계약 승인

삼각합병의 경우에도 합병당사회사의 주주총회의 특별결의를 요하게 된다. 그러나 모회사의 주주총회 결의는 요하지 않는다.[36] 또한 상법 제527조의2(간이합병) 규정에 의하면, 대상회사의 총주주의 동

34) 이철송, 『2011 개정상법 -축조해설-』, 박영사, 2011, 243면.

35) 奈良輝久ほか 編, 전게서(주 24), 111면; 大石篤史ほか, 전게논문(주 33), 51면.

36) 김지환, 전게발표자료(주 29), 78면.

의가 있거나 그 회사의 발행주식 총수의 100분의 90 이상을 존속하는 자회사가 소유하고 있다면, 대상회사의 주주총회 승인은 이사회의 승인으로 갈음할 수 있다. 개정상법 제527조의3 1항(소규모합병)에 의하면 존속자회사가 삼각합병으로 인하여 발행하는 신주의 총수가 존속자회사의 발행주식총수의 100분의 10을 초과하지 아니한 때에는 그 존속자회사의 주주총회의 승인을 이사회의 승인으로 갈음할 수 있다. 다만, 합병으로 인하여 소멸하는 회사의 주주에게 지급할 금액을 정한 경우에 그 금액이 존속하는 회사의 최종 대차대조표상으로 현존하는 순자산액의 100분의 5를 초과하는 때에는 그러하지 아니하다고 규정하고 있다. 그러나 소규모합병이라는 제도가 소수주주의 보호라는 측면에서 볼 때 매우 위험한 제도이므로 그 기준을 기존의 100분의 2에서 100분의 5로 완화한 것은 잘된 입법이 아니라고 보는 입장[37]도 있다.

일본의 경우에도, 자회사 주주총회에서의 합병계약 승인절차는 그 절차적 요건에 있어서도 일반의 합병절차와 특별히 다르지 않고 당사회사 주주총회의 특별결의에서 승인이 된다.[38] 또한 삼각합병이 남용적 매수에 이용될 우려가 있다는 점에서 합병의 대가가 국외기업의 주식인 경우에, 특히 소멸회사의 입장에서 특수결의를 요구해야 한다는 제안도 있다.[39]

---

37) 이철송, 전게서(주 34), 246면.
38) 일본 회사법 제783조 1항, 제795조 1항·제309조 2항 12호 참조.
39) 奈良輝久ほか 編, 전게서(주 24), 114면.

라. 삼각합병 반대주주의 주식매수청구권

삼각합병에 반대하는 주주는 상법 제522조의3 1항에 의해 회사에 대하여 주식매수청구권을 행사할 수 있다. 또한 간이합병(상법 제527조의2)의 경우에도 반대주주의 주식매수청구권이 인정된다(상법 제522조의3 2항). 그러나 소규모합병(상법 제527조의3)의 경우에는 주식매수청구권이 인정되지 않는다(상법 제527조의3 5항). 완전모자회사의 관계가 성립한다면, 존속자회사의 경우 소수주주가 존재하지 않기 때문에 반대주주의 주식매수청구권 자체가 필요가 없다. 주식매수청구권에 대한 매수가액은 주주와 회사 간의 협의에 의하여 결정된다(상법 제374조의2 3항). 만약 이러한 협의가 반대주주의 주식매수청구를 받은 날로부터 30일 이내에 이루어지지 아니한 경우에는 회사 또는 주식의 매수를 청구한 주주는 법원에 대하여 매수가액의 결정을 청구할 수 있다(상법 제374조의2 4항).[40] 따라서 삼각합병의 경우에는 합병에 반대하는 주주는 주식매수청구권을 행사함으로써 보호를 받게 되는데, 문제는 2011년 개정상법에 삼각합병이 도입되어도 이러한 매수가격결정에 관한 명문규정을 별도의 조문으로 마련하고 있지 않다는 것이다. 향후 입법적 정비가 필요하다고 볼 수 있겠지만, 기존의 합병에 관한 규정을 준용하는 것이 절차의 간소화 방안에서도 용이하다고 본다. 이에 반해 일본의 경우에는 매수가액은 '공정한 가액'으로 결정되어야 하며, 이러한 '공정한 가액'은 합병

---

[40] 자본시장과 금융투자업에 관한 법률(이하 '자본시장법'이라 함) 제165조의5 3항과 동법 시행령 176조의7 2항에 의하면 "주식의 매수가격은 주주와 해당 법인 간의 협의로 결정한다. 다만, 협의가 이루어지지 아니하는 경우의 매수가격은 이사회 결의일 이전에 증권시장에서 거래된 해당 주식의 거래가격을 기준으로 하여 대통령령으로 정하는 방법에 따라 산정된 금액으로 하며, 해당 법인이나 매수를 청구한 주주가 그 매수가격에 대하여도 반대하면 법원에 매수가격의 결정을 청구할 수 있다"라고 규정하고 있다.

의 동반상승효과도 포함하는 매수가격이어야 한다는 입장[41])도 있다.

마. 정보공시제도

삼각합병을 상법에 도입하면서 합병의 사전적·사후적 정보공시에 관한 개정은 이루어지지 않았다. 이러한 정보공시제도의 취지는 주주가 합병계약의 성립 여부 및 주식매수청구권의 행사 여부를 판단하기 위해서는 충분한 정보와 자료가 제공되어야 한다. 특히 삼각합병에서는 당사회사가 아닌 모회사의 주식이 대가로 교부되기 때문에 단순한 당사회사에 관한 정보가 제공되는 것만으로는 부족하다.[42]) 따라서 회사가 합병을 함에 있어 합병계약서를 작성하고 주주총회의 승인을 얻어야 한다(상법 제522조 1항). 즉, 주식회사의 이사는 이러한 주주총회일의 2주 전부터 합병을 한 날 이후 6월이 경과하는 날까지 합병계약서, 합병으로 인하여 소멸하는 회사의 주주에게 발행하는 주식의 배정에 관하여 그 이유를 기재한 서면, 각 회사의 최종의 대차대조표와 손익계산서 등을 본점에 비치하여야 한다(상법 제522의2 1항). 삼각합병 후 존속자회사의 이사는 채권자보호절차의 경과, 합병을 한 날, 합병으로 인하여 소멸하는 회사로부터 승계한 재산의 가액과 채무액 기타 합병에 관한 사항을 기재한 서면을 합병을 한 날부터 6월간 본점에 비치하도록 하고 있다(상법 제527조의6 1항). 따라서 주주 및 회사채권자는 영업시간 내에는 언제든지 위의 서류를 열람을 청구하거나, 회사가 정한 비용을 지급하고 그 등본 또는 초본의 교부를 청구할 수 있다(상법 제522조의2 2항,

---

41) 藤田友敬, "國際會社法の諸問題(下)", 『商事法務』 1674号(2003), 24~25면.
42) 相澤哲ほか, "合併等對價の柔軟化の施行に伴う", 『商事法務』 1800号(2007), 4면 이하 참조.

제527조의6 2항). 비록 2011년 개정상법에서 삼각합병이 도입되었지만 향후 기존의 합병제도와 달리 국경을 넘나드는 삼각합병이 이용될 것으로 보인다. 삼각합병의 대가는 존속자회사의 주식이 아니라 모회사의 주식이 교부되기 때문에, 모회사의 정보공시제도를 도입하지 않은 것은 주주보호 차원에서도 보완되어야 할 과제라고 본다.

(4) 삼각합병에 따른 적대적 M&A

삼각합병제도가 도입됨에 따라 적대적 M&A에 대한 환경의 변화가 있을 것으로 예상된다. 예컨대, 삼각합병 내지 합병대가의 유연화는 회사법의 구조로서 국내외를 불문하고 기업일반에 대해 조직재편이라는 선택수단으로 가능한 것이며, 당연히 외국 자본에 의한 적대적 M&A를 조장하는 성질의 것은 아니라고 보는 입장[43]도 있다. 그러나 법제 미비로 우리나라는 삼각합병을 활용한 적대적 M&A의 사례가 없지만, 향후 외국자본에 의한 적대적 M&A의 발생가능성을 배제할 수는 없을 것이다. 따라서 삼각합병은 전적으로 사업회사 간의 조직재편행위로서 활용될 것으로 예상되고, 이러한 삼각합병이 적합한 합병에 해당하는지 판단 여부가 중요한 의미를 가질 것이다. 또한 합병대가로 현금을 이용할 필요가 없다는 이점으로 인하여, 모회사의 주식취득에 관한 상황을 조직재편행위로 활용하는 것이 삼각합병의 편리성을 결정하는 매우 중요한 핵심적인 사항이 될 것이다.[44] 또한 삼각합병을 이용함에 있어서 결과적으로는 모회사 주주

---

43) 奈良輝久ほか 編, 전게서(주 24), 122면.
44)　荻野敦史・應本健, "三角合併に関する實務上の問題點と買收防衛策としての活用", マール

구성에 변동이 생긴다는 점에 착안하게 되면, 삼각합병에 따른 매수자의 지주비율의 희석화를 노려 삼각합병이 모회사의 적대적 M&A 방어수단으로 활용될 가능성은 매우 농후하다고 하겠다.

2) 안정주주 감소·주가침체 등의 자본시장 변동

적대적 M&A가 발생하기 쉬운 하나의 커다란 요인으로서 들 수 있는 것은 협력 해소, 안정주주의 감소라고 할 수 있다. 지금까지 우리나라에서 적대적 M&A를 시도하기 어려웠던 것들 중 하나가 안정주주의 협력이라 할 수 있겠다. 이러한 안정주주나 우호적 주주로부터의 협력은 가장 효과적인 M&A에 방어수단이라고 할 수 있다.

그러나 증권시장의 개방으로 인하여 외국인에 의한 투자가 증가하면서 안정주주의 확보가 어려워지게 되었다.[45]

예컨대, 2011년 10월 26일 현재 유가증권시장의 외국인 시가총액 비중은 전년 대비 0.02% 감소한 32.93%로 나타났고, 외국인은 2011년 들어 10월 26일까지 57,518억 원을 순매도하여 시가총액비중이 감소하였다. 역대 외국인 시가총비중 최고치인 44.12%('04.4.26)에 비해 11.19% 감소는 하였지만, 여전히 외국인의 자본비중은 높다고 하겠다. 다음의 도표를 보면 최근 10년간 외국인 지분현황 추이를 알 수 있다.

(2007.8), 22~23면.

45) 권재열, 전게보고서(주 12), 1면.

<표 2> 외국인 시가총액비중 추이

(단위: 백만 원, %)

일자	전체(a)	외국인보유(b)	비율(b/a)
2001-12-28	255,796,287	93,733,628	36.64
2002-12-30	258,680,756	93,166,271	36.02
2003-12-30	355,362,625	142,481,956	40.09
2004-12-30	412,588,138	173,186,099	41.98
2005-12-29	655,074,594	260,074,376	39.70
2006-12-28	704,587,507	262,273,029	37.22
2007-12-28	951,904,852	308,274,474	32.39
2008-12-30	576,927,703	165,799,631	28.74
2009-12-30	887,935,182	290,062,095	32.67
2010-12-30	1,141,885,458	376,257,001	32.95
2011-10-26	1,072,704,627	353,229,776	32.93

자료: 한국거래소, "외국인 주식취득 현황 및 추이" 보도자료(2011.10.28).

또한 최근에 우리나라 기업의 주식이 상당히 저평가되어 있다는 것이다. 주식이 저평가된 경우에는 주가는 상승할 가능성은 있지만, 적대적 M&A를 실행하는 데 상대적으로 많은 자금이 들지는 않는다.[46) 예컨대, 주가순자산비율(price book-value ratio; PBR)이 1 미만인 기업은 시가총액이 회사의 순자산가치에 미치지 못하는 것을 의미한다. 2008년 9월에는 주가가 주당순자산가치에도 못 미치는 기업이 361사 가운데 분석대상 기업의 67.9%를 차지하고 있었다.[47) 이러

---

46) 최근 상호출자제한기업집단 중 자산총액 상위 10개 기업집단 소속 상장법인의 시가총액 및 주가등락 현황 조사(공기업 제외)를 하였다. 국내 주요 10대 그룹의 시가총액은 636조 2,335억 원으로 2010년 말(683조 2,195억 원) 대비 6.88% 감소하였고, 주요 10대 그룹의 시가총액비중도 54.79%로 2010년 말(55.10%) 대비 0.32%p 감소하였다. 주가의 등락 현황을 보면 코스모화학(GS)이 2010년 말 대비 217.89% 상승하여 10대그룹 계열사 중 가장 높은 주가상승률을 기록하였고, 주가상승률 상위종목으로는 코스모화학(GS, 217.89%), 현대비앤지스틸우(현대차, 209.24%), 로엔(SK, 111.70%) 등으로 나타났다. 반면, 주가의 하락 현황을 보면 한진해운(-72.09%), 한진해운홀딩스(-55.95%), SKC솔믹스(-54.28%) 등으로 나타났다[한국거래소, "주요기업 시가총액 및 주가등락" 보도자료(2011.11.4)].

한 기업들은 차익거래(arbitrage)형 M&A의 대상이 될 수 있다.[48) 따라서 이러한 상황들은 기업에 있어서 적대적 M&A의 움직임이 활발하게 되고 있는 배경이라고 볼 수 있다. 결국 이러한 주가의 침체에 따른 적대적 M&A의 현실적 리스크에 노출되어 있는 기업은 예상 외로 많다고 할 수 있다.

3) 산업자본주의 이후로의 전환기

적대적 M&A는 산업자본주의단계를 벗어나는 과정에서 증가할 수 있는 현상이라는 지적도 있다. 예컨대, 미국에서는 1960년대 후반에 산업자본주의의 한계를 맞이하여, 1970년대에 산업자본주의에서 산업자본주의 이후로의 이행을 경험하였다. 그리고 적대적 M&A가 활발해져 왔던 것도 이러한 1970년대부터이다. 그것은 전통적 공업의 보유 등으로 이윤을 획득하는 산업자본주의에서 이윤추구의 한계가 발생하였기 때문이다. 자본가는 자금을 공장 운영에 충당하는 것이 아니라, 기존 회사의 시장가치(주가)와 회사가 보유하고 있는 자산가치와의 차이를 이용한 적대적 M&A를 이용하는 것이 보다 많은 이윤을 얻을 수 있다고 판단하게 되었다.[49) 또한 일본도 현재 산업자본주의형 경제구조로부터 벗어나면 미국과 같이 적대적 M&A가 활발해지는 환경 아래에 놓이게 된다.[50) 우리나라도 이러한 산업자본주

---

47) 한국거래소, "주가순자산비율(PBR)현황" 보도자료(2008.9.4).

48) 武井一浩, "企業買收防衛戰略", 『商事法務』(2004), 9면; 코스닥상장법인 중 상당한 벤처기업은 자본금이 적어서 장내매입만으로 경영권을 확보할 수 있기 때문에 적대적 M&A에 대한 노출이 우려된다[권재열, 전게보고서(주 12), 2면].

49) 권재열, 전게보고서(주 12), 3면.

50) 武井一浩, 전게논문(주 49), 10면.

의의 단계를 벗어나는 과정에서 예전에 비해 적대적 M&A의 가능성
이 크게 증가할 것으로 보인다.

2. 적대적 M&A의 방법

1) 적대적 M&A 공격수단·방어수단

(1) M&A 공격수단(공격행위에 대한 규제)

우리나라의 M&A 공격수단으로는 시장매집(5% Rule), 공개매수
(Tender Offer), 위임장대결 등이 주요한 공격수단으로 이용되고
있고, 1997년에는 주식대량소유제한제도를, 1998년에는 의무공개
매수제도를 폐지하여 공격수단을 강화하였다. 반면, 2005년에는 5%
Rule을 보강하여 공개매수기간에는 주식발행을 허용함으로써 방
어수단을 강화하는 조치를 취하기도 하였다.

반면, 미국의 경우, 주요한 공격수단으로는 시장매집(5% Rule), 공
개매수(Tender Offer), 위임장대결(Proxy contest), 그린메일(Green Mail)
등이 있고, 주회사법(Corporation Act), 연방증권법(Securities Exchange Act),
SEC Rule 등에서 M&A를 규제하고 있다. 반면, 일본의 주요 공격
수단으로는 시장매집, 공개매수, 위임장 대결 등이 인정되고 있
다. 영국의 경우에는 시장매집(3% Rule), 공개매수 및 위임장 대
결 등이 회사법(Company Act), City Code(City Code on Take-Overs and
Merger), 금융서비스 및 시장법(Financial Services and Market Act)

등에서 규제하고 있다.[51]

(2) M&A 방어수단(방어행위에 대한 규제)

우리나라 자본시장과 금융투자업에 관한 법률(이하 '자본시장법'이라 함)상 방어수단으로는 5% 보고제도 및 냉각기간제도, 의결권 대리행사의 권유, 공공법인 주식의 소유제한 등이 있다. 회사법에서는 주식의 제3자 배정과 자기주식 취득 규정도 방어수단이 될 수 있다. 특히 회사법상 자기주식취득은 재무관리 차원인 주가관리나 이익분배에서 순기능적인 면도 있지만, 회사가 자기회사의 사원이 되는 논리적 모순이 발생한다는 역기능이 발생하게 된다.[52] 이러한 역기능 때문에, 자기주식의 취득을 어디까지 할 것인가를 정하는 것이 입법정책상 중요한 문제라고 본다.[53] 우리나라 '상법'과 '자본시장법'에서는 자기주식취득에 대하여 각각 규제하고 있다. 현행 상법은 자기주식의 취득을 원칙적으로 금지하고 일정한 경우에만 예외적으로 인정(상법 제341조, 제341조의2)하고 있는 반면, 자본시장법은 일정한 요건을 준수할 것을 전제로 자기주식의 취득을 인정하고 있다(자본시장법 제165의2). 이와 같이 현행 상법과 자본시장법이 상반된 입장을 취하는 것은 상법에서는 자기주식취득에 따른 폐해에 주목하여 사전적 예방 차원에서 규제를 하고 있고, 자본시장법에서는 적대적 M&A에 대한 방어수단이나 주가관리수단으로서의 기능을 중시

---

51) 정윤모, "주요국의 M&A 규제 및 한국 제도의 발전방향", 『상장』 11월호(2006), 28~29면.

52) 김화진, "기업금융과 법률", 『법학』 제4호(2008), 544~545면.

53) 정찬형, "2007년 확정한 정부의 상법(회사법) 개정안에 대한 의견", 『고려법학』 제50호(2008), 373면.

하고 자기주식취득에 따른 폐해를 재원규제나 사전·사후의 공시규제를 통해 해결하고자 하는 데 있다.[54]

그러나 2011년 개정상법에서는 자기주식의 취득을 배당가능이익한도(재원규제)에서 원칙적으로 허용하되, 특별한 목적이 존재하는 경우에 현행 상법과 같이 배당가능이익과 관계없이 자기주식을 취득하도록 하였다(개정상법 제341조의2). 또한 개정상법에서는 회사가 보유하는 자기주식을 처분할 경우에 구체적으로 정관에 규정이 없는 경우에 이사회의 결정에 따라 자기주식을 제3자에게 임의로 처분할 경우에 대비하여 아무런 제한규정을 두고 있지 않다. 따라서 임의적인 자기주식처분이 가능한 것으로 해석될 수 있을 것이다(개정상법 제342조). 결국 우리나라 개정상법에서는 적대적 M&A가 발생하는 경우 대상회사(target company)가 취득한 자기주식을 우호적인 제3자에게 매각한다면 동 회사는 주주의 지위를 안정시킬 수 있을 것이다. 따라서 자기주식에 대해서는 의결권이 인정되지 않지만(상법 제369조 2항), 자기주식의 처분을 통해 우호적 주주의 의결권 비중을 높이는 것은 가능하게 되어 적대적 M&A에 대한 방어수단으로서 그 활용도가 높아질 것으로 보인다. 또한 주식의 제3자 배정은 기존주주가 주식을 인수하거나 공모를 통해서 우호적인 주주를 확보함으로써 적대적 M&A 인수희망자의 지분을 희석하고 시장매집이나 공개매수에 소요되는 주식 인수자금을 증가시켜 M&A에 대응수단으로 활용될 수 있다. 현행 상법에는 제3자 배정에 관하여 신기술 도입이나, 재무구조의 개선, 회사의 경영목적 달

---

54) 한국증권법학회, 『자본시장법 주석서 I』, 박영사, 2009, 692면.

성을 위하여 필요한 경우에 한하여 제3자 배정을 할 수 있도록 규정하고 있다(상법 제418조 2항 단서).

미국의 경우에는 주식의 제3자 배정, 초다수결의제(Super-majority Voting), 시차책임제(Staggered Board), 황금낙하산(Golden Parachute), 포이즌 필(Poison Pill), 차등의결권주식(Dual-Class Share), 자기주식 취득(Stock Repurchase) 등이 있다.

<표 3> 경영권 방어수단 용어

용어	내용
황금낙하산	적대적 M&A로 퇴임하는 기업임원에게 거액의 퇴직금을 지급하도록 하여 인수 비용을 높임
초(超)다수결의제	이사해임 의결정족수를 출석주주의 3분의 2 이상, 발행주식의 3분의 1 이상으로 정한 상법규정보다 훨씬 까다롭게 규정해 적대적 M&A로 인한 임원교체를 어렵게 함
시차임기제	매년 일정비율의 이사진이 순차적으로 교체되어 매수 후 경영진의 일시 변경방지
신주의 제3자 배당요건 완화	제3자에 대한 신주배정을 통하여 우호적인 주주를 확보하는 방어수단
의무공개매수	상장회사의 주식을 10% 이상 보유한 자가 당해 주식 등을 추가적으로 매수할 경우 반드시 일정 수 이상을 공개적으로 매입하도록 의무화
포이즌 필	적대적 M&A 시도가 있을 때 이사회 결정만으로 신주를 발행해 인수자를 제외한 모든 주주에게 시가의 절반 이하의 가격으로 살 수 있도록 해 M&A를 저지하는 방법

자료: 전국경제인연합회, FKI ISSUE PAPER 제82호, 7면.

일본의 경우에는 규제들을 완화하여 미국식 모델에 가깝게 접근하였고, 회사법의 제정으로 신주예약권, 차등의결권주식 등 다양한 적대적 M&A 방어수단의 활용이 가능하게 되었다. 영국은 제3자 배정, 황금낙하산, 차등의결권주식, 자기주식 취득을 인정하고 있다.

즉, 공격자의 지배권 취득행위를 엄격히 제한하고 있고 반면, 대상회사의 방어행위도 엄격히 제한하는 모습으로 공격자와 방어자에 대한 중립성을 제한하고 있으며, Partial/Two Tier 공개매수를 엄격히 제한하고, 다양한 M&A 방어수단의 사용을 금지하고 있다.[55]

2) 주식의 취득

적대적 M&A 수단으로 대상회사의 주식을 취득하는 것이다. 주식 취득의 방식으로는 공개적으로 매수(공개매수)하거나 공개시장에서 주식을 매집하는(주식매집 혹은 시장매집) 것이 있다. 적대적 M&A 에 대한 주된 수단으로 대상회사의 경영진의 협력이 없어도 이루어지는 것이 주식취득이다.

먼저 공개매수(tender offer, takeover bid)는 기업인수의 한 방법으로 인수희망자가 대상회사의 불특정다수를 상대로 경영권 지배를 목적으로 특정기업의 주식에 대하여 인수조건을 사전에 제시하고, 증권시장 밖에서 불특정 다수인을 상대로 매수하는 것을 의미한다 (자본시장법 제133조 1항). 또한 공개매수는 기업을 인수하겠다는 의사표시를 하고 거래가격보다 높은 가격으로 매입하게 되므로, 비용이 많이 들며 일반인들로부터 경영권을 탈취한다는 부정적인 인식이 발생할 수 있다.[56] 그러나 공개매수를 통해 단시간 내에 경영권을 행사할 수 있고, 주식거래가격이 시가보다 높기 때문에 소수주

---

55) 정윤모, 전게논단(주 52), 29면.

56) 김대규, "적대적 M&A에 대한 방어행위의 허용기준-자본시장과 금융투자업에 관한 법률에 대한 논의를 포함하여-", 『원광법학』 제26권 제1호(2010), 567면.

주의 이익을 보호할 수 있을 것이다. 우리나라에서 최초의 상장폐지를 위한 공개매수사례는 1994년 미국의 나이키사가 상장법인인 삼나스포츠 주식에 대하여 공개매수를 하여 기존의 지분과 합작선인 삼양통상의 지분을 합하여 90% 이상의 지분을 소유하게 된 것이 최초이다. 그러나 회사의 지배권을 획득하기 위한 공개매수사례는 1994년 10월 한솔제지가 동해종합금융의 주식에 공개매수한 사례가 최초이다.[57] 이러한 공개매수제도는 자본시장법상 규제의 필요성이 대두되는데 이는 매매의 결과에 따라 회사의 지배권이 변동될 만큼 지분이 매매되기 때문이다. 공개매수는 장외매수이므로 투명성이 보장되지 않기 때문에, 공개매수자로 하여금 매수기간이나 매수수량 및 매수가격 등을 공시하도록 하여 투자자보호와 주주의 평등한 대우를 보장하기 위해 여러 가지 규제를 가할 필요가 있다. 따라서 자본시장법은 공개매수에 대한 각종 절차상 규제와 함께 특별한 경우에는 공개매수절차에 의한 주식 등의 취득을 강제하고 있다(자본시장법 제133조 내지 제146조). 공개매수는 회사가 발행한 주식을 단기간에 대량으로 매수하여 지배권을 획득할 수 있고, 대상회사의 경영진의 동의가 필요 없다. 따라서 적대적 M&A가 발생한 경우 개별적인 주주들을 대상으로 발행주식의 과반수 의결권을 가진 주식을 매수함으로써 지배권 획득이 가능한 방법이라고 하겠다.[58]

한편 시장매집(market sweep)이란 주식시장을 통해 대상회사의 주식을 비공개로 지속적으로 매수하여 장기간에 걸쳐 목표지분을 확보해 나가는 방식이다. 시장매집은 공개매수에 비해 낮은 가격으로

---

57) 임재연, 『자본시장법』, 박영사, 2010, 418면.
58) 임재연, 전게서(주 58), 420면.

주식을 매수할 수 있다. 그러나 시장매집이 장기간 소요될 수 있으므로 주식의 매집을 인식한 대상기업이 방어행위를 하거나 주가상승으로 인해 매수비용이 증대될 수 있기 때문에 적대적 M&A가 어려워질 수 있다.[59] 이러한 시장매집은 일정한 범위까지 공개시장에서 주식을 매수하는 것이 자유롭지만, 일정한 범위를 넘어서는 자본시장법에 의해 제한을 받는다. 이러한 제한에 관한 규정이 '주식 등의 대량보유 등의 보고'에 관한 규정이다(자본시장법 제147조 내지 제151조). 즉, 자본시장법상 주식대량보유제도에 의하면 "주권상장법인의 주식 등을 대량보유(본인과 그 특별관계자가 보유하게 되는 주식 등의 수의 합계가 그 주식 등의 총수의 100분의 5 이상인 경우를 말한다)하게 된 자는 그날부터 5일 이내에 그 보유상황, 보유 목적, 그 보유 주식 등에 관한 주요 계약내용, 그 밖에 사항을 금융위원회와 거래소에 보고하여야 하며, 그 보유 주식 등의 수의 합계가 그 주식 등의 총수의 100분의 1 이상 변동된 경우에는 그 변동된 날부터 5일 이내에 그 변동내용을 금융위원회와 거래소에 보고하여야 한다"고 규정하고 있다(자본시장법 제147조). 상법에도 이러한 취지의 규정이 상법 제342조의3에 규정되어 있다. 즉, 회사가 다른 회사의 발행주식총수의 10% 초과하여 취득한 때에는 그 다른 회사에 대하여 지체 없이 이를 통지하도록 규정하고 있다. 이러한 취지도 비공개적으로 10% 이상의 주식을 매집할 경우 상대회사에 초과사실을 통지하여 상법상 주식회사도 주식대량취득현황을 파악할 수 있도록 한 것이다.

---

59) 권재열, 전게보고서(주 12), 14면; 김대규, 전게논문(주 57), 568면.

3) 위임장 대결

적대적 M&A와 같이 매수행위까지 실행되지는 않지만, 의결권의 취득만을 목표로 하는 형태로서 위임장 대결(이른바 Proxy Fight)이 있다.[60] 우리나라에서는 2003년 10월 하나로통신의 외자유치 건을 하나로통신과 주주인 데이콤, LG투자증권, LG텔레콤 등이 위임장 대결을 한 것을 예로 들 수 있겠다.[61] 위임장 대결은 대상회사의 주요 주주 또는 일반 주주에 대한 설득과 권유를 통해, 주주의 의결권 행사를 위임받는다면, 막대한 자금이 드는 직접적인 주식매수가 없이 주주총회에서 최대주주로서의 권리를 확보할 수 있을 것이다. 따라서 대상회사의 다수 주주가 적대적 M&A를 시도하는 자에게 협조한다면 주식을 대량보유하지 않더라도 기존의 경영진을 표결에 의해 교체하고, 경영권을 확보할 수 있을 것이다. 이처럼 적대적 M&A를 추진하는 자는 주주총회에서 영향력을 행사할 수 있는 최소한의 지분을 확보한 후 주주를 설득하여 의결권의 과반수에 상당할 정도로 위임장을 확보할 수 있다면 기존의 경영진을 교체할 수 있다. 이와 같이 주식의 직접적인 소유보다는 다수의 주주로부터 주주총회에서의 의결권행사에 대한 위임장을 확보하여 M&A를 추진하는 전략을 위임장대결이라 한다.[62] 특히, 경영자가 무능하여 실적이 약화되어 주가가 낮거나 기타 시장에서 경쟁에 뒤진 경우에는 대상회사의 경영자에 대해 불만이 있는 주주로부터 협력을 유도하기 쉬운 점

---

60) 武井一浩, 전게논문(주 49), 5면.

61) 김대규, 전게논문(주 57), 568면.

62) 김동환 외 2인, 『21C 최신 M&A: 이론과 실제 및 전략』, 무역경영사, 2000, 416~418면.

도 있다. 하지만 위임장 대결에 의한 경영권취득은 시장매집이나 공개매수보다 장기간이 소요되고,[63] 확실한 정보를 바탕으로 주주의 호응이 있어야만 위임장대결에서 승리할 수 있다.[64] 상법 제368조 제3항에 의하면 서면에 의한 주주의 대리권행사를 인정하고 있다. 이러한 의결권 행사의 대리권을 증명하는 서면을 보통 위임장(proxy)이라 한다. 또한 자본시장법에서는 의결권대리행사의 권유(proxy solicitation)에 관한 제한 규정을 두고 있다(자본시장법 제152조). 이는 상장주권(그 상장주권과 관련된 증권예탁증권을 포함)의 의결권 대리행사의 권유를 하고자 하는 자(의결권 권유자)는 그 권유에 있어서 상대방(의결권피권유자)에게 대통령령이 정하는 방법에

---

[63]

<표 4> 수단별 적대적 M&A의 유형

구분	시장매집	공개매수	위임장대결
특징	주식시장에서 대상회사의 주식을 은밀하게 매수하여 보유지분을 증가시킴으로써 지배권을 획득하는 적대적 M&A	특정기간 동안 일정한 가격으로 일정한 수량의 주식을 취득함으로써 지배권을 획득하는 적대적 M&A	대상회사의 주주, 특히 불만 주주에 대한 설득 및 권유를 통해 의결권 행사의 위임을 받아 경영권을 취득하는 적대적 M&A
장점	• 은밀한 매집가능 • 저가매입 가능 • 시가에 따라 탄력적 주식매집 가능	• 단기간에 대량 매수 가능 • 공개매수에 드는 자금의 합리적 예측가능 • 공개매수절차가 공개됨으로써 매수의 투명성 및 일반투자자의 이익 확보	• 소규모 자금으로 용이하게 경영권 획득 • 유리한 여론 조성을 통한 위임장 확보 가능
단점	• 주식매집에 상당한 시간 소요 • 정보누출 시 주가가 급등할 우려	• 상대적으로 고가에 의한 주식 매수 • 공개매수 실패 시 이미지 추락위험 • 적대적 M&A의 선전포고로서의 기능	• 법적 절차의 엄격성 • 대상회사의 지배 및 소유구조 분석필요 • 항구적 지배권 확보의 어려움

자료: 김동환 외, 전게서(주 63), 418면.

64) 권재열, 전게보고서(주 12), 20면.

따라 위임장 용지 및 참고서류를 교부하여야 한다고 규정하고 있다
(자본시장법 제152조 1항, 시행령 제160조 내지 제163조). 한편 우리
나라는 의결권대리행사가 널리 활용되고 있지만 대주주의 지분율이
높고 특히 재벌기업의 경우에는 계열회사 간의 상호주형태로 주식을
보유하고 있기 때문에 경영권이 외국에 비해 안정되어 있어서 의결
권대리행사의 권유제도가 별로 이용되어 오고 있지 않다고 한다.[65]

3. 적대적 M&A의 동기

1) 그린메일형 적대적 M&A

그린메일(green mail)[66]이란 목표대상인 대상회사의 주식을 사전
에 대량매입한 후 M&A를 포기하는 조건으로 경영권을 쥐고 있는 대
주주를 위협하여 자신들이 사들인 주식을 프리미엄을 얹어 되사들
이도록 강요하는 행위를 말한다.[67] 이러한 그린메일은 기업경영권
의 확보가 주목적이라 할 수 없고, 오히려 프리미엄을 높여 매수하지
않을 때 공개매수 하겠다고 위협하는 경우가 보통이라는 점을 감안
할 때, 매매차액을 통해 재무적 이익을 회득하는 것을 최종목적으로
하고 있다.[68] 또한 그린메일금지규정(anti-green mail provision)은 그

---

65) 그러나 적대적 M&A가 활성화되면, 주식의 취득방법 이외에 위임장 대결이 활성화될 것으로 보
  이고, 주식이 일반 투자자에게 널리 분산될수록 이러한 의결권대리행사권유제도의 중요성은 더
  욱 부각될 것이다[임재연, 전게서(주 58), 494~495면].

66) 그린메일(greenmail)은 공갈에 의해 돈을 갈취한다는 blackmail이라는 단어에서 유래되었
  는데, blackmail에 비해 정도가 약하고 또 미국의 달러(greenback)를 가리키는 의미에서
  greenmail이라는 용어가 사용된다고 한다(임재연, 『미국증권법』, 박영사, 2009, 569면).

67) 권재열, 전게보고서(주 12), 11면.

린메일을 목적으로 주식을 취득하거나 보유하려는 시도를 무산시키는 효과가 있으므로, 적대적 M&A에 대한 예방적 방어책이 된다.[69] 대표적인 그린메일 사례로는 1999년 미국계 헤지펀드인 타이거펀드(Tiger Fund)는 SK텔레콤의 3대 주주였다. 타이거펀드는 보유한 주식을 바탕으로 SK텔레콤의 경영권을 위협하자 SK그룹은 타이거펀든가 보유한 지분을 고가로 매입하였고 이러한 과정에서 타이거펀드는 6,300억 원의 시세차익을 본 사건이다.[70] 그러나 이러한 그린메일은 경영진의 지위보전을 위한 수단이고, 특정인에게 프리미엄을 독점시킬 수 있다. 따라서 주주평등의 원칙의 공정성을 침해하거나 투기매수를 조장하여 주주의 이익을 해치기 때문에 경제적 효용성은 인정할 수 없다고 하는 입장[71]도 있다.

2) 사업다각화형 적대적 M&A

사업다각화형 적대적 M&A는 경영상의 위험을 분산시키고 고급기술을 용이하게 취득하기 위해 시간과 비용을 절감하거나 사업상 업무영역을 증대시키기 위해서 이용되는 유형이다. 이러한 유형으로는 국내 삼성그룹이 기아자동차를 인수하여 자동차산업에 진출하려고 주식을 매수하려고 한 것이 사업다각화의 예라고 할 수 있다.[72] 이

---

68) 권재열, 전게보고서(주 12), 12면.

69) 임재연, 전게서(주 67), 569면.

70) 중앙일보<http://pdf.joinsmsn.com/article/pdf_article_prv.asp?id=DY01200410280031>
  (2011.11.25 방문)

71) 유영일, "그린메일의 규제에 관한 연구", 『상사법연구』 제20권 제1호(2001), 566면; 김대규, 전게논문(주 55), 566면.

72) 김대규, 전게논문(주 57), 566면, 이 외에도 우리나라에서 사업다각형 M&A에 해당하는 사례는

러한 유형은 사업상 시너지(Synergy)를 추구하거나 제품 등의 시장
경쟁력을 높이는 등, 보통의 사업취득이나 보통의 M&A 기법의
하나로서, 적대적 M&A의 대부분이 이러한 유형에 속할 수 있다. 또
한 기술자원의 도입을 위하거나 투자비용을 절감해서 투자위험을
회피하려는 경우에 적대적 M&A를 시도하기도 한다. 그리고 M&A의
방법으로 시장에 진입할 수 있다면 진입에 드는 비용과 시간을 상당
히 감소시킬 수도 있다. 이러한 사업다각형 적대적 M&A에서는 인수
자가 대상회사의 지배권을 취득한 후에도 계속하여 경영을 담당한
다는 점이 특징이다.[73]

3) 재정(차익)거래형 적대적 M&A

재정(차익)거래(arbitrage)형 적대적 M&A는 대상회사의 주식을 매
수한 후 자산을 현금화하여 매매차익을 얻는 형태이다. 그 차익으로
유동성이 높은 자산을 소유하거나 주가순자산비율(PBR)이 낮은 회
사인 경우에는 차익을 얻기 위해서 오히려 투기적인 적대적 M&A의
대상에 노출이 되기 쉽게 된다.[74] 따라서 이러한 유형은 대상회사에
투자함으로써 사업상의 시너지 등을 목적으로 하는 것이 아니라, 시
장에서 주식을 취득한 후에 회사자산을 현금화하여, 이에 상응하는
매매차익의 이익금을 창출하는 방법이다. 재정(차익)거래형 적대적
M&A의 주체는 주로 투자형 펀드가 된다. 이러한 유형의 매수대상이

다른 경우보다 빈도수가 높다. 사례로는 1995년 동부그룹이 한농을 인수하기 위하여 위임장대
결을 벌인 건을 들 수 있다[전국경제인연합회, 전게보고서(주 12), 16면].

73) 武井一浩, 전게논문(주 49), 6면.
74) 김대규, 전게논문(주 57), 566면.

될 수 있는 회사는 시가총액이 회사의 실질적 자산 가치를 밑돌고 있는 회사이다. 특히 ① 보유자금의 유동성이 높은 자산을 소유하고 있는 경우, ② 주가순자산비율이 낮은 경우, ③ 잉여현금흐름(free cash flow) 대비 시가총액비가 높은 경우 등을 충족시킨 기업일수록 위에서 언급한 것처럼 적대적 M&A 대상이 되기 쉽다.[75] 따라서 양호한 현금흐름을 가지고 있으면서 잠재능력에 비해 저평가된 기업은 차입매수(leveraged buyout; LBO)에 의한 적대적 M&A의 경우 인수희망자는 인수 후에 차입한 원금과 그 이자를 상환하여야 한다. 이때 인수기업은 대상회사에서 창출되는 현금흐름이나 기존의 적립금으로 차입금을 변제하거나, 불필요한 자산을 매각해 부채를 줄여야 한다. 이러한 LBO 방법에 의한 M&A에서 차입금 원금을 전액상환하고 나면 인수기업의 투자가치만 남게 되므로, 그 인수기업은 이를 통해 자본차익을 얻게 된다.[76]

특히, 개정상법 이전에는 사내에 축적된 자본적립금이 많더라도 이를 자본결손전보 이외에는 사용될 수 없었지만(상법 제458조), 개정상법 이후에는 축적된 자본적립금 때문에 이를 노리고 적대적 M&A를 시도할 가능성이 있지만 일시적인 현상으로 그칠 것으로 예상된다. 그러나 가용할 수 있는 재원이 많아짐에 따라 다른 회사를 M&A 하고자 하는 유인은 증가되었다고 볼 수 있다.[77] 반면, 유보된 내부 현금이 많은 경우에는 이를 배당의 형태로 주주들에게 배분하여 공격자로 하여금 인수계획자체를 무산시킬 수 있고(개정상법 제

---

75) 武井一浩, 전게논문(주 49), 7~8면.
76) 武井一浩, 전게논문(주 49), 7~9면.
77) 권종호, "적대적 M&A와 회사법개정", 『기업법연구』 제20권 제3호(2006), 79면.

462조·제462조의2), 준비금의 자본전입을 통해 무상주를 발행하여 기존의 주주에게 배분하는 방법도 방어효과가 있다(개정상법 제461 조). 즉, 이러한 경우에 발행주식의 수가 증가하기 때문에, 자본의 규모가 확대되어 인수희망자가 부담을 느끼게 된다. 따라서 확보된 적립금을 자기주식으로 취득하여 적대적 M&A에 대한 방어수단으로 사용할 수 있을 것이다.[78]

4. 적대적 M&A 순기능과 폐해

1) 적대적 M&A의 순기능

(1) 대리인문제의 감소

대리인문제는 기업의 소유와 경영이 분리되어 있거나 경영진의 지분이 낮을 경우 발생하기가 쉽다. 즉, 소유와 경영이 분리된 경우에 주주는 이익의 극대화를 추구하지만 경영진은 매출 및 성장극대화를 우선적으로 추구하게 될 것이다. 상호 추구하는 목표의 차이로 인해 대리인 문제가 발생할 수 있고 이로 인해 적대적 M&A가 발생할 수도 있다.[79] 이러한 적대적 M&A는 경영진의 업무수행을 감시·감독하여 대리인문제를 줄이는 기능도 존재한다. 예컨대, 적대적 M&A가 공개회사(주식양도가능 회사)에서 대리인문제를 조절할 수 있다는 논리가 있다. 이는 이사가 자신이 맡은 임무를 성실하게 수행

---

78) 권종호, 전게논문(주 78), 79면.
79) 고동수, "적대적 M&A와 경영권방어제도", 『산업연구원』 연구자료(2008.9), 17면.

하지 않으려고 한다는 것을 기본전제로 한다. 이러한 전제는 인간의 이기적인 성향에 바탕을 둔 것으로서 이사가 아무리 열심히 맡은 바 임무를 성실하게 수행한다고 해도, 그 노력의 결과는 회사의 소유자 인 주주에게 귀속되기 때문에 복지부동하거나 이익충돌행위를 하려 고 한다는 인간의 행위양태에 초점을 맞추고 있다.[80] 경영진이 성실 하게 업무를 행하지 않을 경우 회사의 이익이 감소할 수 있고, 회사 의 이익감소는 바로 그 회사의 주식에 영향을 주게 된다. 이렇게 주 식의 시장가격이 하락할 경우, 그 회사의 지배권을 획득하여 주식의 가격을 상승시켜 보고자 하는 자가 M&A를 하려는 인센티브를 가지 게 된다.[81] 이와 같이 적대적 M&A의 표적이 되지 않기 위해서는 회 사경영진이 주주가치(shareholder value)의 증대와 주식의 가격을 상 승시키는 데 노력을 기울여야 하고 이러한 노력의 산물이 바로 대리 인문제의 감소로 연결된다.[82]

(2) 경영의 효율성 증대

적대적 M&A의 긍정적인 측면 중 하나가 경영의 효율성을 증대하 는 것에 있다. 이러한 효율성이론은 기업의 인수합병 활동이 기업이 보유하고 있는 각종의 자산들을 재배치하고 이를 통해 상승효과를 일으키거나 기존 경영진의 경영성과를 향상시키게 된다. 따라서 이

---

80) 권재열, 전게보고서(주 12), 24~25면.

81) Frank Easterbrook & Daniel R. Fischel, *"The Proper Role of a Target's management in Responding to a Tender Offer"*, 94 Harvard L. Rev. 1161(1981), pp.1168~1171.

82) Deborah A. DeMott, *"Down the Rabbit-Hole and into the Nineties: Issues of Accountability in the Wake of Eighties-Style Transaction in Control"*, 61 George Wash L. Rev. 1130(1993), p.1133.

러한 경영성과가 인수합병 대상기업의 주주들에게 프리미엄을 더하여 사회적 이익을 증대시킨다는 것이다.[83] 따라서 이러한 경영의 효율성을 바탕으로 경제적 효과를 향상시키는 것이 기업의 목표이기도 하다. 한편 적대적 M&A는 부정직하거나 무능한 경영진을 정직하고 효율적으로 회사를 경영할 자로 교체할 수 있기 때문에, 일종의 징계의 효과가 있어서 경영효율성을 제고할 수 있을 것이다. 즉, 인수희망자가 대상회사 주식에 대하여 현재 시장가격에 프리미엄을 더하여 적대적 M&A를 시도하는 것은 대상회사가 비효율적인 경영을 행하고 있음을 의미한다. 또한 인수희망자는 인수 후에 해당 기업의 자산을 보다 효율적으로 관리·운용하는 능력을 가지고 있음을 증명하기 위한 수단을 강구해야 한다. 따라서 적대적 M&A가 완수되면 기업경영의 효율화가 이루어진다는 논리이다. 따라서 비효율적인 방법으로 경영되는 기업의 경영진을 적정한 시기에 교체하는 것도 자본시장의 활성화에 크게 도움이 될 것이다. 더욱이 주식의 시장가치와 회사의 자산가치와의 차이가 오직 경영자의 비효율적 경영으로 인하여 초래된 것이라면 적대적 M&A에 의해 경영진을 교체시키는 것이 경영효율성에 도움이 될 것이다.[84]

---

83) 고동수, 전게논문(주 80), 13~14면.
84) 武井一浩, 전게논문(주 49), 10~11면; 권재열, 전게보고서(주 12), 26면.

2) 적대적 M&A의 폐해

(1) 주주 및 이해관계인의 부의 이전·감소

적대적 M&A의 폐해로서, 첫 번째 폐해적 사례가 그린메일이다. 이러한 그린메일은 상법상 용어는 아니지만, 회사의 일상 업무에 대한 방해, 경영지배를 통한 해악행위·반사회적 행위의 실행 이외에, 회사에 대한 유형·무형의 압력을 통하여 보유주식을 회사 등에 대하여 매입할 것을 요구하는 행위를 말한다. 그린메일을 하는 그린메일러(green mailer)의 궁극적인 목적은, 회사지배권을 획득하여 회사경영의 효율성을 향상시키는 것이 아니라, 단지 매점한 주식을 회사의 자금으로 인수하는 데 있다. 대상회사가 그린메일러로부터 자사주를 매수한 행위는, 부당하게 높은 액수의 사외유출이 발생하고, 대상회사의 손해가 된다. 따라서 그린메일은 주주와 대상회사의 희생을 통하여, 매수자만이 이득을 올리는 행위이다. 단기적 이익을 추구한 주주가 다른 이해관계자(stakeholder)의 이익을 희생하여 자신의 이익 이전을 도모하는 전형적인 사례라고 말할 수 있다. 이로 인해 당해 주주 및 이해관계인들의 부를 감소할 수 있어 적대적 M&A에 대응하여 오히려 역기능이 될 수 있다.[85] 이러한 그린메일은 주주의 이익을 희생으로 매수자가 이익을 추구한다는 점에서 정당화될 수 없다. 따라서 우리나라의 경우에는 이를 방지할 수 있는 수단이 없으므로 실제 외국계 펀드는 단기간에 투자수익을 올리는 방법으로 이 방법을 이용하고 있다.[86]

---

[85] 武井一浩, 전게논문(주 49), 12면.

[86] 전술한 바와 같이 우리나라의 대표적인 사례로는 1999년 SK텔레콤의 3대 주주였던 외국계 해

(2) 해체형 기업매수에 의한 폐해

가치파괴적 적대적 M&A의 유형으로 대상회사의 지배권을 취득한 후 대상기업을 해체하여 매매차익을 얻으려는 해체형 기업매수(bust up merger)가 있다. 즉, 매수자가 경영에 대하여 전념하지 않고, 단지 자산을 나누어 판매하여 투기적인 방법으로 이익을 창출하는 것을 주된 목적으로 하고 있는 경우가 해체형 매수의 전형적인 사례이다. 이러한 경우에 이사의 방어행위가 가능할 것으로 보인다. 다만 기업가치에 폐해를 야기한 해체형 매수와 부진한 기업을 매수하여 경영의 비효율성을 개선하기 위해 기업 구조조정을 행한 정당한 경제행위와는 구별이 곤란한 한계 사례도 발생할 수 있어 주의를 요한다.[87] 이러한 기업해체를 위한 적대적 M&A가 성공할 경우에 대상회사주주의 이익뿐만 아니라 종업원, 하청업자, 나아가 지역사회의 이익까지 침해된다. 따라서 이러한 적대적 M&A를 저지하기 위한 방어수단으로서 미국주회사법에서 흔히 볼 수 있는 지배권취득 후 일정기간 영영양도나 합병 등을 금지하는 기업결합규제법이 이용된다.[88] 또한 일부 주에서는 반기업매수법까지 규정하고 있다.[89]

한편 LBO는 투자자본의 회수를 위하여 대상회사를 인수한 후 중요자산을 매각한다거나 명목회사와의 합병을 통하여 대상회사를 소

지펀드인 타이거펀드의 그린메일, 1998년 미국계 헤지펀드인 아팔루사펀드의 그린메일을 들 수 있다. 한편 적대적 M&A가 활성화되면 경영진들은 기업고유의 인적 자본에 투자하는 것을 기피하게 된다. 따라서 부의 재분배 효과가 인적투자를 기피하게 되고 이로 인해 생산성 저하와 같은 폐해도 발생할 수 있다.

87) 武井一浩, 전게논문(주 49), 14면.

88) 권종호, "적대적 M&A에 대한 방어수단의 국제비교와 시사점", 『기업법연구』제20권 제1호(통권 제24호) 2006, 100~101면.

89) 권재열, 전게보고서(주 12), 52면.

멸시킬 수 있다. 따라서 대상회사를 해산시키는 등 기업을 해체시키는 결과를 가져오는 경우가 많다. 이러한 결과로 인하여 LBO는 실물경제에 있어서 안정 및 발전에 기여하지 않는다는 이유에서 투기성 거래라고 비난받기도 한다.[90] LBO의 이러한 문제점은 LBO가 가장 발달한 미국에서도 논의된 바 있고, 주법 차원에서는 그러한 기업해체적 결과를 가져오는 M&A(bust up M&A)를 규제하기 위한 입법이 이루어진 바 있다.[91] 하지만 미국과 같은 이러한 입법은 오늘날 일반화되고 있는 기업결합의 유연화 추세에 역행하고, 자유로운 기업활동을 억제하는 것으로 보인다.

(3) 2단계 매수에 의한 폐해

2단계 매수(two-tier tender offer, front-end loaded tender offer)는 최초의 매수조건(1단계)은 유리하게 공개매수를 통해 프리미엄을 붙인 가격으로 주식을 취득하고, 2단계에서는 1단계의 공개매수가격보다 매수조건은 불리하게 혹은 불명확하게 설정하여 최초의 매수제의에 응하지 않으면 불이익을 입을 수 있다는 상황을 인위적으로 만들어 주주로 하여금 매수에 응하도록 심리적 압박을 가하는 방법이다.[92] 즉, 이러한 2단계 매수란 제1단계에서 과반수나 3분의 2까지 대상회사의 주식을 취득한 후에, 제2단계에서 잔여주식을 무상과 마

---

90) 송종준, "M&A法制를 둘러싼 최근의 爭點과 課題", 『기업법연구』 제20권 제3호(통권 제26호) 2006, 24면.

91) 참고로, 이러한 입법을 모라토리움법[Business Combination(Moratorium)Statutes]이라고 하는데, 지배주식을 취득한 이후 일정기간 동안에는 기업결합을 금지하는 것을 주된 내용으로 하고 있다[송종준, 전게논문(주 91), 24면].

92) 권종호, 전게논문(주 89), 100면.

찬가지인 대가로 취득하는 것이다. 제1단계의 기법으로는 시장매입
과 TOB가 있고, 제2단계 기법으로는 주식합병, 관계회사와의 합병·
주식교환 등이 있다.[93] 이러한 2단계 매수에 폐해가 발생하는 경우
로는 일반 주주에게 '죄수의 딜레마' 상태를 의도적으로 만들어내고,
반 기망적으로 주식을 매수하는 경우이다. 제2단계 전까지 매각하지
않았던 주주는 그 보유주식이 휴지로 되기 때문에, 휴지로 되기 전
제1단계에서 주식매각이 발생할 염려가 있다. 이는 주주의 합리적
판단을 왜곡시키고, 강압적으로 회사를 매각시키는 행위가 되어, 기
업의 장기적 가치를 무시한 단기적인 제시가격에 의하여 각 주주를
주식매각에서 소외시키려는 것으로 이어질 수 있다.[94] 이러한 2단계
매수행위에 대하여, 강제적 공개매수제도가 일정한 방어적 기능을
할 수 있을 것이다. 그러나 2단계 매수에 대해 허용 형태·허용 범위
에 대해 보다 명확한 법적 규율이 필요할 것이다. 영국의 경우에는
전주식을 대상으로 공개매수를 의무화하는 법제를 취하고 있으므로,
2단계 매수는 구조적으로 불가능하며, 미국의 경우에는 정관상 공정
가격조항(fair price provisions)이나 주회사법의 명문규정을 통해 2단계
에서 불공평한 취급을 원천적으로 봉쇄하고 있다.[95]

---

93) 武井一浩, 전게논문(주 49), 14면.

94) 이와 같이 주주 측면의 불이익뿐만 아니라, 기업경영진도 단기적 이익의 추구로 인해 주주를 배
   제하려는 경향이 짙어, 기업경영자도 장기적 이익의 최대화를 도모하는 것이 곤란하게 되는 점
   이 발생할 수 있다. 이러한 점도 2단계 매수의 폐해가 된다[武井一浩, 전게논문(주 49), 15~16
   면].

95) Thoma Lee Hazen, *The Law of Securities Regulation*(5th Ed. 2005), p.418; 권종호, 전게논문(주
   89), 100면.

(4) 기업가치 및 기업의 장기적 이익에 대한 위협

앞에서 살펴본 3가지 사례는 적대적 매수에 의한 기업가치의 위협이 되는 전형적인 사례이지만, 위협이 있는 것이, 이와 같은 외형적으로도 명백한 폐해가 있는 사례만 있는 것이 아니다. 즉, 미국에서는 기업매수방위책이 정당화되는 요건으로, ① 회사의 기업가치, 경영전략, 경영효율성 등에 대한 위협이 있는 것, ② M&A 방어수단의 내용이 해당 위협에 대하여 상당성을 가지고 있는 것을 요구하고 있다(이를 흔히 'Unocal 기준'이라고 부른다). 결국 미국 판례의 사안에서 인정되고 있는 위협의 범위는 광범위하다고 본다.[96] 예컨대, 미국의 1989년 타임워너(Time Warner) 사건[97]에서는 기업경영진이 적절한 정보수집활동 등 주의의무를 준수해 왔던 장기적 관점에서 경영전략상 실행이 곤란한 것도 위협으로 인정되었다. 한편 해체형 기업매수의 형태까지는 이르지 않았어도, 단기적 이익을 추구하는 주주에 의한 적대적 M&A 행위가 다른 기업관계자의 이익을 해하는 것에 의해서 기업 가치를 훼손할 수 있다. 적대적 M&A의 위협에 따라 기업특수적 인적 자원이 회사에 축적되지 않고, 결과적으로 기업의 경영효율성이나 장기적 이익을 해하는 결과가 될 수 있다.

(5) 적대적 M&A에 대한 무방비 상황 시 폐해

적대적 M&A로부터 무방비 상황에 있다는 것은 기업가치나 경영

---

96) 武井一浩, 전게논문(주 49), 18면.

97) Prarmount Communications, Inc v. Time Incorporated., 571 A.2d 1140, 1153(Del. 1989).

전략 등에 위협을 야기시키는 적대적 M&A로부터 무방비인 상태를 의미한다. 이러한 무방비 상황에서는 위협에 수반되는 기업경영상의 비효율성이 발생할 수 있다. 이러한 관점에서 다음과 같이 경영 비효율성이 지적되고 있다. 예컨대, 일반적으로 적대적 공개매입의 대상이 된 회사는 매입의 결과가 명확하지 않은 동안 회사의 사업을 보호하기 위해 고비용이 드는 계획들을 세워야 한다. 즉, 종업원의 고용을 유지하기 위해서 고액의 상여금이나 인센티브 계획을 실시하거나 불안감을 가지고 있던 고객이나 공급업자의 동요를 안정시키기 위해서 특별가격의 설정이나 주문에 관해서도 계획을 세워야 한다. 이러한 모든 계획들이 매수대상 회사에 막대한 비용을 부과하게 되고 이러한 비용은 회수가 불가능하게 된다.[98] 또한 기업의 'For Sale' 상태에서 수반된 비효율성은 이해관계자의 책임상실로 나타난다. 인적 자원 중에서 책임상실에 수반된 경영 비효율성의 중요한 요소가 '기업특수적 인적 자원'이다. 이는 해당 기업 내에서 가치가 있는 지식, 능력, 노하우, 숙련 등을 의미한다.[99] 이러한 '기업특수적 인적 자원'이 축척되기 쉬운 기업일수록 국제 경쟁상 우위성을 지닐 수 있고 적대적 M&A 위험으로부터 경영권 방어장치를 마련할 수 있다.

또한 적대적 M&A로부터 무방비에 있다는 것은 근시안적(myopic) 경영을 조장한다는 단점이 있다. 회사의 경영진은 중장기적인 관점에서 경영성과를 향상시키기보다는 임기 내에 가시적인 경영성과에 집착하게 된다. 향후 우리 기업들은 중장기적인 투자와 연구개발이 필요하다. 그러나 적대적 M&A는 경영진으로 하여금 장기적 투자보

---

98) 武井一浩, 전게논문(주 49), 21면.
99) 岩井克人, 『会社は乙れからどうなるのか』, 平凡社, 2003, 152면.

다는 주주에게 단기업적을 종용하게 된다.[100] 따라서 안정적이고 장기적으로 효율적인 경영을 하기 위해서라도, 적대적 M&A에 대비한 적절한 경영권의 방어수단이 필요하다. 또한 적대적 M&A에 대하여 수동적인 대응으로 일관하는 것 자체도, 적대적 M&A로부터 무방비 상태로 된다. 적대적 M&A에 대해 어느 정도 광범위한 방어책을 강구해 두는 것은 기업이 각 이해관계자에 대하여 책임을 지는 당연한 책무라고 할 수 있다.

5. 적대적 M&A에 대한 방어의 필요성

모든 적대적 M&A가 기업경영의 효율성 향상을 초래하는 것은 아니다. 하지만 모든 종류의 적대적 M&A를 긍정하는 것은 기업가치나 기업에 대한 장기적 이익[101]의 최대화에 지장을 초래할 수도 있다. 기업은 적대적 M&A에 의해서 기업가치가 손상된다. 즉, 기업의 장래에 대하여 장기적 이익을 추구하지 않고, 단기적 이익 추구를 도모하여, 기업의 장래가치를 훼손하게 된다. 적대적 M&A는 매수자가 기업의 장기적 이익이나 다른 이해관계자의 이익을 희생시키면서, 단기적 이익을 도모하는 계기가 될 수 있다.[102] 특히 적대적 M&A는 그 가능성만으로 경영진에게는 효율적인 유인책이 될 수 있기 때문에 대상회사의 기업가치를 향상시키고 그 결과로 사회 전체의 부를

---

100) 권재열, 전게보고서(주 12), 30면; 전국경제인연합회, 전게보고서(주 12), 28면.
101) 또한 기업의 장기적 이익과 지표에 대해서는 "회사의 진정한 시장가격을 상회하고 있다는 현 경영진의 신념을 정당화하는 개념이다"라고 말하는 경우도 있다.
102) 武井一浩, 전게논문(주 49), 11면.

증가시킬 수도 있다. 그러나 적대적 M&A 중에는 그 목적이나 수법이 구조적으로 주주 등 이해관계자의 이익을 훼손하는 것이 있는데, 그 전형적인 것이 그린메일과 2단계가 매수이다.103)

우리나라 기업의 방어수단의 부재는 글로벌 스탠더드에 부합되지 않을 뿐만 아니라, 국제경쟁력 확보 차원에서도 바람직한 방향은 아니라고 본다. 적대적 M&A 방어수단을 주요국마다 구비하고 있거나 구비 중인 경우에도 방법론에서 차이가 있을 것이다. 예컨대, 영국처럼 부적절한 M&A 자체가 불가능하도록 사전에 공격자를 규제하도록 할 것인가, 아니면 미국과 같이 적대적 M&A는 허용하면서 사후에 다양한 방어수단으로 부적절한 M&A를 규제할 것인지의 차이밖에 없다.104) 우리나라 기업의 입장에서는 외국의 기업과 경쟁을 해야 하는 상황에서, 적대적 M&A의 위협에 무방비 상태에서 경쟁을 한다는 것은 역으로 생각하면 글로벌 스탠더드에 적합한 경영권 방어수단을 갖추어야 한다고 본다. 이러한 적대적 M&A 방어수단의 부재는 결국 장기적인 경영전략에 따른 회사의 운영을 어렵게 하고, 기업특수적 인적 자본의 형성을 곤란하게 하는 등 경영상 비효율성을 초래하기 때문에, 방어수단의 부재는 우리 기업의 국제경쟁력을 악화시키는 요인으로 작용할 수 있다.105) 또한 경영의 효율성 관점에서도 균형이 있는 적대적 M&A 방어수단은 매수자 측에 지나치게 기울어진 힘의 균형을 경영진을 포함한 다른 이해관계자 측으로 회복

---

103) Lewis D. Solomaon & Alan R. Palmiter, *Corporations,* 4rd Ed. 2003, p.566.

104) 권종호, 전게논문(주 89), 101~102면.

105) 이러한 합리적 방어수단의 부재는 기습공격이나 과잉방어가 반복되어 기업가치의 제고에 기여하여야 할 적대적 M&A가 오히려 기업가치를 훼손하고 나아가서는 국가경제의 활력을 저해하는 요인이 될 수 있다[권종호, 전게논문(주 89), 101~102면].

시킬 수 있는 기능을 가지고 있다. 적대적 M&A는 비효율 경영을 행하고 있는 기업에 대한 효율성 향상이 주장되고 있지만, 기업이 적대적 M&A로부터 무방비상태인 것은 별도의 경영에 대한 비효율성을 낳는다.[106] 이러한 경영효율성의 관점에서도 적절한 경영권 방어수단의 도입이 절실하다고 본다.

6. 우리나라의 적대적 M&A 방어수단 필요성 논의

1) 우리나라 M&A 시장의 현황

(1) 우리나라 M&A 현황

우리나라의 M&A의 현황을 수단별 기업결합을 기준으로 할 때, 다음의 표에서 알 수 있듯이 주식취득에 의한 기업결합 비중이 가장 높고, 이러한 현상은 2010년까지 지속되고 있으며 최근의 기업결합 양상은 임원겸임 및 합병, 회사신설 등 순으로 나타나고 있다. 특히 주식취득에 의한 기업결합의 비중이 가장 높지만, 2007년 이후에는 다소 감소하는 추세를 보이고 있다. 최근 수단별 기업결합 현황을 구체적으로 살펴보면 다음의 도표와 같다.

---

106) 武井一浩, 전게논문(주 49), 20면.

<표 5> 수단별 기업결합 현황(Combination of enterprise by Means)

(단위: 건)

연도	주식취득		임원겸임		합병		영업양수		회사신설	
	건수	구성비	건수	구성비	건수	구성비	건수	구성비	건수	구성비
2005년	295	44.8%	138	21.0%	110	16.7%	73	11.1%	42	6.4%
2006년	365	47.7%	141	19.0%	114	15.3%	74	9.9%	60	8.1%
2007년	402	46.9%	144	16.8%	135	15.8%	107	12.5%	69	8.1%
2008년	210	39.3%	80	14.5%	93	16.9%	73	13.3%	88	16.0%
2009년	119	28.8%	46	11.1%	120	29.1%	62	15.0%	66	16.0%
2010년	186	37.3%	62	12.4%	115	23.0%	52	10.4%	84	16.8%
평균	262.8		101.8		114.5		73.5		68.1	

자료: 공정거래위원회, 통계연보(2010), 53면.

(2) 적대적 M&A 방어수단의 비효율성

우리나라의 경우에 적대적 M&A로부터 경영권을 방어하기 위한 조치가 집중적으로 다루어진 것은 적대적 M&A시장이 개방된 IMF 경제위기(1997년) 이후부터이다. 1997년 당시 555개 상장회사 중 66%인 369개가 방어조치를 채택한 것으로 알려지고 있다. 그 조치로는 주로 정관에 기업방어조항을 신설하였다. 예컨대, 스톡옵션조항 (172개 상장회사 채택), 신주의 제3자 배정(286개 상장회사 채택) 등이 해당된다.[107] 먼저, 스톡옵션조항은 적대적 M&A가 진행 중인 상황에서는 적대적 M&A방어수단으로서 의미가 없어 보인다. 또한, 신주의 제3자 배정은 2001년 상법개정에 의해 제3자 배정을 할 수 있는 경우를 신기술의 도입, 재무구조개선 등 회사의 경영상 목적을 달성하기 위하여 필요한 경우로 제한하였기 때문에 방어수단으로 사

---

107) 권종호, "일본 적대적 M&A법제의 글로벌화의 시사점", 전국경제인연합회(2009), 9면.

용할 수 없었다.

그러나 최근 경영권분쟁 상황에서 보유하고 있던 자기주식을 우호적인 제3자에게 처분하는 것이 주주의 신주인수권 침해인지 여부가 문제된다. 즉, 아무런 경영상의 목적 없이 단지 경영권 방어를 위해서 신주를 제3자에게 배정하는 것은 주주의 신주인수권을 침해한다는 것이 판례의 입장이다.[108] 하지만 대다수 하급심 판결은 자기주식의 처분에 신주발행의 법리를 유추적용할 수 없다고 하여 대법원의 판결과 다른 입장을 취하고 있다.[109] 2011년 개정상법에서도 이러한 문제가 쟁점이 되었다. 2006년 당시 법무부가 입법예고한 회사법개정안에는 자기주식의 처분에 주주의 신주인수권을 준용하는 것으로 하였으나, 이후에 자기주식처분을 통한 효율적인 재무관리를 저해한다는 이유와 재계의 반대에 부딪혀 그 내용이 삭제되었다.[110] 향후 경영권분쟁 상황에서는 이해관계가 첨예하게 대립하기 때문에 주주의 신주인수권을 인정하고, 최소한 경영상 목적 없이 자기주식을 제3자에게 처분하는 것은 이사의 주의의무에 반하다고 보는 견해[111]도 있다. 결국 우리나라는 적대적 M&A에 대응할 수 있는 방어수단에 대한 제도적 환경이 매우 비효율적이고 제한적이라고 할 수 있다.

---

108) 대판 2009.1.30 선고 2008다50776판결.
109) 수원지방법원 성남지원 2007.1.20자 2007카합30결정; 서울북부지방법원 2007.10.25자 2007카합 1082결정.
110) 권재열, "개정상법상 주식관련제도의 개선내용과 향후과제", 『선진상사법률연구』 제56호 (2011), 22면; 송옥렬, "2011년 개정 회사법의 해석상 주요쟁점-기업재무 분야를 중심으로-", 2011년 한국법학원 발표자료, 21~22면.
111) 송옥렬, 전게발표자료(주 112), 22면.

(3) 외국자본의 국내기업에 대한 적대적 M&A 시도 현황[112]

가. 소버린(Sovereign Crest Securities Ltd)의 SK(주)에 대한 사건[113]

2003년 초 SK글로벌(현재의 SK네트워크)의 분식회계사건과 그룹
회장의 구속수감 여파로 SK 주가가 폭락하여 적대적 M&A를 노리는
투자자들에게 좋은 기회였다. 그해 영국계투자회사 소버린은 100%
의 자회사인 크레스트증권을 통하여 SK의 주식을 매집하기 시작하
였다. SK의 최대주주가 된 소버린은 SK를 SK글로벌 사태와 방만한
투자로 인하여 저평가된 기업으로 단정하고 SK의 지배구조개선을
위하여 구체적으로 SK글로벌지원을 반대하고 경영진 교체의 요구
등의 행동을 보이기 시작하였다. 즉, 지배구조 개선을 위해 여러 제
도를 도입하였고, 대표적으로 이사회 내의 사외이사 비중을 70% 확
대하여 국내기업 중 사외이사 비중이 가장 높은 기업으로 만들었으
며, 이사회 내에 투명경영위원회, 제도개선위원회 등 4개 전문위원회
를 설치해 이사회 중심의 투명경영을 실천하겠다는 의지를 보였다.

이 사건에서 주요 내용은 소버린의 주식매집과 국내 5% rule의 허
점이다. 소버린은 5% rule이라고 하는 (구)증권거래법상 공시제도 및

---

112) 참고로, 국내기업 간 경영권 방어에 관한 사건은 '한화종금'사건이 있다. 이 사건은 지배권 분
쟁의 상황에 직면하여 경영진이 사모에 의한 전환사채를 발행한 경우에 그러한 전환사채의 적
법성이 문제가 되었다. 사건의 경위는 다음과 같다. 한화그룹과 A일가가 공동 창업한 삼희투
자금융으로 시작한 한화종합(이하 한화종금이라 함)은 증자를 거듭하면서 상대적으로 한화그
룹의 지분이 확대되고 A는 자연스럽게 경영에서 소외되었고, 경영에서 소외된 A는 우학그룹
에 도움을 청하였고, A와 우학그룹은 주식매입을 시작하여 한화종금 주식의 40%이상을 매입
하는 데 성공했다. 이에 대해 한화종금은 경영권 방어를 위해 발행주식총수의 17.9%에 해당하
는 대규모 사모전환사채를 발행하여 제3자 배정을 한 사건이다. 이는 국내에서 경영권 방어목
적으로 사모전환사채가 사용된 최초의 사례이다[서울지방법원 제50민사부 1997.2.6 선고(97카
합118결정); 서울고법 1997.5.13 선고(97라36결정); 김홍식, 『M&A개론』, 박영사, 2009, 151~154
면].

113) 서울지방법원 제50민사부 2003.12.23 선고(2003카합4154결정); 고동수, 전게논문(주 80),
123면; 김홍식, 전게서(주 114), 160~163면.

공정거래법상의 출자제한총액제도의 허점을 절묘하게 활용하였다. 또한 소버린은 지분 14.99% 취득과 지분을 분산시킨 점이다. 소버린이 SK에 대하여 적대적 M&A를 시도하면서 지분 14.99%까지만 취득한 것도 공정거래법 제12조의 상장법인의 주식 15% 이상을 소유하게 되는 경우 공정거래위원회에 신고하도록 규정하고 있으므로, 소버린은 이러한 규정도 회피하기 위해 14.99% 만 취득한 것으로 추정될 수 있다.

이와 같이 소버린에 의한 SK 주식매집 및 SK의 경영권 방어를 위한 주식취득 사례를 보면, 당시 공정거래법상 출자총액제한의 적용을 받지 않는 외국인 투자자에 비하여 출자총액의 제한을 받는 국내기업이 국내에서 역차별을 받고 있음을 알 수 있다.

나. 칼 아이칸(Carl Celian Icahn)의 KT&G에 대한 사건[114]

스틸파트너스(Steel Partners Ⅱ, L. P.)와 칼 아이칸은 2005년 6월 KT&G주식을 매집하기 시작하였고, 2006년 1월 칼 아이칸은 KT&G에 자회사 매각이나 자산처분 등을 요구하였다. 칼 아이칸과 스틸파트너스처럼 매수자가 서로 연합하여 적대적 M&A를 시도한 것은 국내에서 처음 발생한 사례이다. 아이칸 연합은 KT&G를 6.59%까지 확보하였으나 5% rule의 제한을 받지 않았다. 이는 아이칸 연합이 5% rule을 벗어나기 위해 주주총회에서 스틸파트너스와 공동 의결권을 행사하기로 합의한 후 신고하였기 때문이다.

2006년 3월 KT&G의 최대주주 프랭클린 뮤추얼은 아이칸 연

---

114) 고동수, 전게논문(주 80), 129~131면.

합을 지지하겠다고 선언하고 반면, 국민연금과 은행권은 KT&G의 백기사를 자칭하였다. 2006년 6월 최대주주인 프랭클린 뮤추얼이 소유주식을 장내매각하며 지분율을 9.34%까지 줄이고 투자목적을 경영참여에서 단순투자목적으로 변경하였다. 8월에는 칼 아이칸과 스틸파트너스 연합이 결별하여 각자 지분의 4.87% 및 2.81%로 5% 이하로 감소하였다. 그러나 스틸파트너스가 추가로 지분매집을 함으로써 다시 경영권분쟁이 제기되기도 하였으나, 칼 아이칸이 12월 5일에 KT&G 주식 76만 주만 남겨놓고 나머지는 매각하는 바람에 적대적 M&A는 일단락되었다. 본 사건이 시사하는 점은 KT&G는 국내 최고 수준의 지배구조를 갖추었다고 평가를 받았음에도 불구하고, 대형 헤지펀드[115]에는 최고의 적대적 M&A의 대상이 된 것에 대한 논란이 있었고, 국내의 지배주주가 없어서 적대적 M&A에 취약했다고 볼 수 있다.

다. 헤르메스(Hermes)의 삼성물산 경영권에 대한 위협사건[116]

영국계 펀드인 헤르메스(Hermes)는 2004년 3월 삼성물산 자본

[115)

<표 6> 주요 헤지펀드의 활동현황

구분	내용
타이거펀드	- 이상 네트워크 지분 3.715% 매입 - 99년 SK텔레콤 지분 7% 매입 후 적대적 M&A를 시도해 6,300억 원 시세차익
소버린자산운용	- 2003년 SK지분 14.99%를 확보하여 경영권 위협, 1조 원 규모 시세차익
헤르메스펀드	- 2004년 삼성물산 지분매입, 100억 원 규모의 시세차익
칼 아이칸	- KT&G 적대적 M&A 시도, 지분 4.87% 보유 중
QE 인터내셔날	- 1999년 서울증권 인수, 4,000억 원 규모 시세차익

자료: 파이낸셜뉴스(2006.10.25).

116) 고동수, 전게논문(주 80), 132면.

5%(777만 2천 주)를 매집한 후 금융감독원에 단순투자의 목적으로 신고하였고 그해 12월 1일에는 경영진에 지배구조의 변화를 요구하였다. 이에 응하지 않을 경우 M&A를 시도하는 펀드를 지원하겠다고 발표했다. 적대적 M&A가 소재로 작용하면서 삼성물산의 주가가 상승하자, 헤르메스는 삼성물산 주식 5%를 전부 매각하였다. 이에 대해 금융감독원은 삼성물산 주가조작 혐의로 헤르메스 펀드에 대해 조사를 하기도 했다. 삼성물산은 헤르메스의 적대적 M&A에 대한 경영권 방어를 위해 소유부동산과 해외법인을 매각하여 이를 부채 정리 및 자사주 매입에 사용하였고, 보유한 유가증권 및 여유자금이 거의 소모되어 신규사업 추진에 어려움을 겪었던 것이 헤르메스의 경영권위협 사건이다.

2) 적대적 M&A 법제의 문제점

우리나라의 경우, 적대적 M&A의 시도가 있을 때 우선 어떤 경우에 대상회사(이사회)의 방어권을 인정할지 많은 연구가 필요하고, M&A의 방어의 정당성이 인정되는 상황에서 적대적 M&A의 표적이 된 회사가 실무상 사용할 수 있는 방어수단이 극히 제한되어 있다.

2011년 개정상법 이전에는 우리나라의 법체계에서 가장 현실적인 M&A 방어방법은 신주를 발행하거나 CB(Convertible Bond)・BW(Bond with Warrant) 등 주식 관련 채권을 발행하는 것 이외에 직접적인 방어수단으로 활용될 수 있는 방어책은 매우 제한적이다. 즉, 공격자 측의 다양한 지분확보수단에 비해 대상회사는 실효성 있는 방어수

단이 없다는 사실은 우리 기업들이 적대적 M&A 위협에 노출되어 있음을 나타낸다.[117]

그러나 개정상법에는 여러 가지 적대적 M&A에 대하여 활용 가능한 방어수단이 도입되었다. 먼저 종류주식의 다양화를 둘 수 있다. 이는 자본조달의 수단도 되지만 적대적 M&A의 방어수단으로 활용될 만한 종류주식이 존재한다. 예컨대 의결권의 내용을 달리 적용하여 활용하는 경우이다. 의결권이 없는 보통주를 발행한 경우에 매수자의 매수 가능성을 감소시켜서 적대적 M&A에 대비할 수 있고(개정상법 제344조의3), 또한 전환사유부주식의 경우에도 전환의 조건을 어떻게 조합하느냐에 따라 적대적 M&A에 대한 방어를 할 수 있게 되었다(개정상법 제346조). 한편 종류주식 활용 이외의 방법으로는 적대적 M&A가 발생한 경우 대상회사가 취득한 자기주식을 우호적인 제3자에게 매각한다면 그 회사는 주주의 지위를 안정시킬 수 있어 방어효과를 누릴 수 있다(개정상법 제369조).

그리고 개정상법은 제3자에 대한 신주배정에 관해서 기존의 주주에게 신주발행사항을 통지 및 공고하도록 하고 있는데(개정상법 제418조 4항), 이는 공시제도를 규정함으로써 기존의 주주가 회사의 신주발행에 대하여 합리적으로 견제하는 데 도움이 되므로 적대적 M&A에 대한 방어수단으로 그 역할을 할 수 있다. 법정자본금에 대하여는 그 유연성을 인정하여 유보된 내부현금이 많을 경우, 이를 배당형식으로 주주들에게 배분하여 공격자로 하여금 인수계획 자체를 무산시킬 수 있도록 하였다(개정상법 제462조, 제462의2조). 향후 도

---

117) 김두식, "M&A 법제의 개선방안", 『상장협연구』 제50호(2004), 38~39면.

입해야 할 과제로는 잠재적 주식의 성격을 가진 워런트(warrant)를 도입하게 되면, 주식취득에 의한 M&A와 마찬가지로 M&A에 대한 방어도구로 이용될 수 있다.[118] 즉, 적대적 M&A에 대한 경영권 방어수단으로 사용될 경우, 비용절감의 효과를 누릴 수 있을 것이다. 예컨대, 주주에 대하여 지분비율에 따라 무상으로 부여하거나, 이사회의 전권으로 제3자에게 배정할 수 있게 하는 방안이 도입된다면 그 효과는 배가 될 것이다.[119] 이러한 워런트를 발행하여 사전에 우호적인 백지주(White squire)[120]로 하여금 취득하게 하거나, 경영진과 지배주주가 시장에서 직접 매입한 후 적대적 M&A가 발생하고 그 권리를 행사할 수 있다면 포이즌 필(poison pill)의 효과도 얻을 수 있다.[121] 따라서 우리나라도 외국자본에 의한 적대적 M&A가 활발할 것으로 보이고, 이에 맞는 개정안이 도입되었지만 점진적으로 다양한 적대적 M&A의 방어수단의 도입은 여전히 필요하다.

3) 경영권 방어법제의 개선 필요성

경영권 방어수단의 도입 필요성에 대한 인식이 어느 정도 공감대를 형성되고 있는 상태에서 법·제도적인 경영권 방어수단을 확보하는 것도 필요하지만, 그와 동시에 확보된 방어수단이 비효율적인

---

118) 권재열, "워런트에 관한 서설적 고찰", 『증권법연구』 제11권 제3호(2010), 67면.

119) 권종호, "자금조달수단의 다양화와 일본의 주식법제 개선", 『증권예탁』 제52호(2004), 17면.

120) 백지주는 백기사(white knight)와 구별된다. 즉, 백기사는 적대적 인수 희망자를 대신하여 대상회사의 지배권을 취득하는 자이지만, 백지주는 지배권 취득이라는 단계까지 매입하는 것이 아니므로 대상회사가 경영의 독립성을 유지할 수 있다(선우석호, 『M&A 기업합병·매수와 구조재편 제4판』, 율곡출판사, 2008, 447면).

121) 최준선·김순석, "회사법개정방향에 관한 연구", 『상장협 연구보고서』(2004), 89면.

경영진의 기업지배권 유지 등을 위해 남용되는 것을 방지할 필요가 있다. 즉, 경영권 방어수단이 기업가치를 훼손하고 주주에게 폐해를 가하는 적대적 M&A에 대해서는 효과적으로 작동하지만, 기업가치의 향상에 기여하는 적대적 M&A에 대해서는 작동하지 못하도록 하는 '방어수단에 관한 공정한 룰(규범)'을 확립하는 방안이 고려되어야 한다.122)

또한 M&A 법제의 문제점을 개선하기 위해서는 공격자 측의 인수행위와 관련하여 소수주주를 보호하고, 주식매집의 투명성을 확보하기 위하여 지배주식 취득에 대한 의무공개매수제도(Mandatory bid)를 도입하고, 대량주식보유 보고제도를 강화하고(공시제도 강화), 이사회의 M&A 방어권 허용기준의 정립을 강화하는 등 다양한 방안을 생각할 수 있다.123)

그러나 본 논문에서는 적대적 M&A의 방어수단으로서 종류주식을 활용한 방안에 대하여 집중적으로 연구하고자 한다.

---

122) 고동수, 전게논문(주 80), 146면.
123) 김두식, 전게논문(주 119), 39~45면.

4) 방어수단도입에 관한 논의

(1) '경영권방어법제 개선위원회'[124] 논의

2008년 4월 28일 '경영권방어법제개선위원회(이하 '방어수단위원회'라 함)'가 정식으로 발족되었고, 방어수단위원회는 전체회의를 통해 방어수단의 필요성, 도입대상 방어수단 선정, 방어수단에 관한 법률시안에 대하여 검토가 이루어졌다. 반면, 소위원회에서는 전체 회의에서 정한 법률시안에 대해 입법기술적인 측면에서 검토를 실시하였다. 이러한 방어수단의 도입에 관해서는 재계와 시민단체의 입장이 첨예하게 대립되고 있는 가운데, 도입신중론의 입장은 새로운 방어수단의 도입은 오히려 경영권 고착화와 사익추구의 만연으로 이어지고, 외국자본을 국내에 유치하는 데 장애요소가 된다고 보았다.[125]

반면, 도입긍정론의 경우에는 방어수단의 부재는 무분별하고 부적절한 M&A의 증가로 우리 기업의 경쟁력을 저하시키고, 경영권방어를 위해 투하되는 과다한 방어비용은 투자위축, 실업문제, 장기성장동력의 상실 등 새로운 문제에 직면하게 된다고 보고 있다.[126] 따라서 방어수단위원회는 두 입장을 고려하여 우리 기업의 현실에 맞는 방어수단의 보완은 필요하다고 인식하였고, 도입신중론의 입장도 고

---

124) 법무부는 2008년 4월 28일 법률전문가 등 총 16명으로 구성된 '경영권방어법제개선위원회(방어수단위원회라 함)'를 발족하였다. 법률전문가 이외에도 경제부처, 재계전문가, 국책연구기관의 연구위원 등도 포함되었다. 이러한 방어수단위원회에서는 2009년 9월까지 전체회의 9회, 소위원회 회의 11회를 개최하였다[권종호, "적대적 M&A의 도입 필요성", 법무부(상법개정공청회자료, 2009), 5~6면].

125) 권종호, "적대적 M&A의 도입 필요성-2008년 경영권방법법제 개선위원회의 입법초안을 중심으로-", 『상사판례연구』 제22집 제4권(2009.12), 261~262면.

126) 권종호, 전게자료(주 126), 6~7면.

려하여 적대적 M&A의 순기능을 저해하지 않으면서 남용도 방지할 수 있는 법안을 만드는 것을 원칙으로 하였다.

(2) 도입 논의상 주요 쟁점

새로운 방어수단의 도입에 따른 논의의 주요 쟁점은 다음과 같았다. 먼저 진정한 의미의 적대적 M&A의 존재 여부이다. 먼저 앞에서 살펴보았듯이 방어수단 도입신중론의 경우에는 외국자본의 국내기업에 대한 적대적 M&A 사건 중 SK사건과 KT&G사건을 적대적 M&A로 보지 않고 단순한 경영참여 시도로 보고 있고, 칼 이이칸과 스틸파트너스가 주식을 매집한 KT&G나 소버린이 매집한 SK는 대주주가 없거나 대주주의 지분이 낮은 회사로서 기업가치에 비해 저평가된 회사라고 보고 있다.[127] 반면에 도입긍정론을 주장하는 입장은 본 사건 SK사건과 KT&G사건을 대규모 해외펀드에 의한 국부유출사건으로 보고 있다.[128] 어떠한 입장이든 효율적인 방어수단을 남용되지 않는 범위에서 제도적으로 잘 정비되어야 한다.

또 다른 쟁점은 적대적 M&A에 대한 규제에 있어서 공수의 불균형의 여부이다. 우리나라의 경우 외국에 비해 적대적 M&A에 대한 규제에 있어서 공격 측과 방어 측과의 균형을 이루고 있는가에 논란이 많이 있었다. 즉, 이러한 적대적 M&A에 공수의 균형의 문제로는 비교법적 관점에서 수량적 규제의 정도를 판단하는 방법 및 적대적 M&A에 대한 법적 규제, 지배구조, 국민정서, 시장의 구조 등으로 나

---

127) 이창원, "적대적 M&A 방어수단관련연구", 증권법학회 M&A연구회(2008), 4면.
128) 권재열, "적대적 M&A 방어수단관련연구", 증권법학회 M&A연구회(2008), 11면.

타나는데 문제의 해결은 이 모든 요소를 종합적으로 고려하여 판단해야 한다고 본다.

또한 적대적 M&A의 공수불균형을 다양한 시각에서 볼 수 있겠지만, 공격에 대한 규제가 엄격하면 방어수단에 대한 규제가 엄격하게 되고, 공격에 대한 규제가 약화면 방어수단에 대한 규제도 약화되는 것이 공수의 균형이라고 본다면, 이러한 관점에서 우리나라는 공격에 비해 방어에 대한 규제가 강하다는 점에서 공수의 불균형을 이루고 있다.[129]

(3) 논의된 방어수단

방어수단위원회는 전체회의를 통해 도입 가능한 방어수단으로 결정한 것은 주주총회의 특별결의 요건 가중, 복수의결권주식, 동의권부주식, 이사선해임권부주식, 신주인수선택권 등이다. 이하에서는 그 도입의 취지에 대하여 간략하게 설명하고자 한다.[130]

첫째, 주주총회의 특별결의 요건 가중제도란 특별결의사항에 결의요건을 정관을 통해 가중하고, 이러한 가중된 결의요건을 변경할 경우에도 가중된 결의요건으로 정관변경을 하는 것을 말한다. 이는 주주 간 계약을 회사법적으로 유효한 것으로 하는 수단으로 사용될 수 있다는 것이다.

둘째, 복수의결권주식은 의결권 수에 있어서 내용이 다른 주식을 말하고, 이는 의결권 수에 있어서도 차등이 있는 주식을 말한다.

___

129) 권종호, 전게자료(주 126), 11~13면.
130) 권종호, 전게자료(주 126), 14~22면 참조.

즉, 중소기업이나 벤처기업과 같은 회사경우에 상장회사와 다르게 방어수단으로서 역할의 비중이 높다고 보고 있었다.

셋째, 동의권부식(거부권부주식)은 주주총회의 결의사항 중 정관에서 정하는 사항에 대해 결의 외에 별도의 특정종류주주회의 결의를 요구하는 것을 말한다('2006년 개정안' 제344조의5). 또한 상장회사 경우에는 발행할 수 없도록 초안을 작성하였다. 참고로 이 개정안은 2008년 상법개정안에서 남용의 이유로 폐지되었다.

넷째, 이사선해임권부주식은 종류주주총회에서 선·해임할 수 있는 이사의 수에 있어서 내용이 다른 주식을 말하고('2006년 개정안' 제344조의6) 동의권부주식과 마찬가지로 상장회사의 도입 자체가 금지되기 때문에 방어수단의 효용은 없어 보인다. 이 개정안 또한 2008년 상법개정안에서 동의권부식과 함께 방어수단으로서 남용의 소지가 있어서 폐지되었다.

앞에서 살펴본 방어수단위원회에서 성안한 제도들 중 '2011년 개정상법'에서 일부는 폐지되거나 개정안으로 계류 중에 있다. 따라서 향후 우리나라가 도입해야 할 방어수단은 적법성과 타당성을 갖는 기준도 마련하고, 적대적 M&A와 관련된 새로운 이슈가 발생할 때마다 수정·보완을 한다면 적대적 M&A의 환경에 적합한 방어수단에 관한 제도적 정착이 이루어질 것으로 본다.

5) 우리나라 자본시장법상 방어수단 관련 규정

(1) 5% 보고제도 및 냉각기간제도

자본시장법[131])에서는 적대적 M&A 시도에 대해 '5% 보고' 제도와 '냉각기간' 제도에 관한 규정을 두고 있다.[132]) '5% 보고' 제도는 기업지배권시장의 공정한 경쟁 및 증권시장의 투명성을 제고하기 위해, 주권상장법인이 발행한 주식 등을 대량보유한 자에 대해 그 보유상황을 공시하도록 한 것이다. 본인과 특별관계자가 보유하는 주권상장법인 주식 등의 합계가 발행주식 총수의 5% 이상이 되는 경우 보고할 의무가 있다. 이러한 규정을 위반할 경우, 5% 추가 취득 주식에 대한 의결권을 행사할 수 없다(자본시장법 제147조, 제150조 1항). 그리고 냉각기간조항에 의하면 경영에 참가할 목적으로 지분 5% 이상 취득을 보고하는 자는, 보고 사유가 발생한 날로부터 보고한 날 이후 5일까지 주식 등을 추가로 취득할 수 없다. 이러한 규정을 위반할 경우에는 추가 취득분에 대해 의결권을 행사할 수 없다(자본시장법 제150조 2항, 3항).

참고로 5% Rule은 미국, 일본, 영국 등의 국가에서도 유사한 형태로 운영되고 있고, 본래 미국법에서 유래한 제도이다. 미국은 1968년 Williams법을 통해 경영권경쟁시장의 공정성을 확보하기 위해 공개

---

131) 2009년 2월 4일부터 자본시장과 금융투자업에 관한 법률(이하 '자본시장법'이라 함)이 총 10편 449개의 조문으로 구성되어 시행하게 되었다. 이는 투자자보호를 위한 보완규정 외에, 자본시장법 제정 후 증권거래법, 선물거래법 등 통한 대상 법률의 개정 사항을 반영하고, 그 밖에 제정 이후 나타난 일부 미비점을 보완하기 위한 것이다.

132) 임재연, 전게서(주 58), 428면.

매수신고제도와 5% 보고제도를 도입하였다. 미국은 이 제도를 처음 도입하였을 때에는 10%를 기준으로 하였으나, 그 실효성에 대한 비판이 제기되어 1970년에 와서 5%로 개정되어 5% Rule이라 부르게 되었다.[133]

한편, 우리나라는 1998년 이후 자본시장이 개방됨에 따라 외국인의 투자비중이 높아지고, M&A 시장이 확대되자 새로운 규제가 필요하게 되었다. 여러 가지 환경에 대비하고 지배권경쟁시장에서의 글로벌 스탠더드에 적합한 공정하고 투명성에 대한 요구를 반영하기 위해 (구)증권거래법상 제도 전반에 대한 개선이 필요하여 자본시장법에서 관련 제도를 많이 변경하였다.[134]

(2) 의결권 대리행사의 권유

의결권 대리행사의 권유행위의 개념에 대해 (구)증권거래법에서는 명확한 정의 규정을 두고 있지 않았고, 해석상 의결권 목적으로 하는 일련의 권유활동 전부를 포함하는 것으로 보았다. 하지만 자본시장법에서는 규제대상인 의결권 대리행사의 권유행위의 개념을 명

---

133) 김대규, 전게논문(주 57), 595면.

134) 이와 관련하여 자본시장법상 개선된 주요 내용은 다음과 같다. ① 보고를 할 경우, 보유상황은 물론, 보유목적을 명시하도록 함으로써 경영참가행위를 임원의 선임 및 해임 또는 직무정지, 이사회 등 회사의 기관과 관련된 정관의 변경 등 대통령령이 정하는 것으로서 구체적으로 예시토록 하였고, 취득 자금의 조성내역까지 구체적으로 보고하도록 하였다(자본시장법 제147조 1항, 동 시행령 제146조 2항 4호), ② 보유목적을 변경할 때에도 보고의무를 부과하였다(자본시장법 제147조 3항, 4항), ③ 경영참가목적으로 5% 이상을 신규로 취득하거나 보유목적을 변경한 경우 보고일로부터 5일 동안 추가취득 및 의결권행사를 금지하는 냉각기간제도를 도입하였다(자본시장법 제150조 2항), ④ 유가증권의 발행 및 공시 등에 관한 규정에서는 보고서식을 경영참가목적과 단순투자목적으로 이원화하고, 보고자가 자연인이 아닌 경우 그 실체에 관한 사항을 구체화하도록 하였으며, 단순투자목적인 경우의 기재사항 중에서는 취득자금 조성내역을 삭제하였다[김대규, 전게논문(주 57), 595~596면 참조].

확히 하기 위해 그 행위를 다음과 같이 규정하고 있다. 즉, ① 자기 또는 제3자에게 의결권의 행사를 대리시키도록 권유하는 행위, ② 의결권의 행사 또는 불행사를 요구하거나 의결권 위임의 철회를 요구하는 행위, ③ 의결권의 확보 또는 그 취소 등을 목적으로 주주에게 위임장 용지를 송부하거나 그 밖의 방법으로 의견을 제시하는 행위이다(자본시장법 제152조 2항). 이러한 권유대상 주식에 대하여 자본시장법 제152조 제1항에서는 "상장주권의 의결권대리행사의 권유"를 전제로 하므로 비상장회사의 주권에 대한 의결권대리행사의 권유는 자본시장법의 규제가 적용되지 않고, 실제로도 주식분산이 되어 있지 아니하여 규제의 필요성도 없다. 또한 의결권대리행사의 권유이므로 상장회사의 주권이라도 상법상 의결권 없는 주식도 물론 적용대상이 아니다.[135] 이러한 의결권대리행사의 권유제도는 대주주의 비율이 높고 계열회사 간 상호주형태로 주식을 보유하고 있는 기업일수록 이 제도의 활용도가 낮을 것이다. 하지만 향후 적대적 M&A가 활성화된다면 이에 따른 위임장 대결이 활성화될 것이고, 주식이 일반 투자자에게 널리 분산될수록 의결권대리행사 권유제도의 중요성은 더욱 부각될 것이다.[136]

---

135) 임재연, 전게서(주 58), 500~501면.
136) 임재연, 전게서(주 58), 495면.

(3) 공공적 법인[137] 주식의 소유제한

　공공적 법인이란 국가기간산업 등 국민경제상 중요한 산업을 영위하는 법인으로서 대통령령이 정하는 상장법인을 말한다(자본시장법 제152조 3항). 이는 법률적 개념이라기보다는 정치사회적 개념의 용어라고 보는 경우도 있다.[138]

　누구든지 공공적 법인이 발행한 주식을 누구의 명의로 하든지 자기의 계산으로 다음과 같은 기준[139]을 초과하여 소유할 수 없고, 이러한 경우에 의결권 없는 주식은 발행주식총수에 포함되지 아니하며, 그 특수관계인의 명의로 소유하는 때에는 자기의 계산으로 취득한 것으로 간주한다(자본시장법 제167조 1항). 그러나 소유비율 한도에 관해 금융위원회의 승인을 받은 경우에는 그 소유비율한도까지 공공적 법인이 발행한 주식을 소유할 수 있다(자본시장법 제167조 2항). 따라서 공공적 법인의 주식소유에 관해 제한 규정은 일부기업에 한하여만 적대적 M&A에 대한 방어효과가 있다.

---

137) 공공적 법인은 다음과 같은 요건, 즉 ① 경영기반이 정착되고 계속적인 발전 가능성이 있는 법인일 것, ② 재무구조가 건실하고 높은 수익이 예상되는 법인일 것, ③ 해당 법인의 주식을 국민이 광범위하게 분산 보유할 수 있을 정도로 자본금 규모가 큰 법인일 것 등을 갖춘 법인 중에서 금융위원회가 관계 부처장관과의 협의와 국무회의에의 보고를 거쳐 지정하는 법인으로 한다(자본시장법 시행령 제162조).

138) 임재연, 전게서(주 58), 513면.

139) 소유한도의 기준은 다음과 같다. ① 그 주식이 상장된 당시에 발행주식총수의 10% 이상을 소유한 주주는 그 소유비율, ② 그 외의 자는 발행주식총수의 3% 이내에서 정관이 정하는 비율이다.

Ⅲ. 적대적 M&A 방어행위에 대한 적법성 판단기준

종류주식을 적대적 M&A 방어수단으로 활용하는 것에 대해 정립된 판단기준은 없지만, 미국의 경우는 이사의 방어행위[140]에 대한 적법성 판단에서, 일본의 경우에는 신주의 배정 및 신주예약권의 배정에서, 우리나라의 경우에도 신주의 배정이나 신주발행 무효의 소송에서, 적대적 M&A 방어행위에 대한 적법성 판단을 하고 있다. 이러한 적법성 판단기준은 향후 방어수단으로서 종류주식을 활용할 경우, 우리나라에서 중요한 기준이 될 것이다. 예컨대 미국의 경우 법원이 Moran 판결[141]에서 적대적 M&A에 대한 방어수단인 포이즌 필을 유효하다고 판시하였고, 이러한 판결에서 적법성 판단의 기준을 마련하였다. 이러한 관점에서 적대적 M&A에 대한 방어수단의 적법성 판단에 관해 검토해 보겠다.

---

140) 적대적 M&A에 대한 대상회사 이사회의 방어는 어디까지나 기업경영의 효율성을 향상시켜 주주의 이익을 확보, 증가시키는 데 도움이 되어야 한다. 적대적 M&A를 방어하는 것이 주주의 이익보호와 기업경영 효율성의 향상이라는 정당한 목적과 효과를 가지고 있지 못하다면 그 방어는 일정한 한계를 넘는 과도한 것으로서 이사의 책임이 문제된다.

141) Moran v. Household International, Inc., 500 A. 2d 1346(Del. S. Ct. 1985). 이 사건에 서 시사하는 바는 Unocal 판결이 적대적 공개매수에 직면한 경우에 방어수단의 행사에 대한 이사의 책임을 취급한 것이라면, Moran 판결은 적대적 공개매수를 저지할 목적으로 사전적 방어수단을 채택한 경우에 이사의 책임을 다룬 것이라 할 수 있다[William W. Bratton & Joseph A. McCahery, *"The Equilibrium Content of Corporate Federalism"*, 41 Wake Forest L. Rev. 619(2006), p.681].

1. 미국의 판단기준

미국의 기업들은 이사진이 적대적 M&A 시도에 대항하여 다양한 방어수단을 동원할 수 있다. 그러나 이사들의 방어수단 동원은 미국 델라웨어주법을 통해 발전한 강화된 심사(enhanced scrutiny)를 받고 있다.[142] 따라서 이사진의 의사결정은 경영판단의 원칙(Business Judgement Rule)[143]에 의해 보호를 받는다. 즉, 이사들의 의사결정을 문제 삼고자 하는 자가 이사들의 중과실이나 악의 또는 사기 등을 입증하여야 한다.[144] 따라서 델라웨어 주 법원의 적대적 M&A에 대한 방어책 기준으로는 Unocal 기준, Revlon 기준, Blasius 기준이 있고 이에 대해 살펴보겠다.

1) Unocal 기준

Unocal 기준[145] 아래 이사회의 대항조치가 유효하기 위해서는, 즉

---

142) 김태진·이동건, "미국 법제하에서의 적대적 M&A 방어방법의 한국 법제하에서의 활용 가능성", 『증권법연구』 제8권 제2호(2007), 327면.

143) 경영판단의 원칙은 이사가 회사의 경영에 관련된 판단을 행한 것을 사후에 법원이 관여하여 판단한다는 것은 법원이 이사의 경영판단을 직접적으로 간섭하는 것이 되어서 이사의 자율적 판단을 방해할 수 있기에 법원에 의한 관여를 배제하기 위한 원칙으로서의 의미를 가진다 [Harry G. Henn & John R. Alexander, *Law of Corporations*, 3rd, West Publishing(1983), p.161].

144) Robert A. Ragazzo, "*The Legitimacy of Takeover Defense In the '90s*", Depaul L. Rev. vol.41(1992), pp.629~693.

145) Unocal 판결의 사건개요는 다음과 같다. Unocal Corp(이하 'Unocal사'라 함)의 주식을 14%를 보유하고 있던 적대적 공개매수자인 Mesa petroleum Co., Mesa Asset Co., Mesa partners Ⅱ, Mesa Eastern, Inc(이하 'Mesa사'라 함)는 Unocal사의 사외주식 37%에 대해 주당 54달러의 공개매수를 개시하면서 Mesa사가 공개매수를 성공하여 Unocal사의 지배권을 취득하면 Unocal사와 합병하고, 나머지 49%의 주식에 대해서는 존속회사가 발행하는 원금 54달러의 사채를 대가로 지급한다고 하는 이른바 2단계 현금공개매수(two tier cash tender offer)계획을 밝혔다. Mesa사의 공개매수는 강압적(coercive)이고 그 대가는 대단히 불충분(grossly inadequate)하다고 판단하여 Unocal사의 이사회는 Mesa사를 제외한 자사주주를 상대방으로 주당 72달러 상당의 가치 있는 사채를 대가로 하는 자기공개매수(self-tender offer)를 실행하여 경영권방어를 실시했다(현재는 Unocal사

매수자가 주식소유를 위해 회사의 정책이나 효율성에 대해 위협이 존재한다고 믿을 만한 합리적인 근거가 있을 것(합리성기준, reasonableness test), 채택된 대항조치가 발생한 위협과의 관계에서 합리적일 것(비례성기준, proportionality test) 등 합리성기준과 비례성기준을 충족하여야 한다.[146] 따라서 적대적 M&A의 상황에서 방어수단과 관련한 이사진의 의사결정은 앞의 두 가지 요건을 충족하지 못하면 경영판단의 원칙에 의해 보호를 받을 수 없게 된다.[147]

합리성기준은 대상회사의 이사회가 취한 방어적 행위가 회사의 전반적인 상황을 종합적으로 고려할 때 적용되는 것이다. 따라서 대상회사의 이사들은 적대적 M&A의 시도 때문에 회사의 정책 및 효율성에 위협이 가해졌다고 믿을 만한 합리적인 이유를 입증해야 한다. 합리적 이유를 판단하기 위해서는 여러 가지가 고려되는데 방어행위가 단순히 이사들의 지위영속화의 수단이나, 대상회사의 주가가 적대적 M&A가 개시되는 시점에 저가이더라도 이를 상회할 만한 상당한 사유가 존재하는지 여부, 적대적 M&A의 퇴치가 회사의 영업목표에 부합되는지 여부 등이 고려대상이 될 수 있다.[148] 또한 합리성기준에 있어서 '위협'은 회사의 효율성에 대한 위협뿐만 아니라 회

에 의해 사용되었던 선택적인 자기공개매수는 SEC의 규칙 13e-4에 의해 금지되었다). 이에 대해 Mesa가 Unocal사의 선택적인 교환공개매수에 의해 자사를 자기공개매수 대상에서 제외시킨 것은 Unocal사의 이사의 충실의무이라고 주장하면서 Unocal사의 자기공개매수를 금지시키는 잠정적 유지(preliminary injunction)를 청구하는 소송을 제기한 사건이다[정대, "적대적 M&A에 대한 대상회사의 방어행위의 적법성 판단기준에 관한 고찰", 『기업법연구』 제20권, 제2호 (2006), 198~199면].

146) Unocal corp. v. Mesa Petroleum Co.,493 A. 2d946, 954, 955 (Del,1985).

147) Meredith M. Brown & Ralph C. Ferrara & Paul S. Bird & Gary W. Kubuk, *Takeovers: A Strategic Guide to Mergers and Acquisitions*, 2nd Ed, Aspen Law & Business(2001), pp.426~439; Robert A. Ragazzo, supra note 146, pp.692~696.

148) 김정호, "적대적 M&A에 있어 방어행위의 적법요건", 『경영법률』 제19집 4호(2009), 232~233면.

사의 정책에 대한 위협도 포함된다.

이러한 '위협'의 구체적 내용으로는 다음과 같이 3가지로 분류될 수 있다.149) 즉, ① 기회의 상실(opportunity loss)은 적대적 M&A 상황에서 대상회사의 경영진에 의해 제공되는 유리한 선택권을 대상회사 주주가 상실하게 되는 위협을 말한다. ② 구조적 강압(structural coercion)은 매입에 응하지 않는 주주에게 부당한 대우를 할 경우에 주주의 거부권 행사가 왜곡될 위협을 말한다.150) ③ 실질적 강압(substantial coercion)은 주주가 실수로 저가격(inadequate price) 매수청약을 하는 위협을 말한다. 또한 현재의 미국에 있어서는 실무상 가격의 불충분성이 '위협' 내용으로 주장되는 것이 압도적이다.151)

비례성기준이란 위의 합리성기준을 충족한다고 해도 대상회사 이사회의 방어행위는 인수합병시도자가 제기한 위협의 정도에 비치어 합리적이어야 한다. 공격자가 제기한 위협의 정도가 미비함에도 매우 강한 방어를 하는 경우 해당 방어행위의 정당성은 인정되지 않는다. 반면, 공격자의 위협 정도가 강하면 강할수록 이사회가 방어에 대응하는 수단도 비례하는 강한 것도 허용된다.152) 이는 방어행위의 정도에 대한 합리성으로서 델라웨어 주 최고법원은 이를 균형의 요소(element of balance)로 표현한다. 따라서 방어행위가 경영판단의

---

149) Ronald J. Gilson & Reinier Kraakman, *Delaware's Intermediate Standard for Defensive Tactics: is There Substance to Proportionality Review?*, 44 Bus. Law. 247, 267 (1989).

150) 예를 들어, 2단계매수 중 1단계 거래에서 부분적 공개매입을 행하고 2단계에서 불공정한 대가에 의한 스퀴즈아웃(squeeze-out)을 행하는 경우이다. 즉, 주주는 1단계의 공개매입의 매입가격이 부당하게 낮다고 생각해도, 2단계의 스퀴즈아웃에 의해 부당한 취급을 받는 것을 알고 있어도 공개매입에 응하지 않을 수 없는 이른바 '죄수의 딜레마'에 빠진다. 이러한 주주의 정상적 판단을 왜곡시킬 위협이 구조적 강압이라고 한다[松本真輔, 『敵對的買收と防衛策』, 稅務經理協會(2005), 6면].

151) 松本真輔, 전게서(주 152), 6면.

152) 김정호, 전게논문(주 150), 233면.

원칙에 의해 보호받기 위해서는 합리성도 중요하지만 공격자의 위협 정도에 상응해야 한다.153)

한편 Unocal 판결의 적법성 기준을 조건부 경영판단의 원칙(conditional version of business judgment rule)이라 부르는 견해도 있다.154) 이러한 견해에 의하면 방어행위에 대한 경영판단의 원칙은 대상회사의 이사가 회사의 정책 및 효율성에 위험이 될 합리적인 근거를 증명하지 못하다면, 충실의무위반에 따르는 본질적인 공정성 기준이 적용될 수 있다고 본다. 위에서 살펴본 Unocal 기준이 시사하는 바는 주요목적기준(primary purpose test)을 전제로 하여 적법성에 관한 입증책임을 이사에게 전환하였고 동시에 적대적 M&A에 대한 방어수단이 제기된 위협에 대해서 합리적이라는 사실의 입증을 요구하였다. Unocal 기준은 미국에 있어서 대상회사의 적법성 판단에 중요한 기준이 되었다.

2) Revlon 기준

Revolon 기준은 Unocal 기준의 범위를 밝힌 것으로 이 기준과 매우 밀접하게 연결되어 있다. Revolon 기준에서 이사회는 회사의 매각, 해체(break-up), 지배권의 변경 등을 결정한 경우에 회사의 방어인 입장에서 경매인(auctioneer)으로 변화하고, 주주의 단기적 이익을 최대화할 의무를 진다.155) 따라서 적대적 인수합병의 대상회사가 더

---

153) 김정호, 전게논문(주 150), 240면.

154) Stephen M. Bainbridge, *"Exclusive Merger Agreement and Lock-Ups in Negotiated Corporate Acquistions"*, 75 Minn. L. Rev. 239(1990), p.214.

155) Revlon, Inc. v. MacAndrews & Forbes Holdings, Inc.,506 A. 2d173, 182(Del. 1987).

이상 존속할 수 없고 제3자에게 매각될 경우에 대상회사의 이사회는 이러한 단계에서 더 이상 방어행위를 할 수 없게 된다. 즉, 해당 방어행위의 적법요건을 논의할 필요 없이 주주이익의 극대화를 지향하여야 한다. 대상회사의 이사회는 순순한 경매인의 자격에서 최고가를 제시하는 공개매수자에게 대상회사의 주식을 매각하게 하여야 한다는 원칙을 제시하게 되었다.156)

한편 Unocal 기준과 Revlon 기준이 동시에 적용된 경우, 이사가 부담하는 의무의 내용이 크게 변하기 때문에 양 기준의 관계가 문제될 수 있다. 이와 관련하여 델라웨어형평법재판소 전(前) 소장인 Allen 교수, Jacobs 판사 및 Strine 판사는 이사의 행위에 대한 합리성을 객관적 기준에 비추어 평가하는 것이 필요하다는 점 이외에, Revlon 기준은 그 실제의 적용에 있어 Unocal 기준과 거의 다르지 않다는 입장이다.157) 이러한 Revlon 기준이 시사하는 바는 본 판결에서 이사는 회사의 매각이 불가피하게 된 시점 이후에는 Unocal 판결의 기준에 기한 방어수단의 행사는 허용되지 않고, 주주의 이익을 위해 회사의 매각가격을 최대로 해야 하는 경매인의 역할에 철저하지 않으면 안 된다는 의미에서 이러한 Revlon 판결의 기준을 가치극대화 기준(value-maximization)이라고 한다.158)

즉, 본 사건 이후부터 자본구조재편성(recapitalization)을 초래하는 의결권 및 지배주식의 양도 등에는 Revlon 판결에 기한 가치극대

---

156) 김정호, 전게논문(주 150), 250면.

157) William T. Allen. Jack B. Jacobs & Leo E. Strine. Jr., *Function Over Form: A Reassessment of Standards of Review in Delaware Corporation Law*, 56 Bus. Law. 1321(2001).

158) 品川知久, "米国における敵對的企業買收の防衛策と取締役の責任(上)", 『商事法務』 第1228号 (1990.9), 109면; 吉井敦子, "敵對的公開買付の責務の變化", 『商事法務』 第1230号(1990.10), 38 ~39면.

화기준이 적용되었고, 그러하지 않는 경우에는 Unocal 판결에 기한
비례성기준이 적용되었다는 점에서 차이점이 있다.[159][160]

3) Blasius 기준

Blasius 기준이란 이사회가 주주의 의결권제한을 주된 목적으로
하는 경우에 이를 불가결할 만한 정당화이유(compelling justification)
가 있을 때에 입증을 요하게 하는 기준이다.[161] 델라웨어 주법원은
Unocal 기준이 모든 적대적 M&A 방어책에 적용되는 것을 선언
하였고, Blasius 기준도 그 범위 안에서 적용된다고 해석한다.[162]
또한, 재판관 중에서는 실무적으로는 Blasius 기준 아래에서도
Unocal 기준과 같은 판단이 이루어지고 있기 때문에, Blasius 기
준은 Unocal 기준에 통합되어야 한다는 견해도 있다.[163]
또한 델라웨어 주 대법원은 2002년 MM Companies 사건[164]에서
주주의 의결권과 관련된 방어행위에 대한 기준(Blasius 기준)을 명확

---

159) Stephen M. Bainbridge, supra note 156, pp.214~216. 또한 'Unocal 판결'은 방어행위의 정도의 합
리성을 또한 문제로 삼은 점에서 보다 엄격한 기준이고 이러한 의미에서 '적절성 기준
(proportionality test)'이라고 불린다[品川知久, 전게논문(주 160), 18면; 近藤光男, "差別的自
己株式の買付と經營判斷の法則", 『商事法務』第1144号 (1988.4), 34~35면].

160) 참고로, ALI(American Law Institute, 미국법률협회)의 제602조의 내용을 Unocal기준과 비교하
면 다음과 같은 차이가 있다. ① Unocal 기준은 유지청구와 손해배상청구를 구별하고 있지 않
다는 점에서 차이가 있고, ② Unocal 기준은 대상회사의 이사회가 회사의 정책 및 효율성에
대한 위협이 존재한다고 믿을 만한 합리적 근거와 그 초래된 위협에 대응한 방어수단이 합리
적이었다는 취지를 입증하지 않으면 안 된다는 점 등에서 방어행위의 합리성에 대한 입증책
임을 원고에게 부과하고 있다[정대, 전게논문(주 147), 214면].

161) Blasius Industries v. Atlas Co., 564 A.2d 651(Del, Ch. 1988).

162) Stroud v. Gracem 606 A.2d 75 (Del. 1992).

163) Allen, Jacobs & strine, supra note 161, p.1287; 松本真輔, 전게서(주 152), 8면.

164) MM Companies. Inc. v. Liquid. Inc.; 813 A. 2d 1118(Del. 2003).

히 하고 있다. 즉, 이사회의 행위가 주주의 의결권의 행사에 간섭하거나 주주가 실효적으로 의결권을 행사하는 충분하고도 공정한 기회가 주어지지 않은 경우에는 동 기준이 적용된다고 MM Comapnies 사건 판결에서 판시하였다.

2. 일본의 판단기준

일본의 경우는 2005년 기업가치연구회에서 델라웨어주법 기준을 기본으로 '기업가치기준' 내용을 위협의 기준, 과잉성의 판단기준, 신중 또는 적절한 경영판단과정으로 나누어 제안하고 있다.[165] 이러한 기업가치보고서는 법적인 구속력은 없지만, 법원에서 판결의 기준으로 인정되고 있는 실정이다.[166] 특히 적대적 M&A에 대한 방어수단의 합리성 판단기준으로 주주의 가치와 이해관계자의 가치를 함께 고려한다는 점도 주목할 만하다.

1) 위협의 기준

방어수단 발동의 합리성 확보를 위한 기준인 위협이란 매수를 성공하였을 때 발생하는 회사의 효율성 등에 대한 위협과 주주의 적정한 판단에 대한 위협 등 기업가치에 대한 위협을 나타내고, 이러한 위협에 해당하지 않으면 방어수단을 발동하는 것이 인정되지 않는

---

165) 松本真輔, 전게서(주 152), 4면.
166) 송종준, "포이즌 필의 도입과 경영권방어의 적법기준-2008년 상법개정초안을 중심으로-", 『저스티스』 통권 제109호(2009), 182~193면.

다.[167] 또한, Unocal 기준은 회사의 효율성과 정책에 대한 위협도 위협에 포함하고 있다. 그러나 기업가치기준은 정책에 대하여 명시적으로 위협으로 다루고 있지는 않지만 회사의 효율성에 대한 위협뿐만 아니라 넓게 기업가치에 대한 위협으로 보고 있다.[168]

이러한 위협의 기준으로 다음과 같이 3가지 유형이 있다.[169] ① 구조상 강압적인 매수유형이 있다. 이러한 유형으로, 그린메일이나 2단계매수 등이 이에 해당된다. 그린메일과 2단계매수에 관한 구체적인 내용은 앞에서 언급하였기에 생략하기로 한다. ② 다음 유형은 대체안 상실 유형이다. 이는 현경영자에 대체안을 생각할 만한 충분한 시간적 여유를 주지 않는 매수유형이다. 즉, 발행주식 모두를 현금대가로 지급하는 매수제안이라도 사전에 매수제안이나 교섭 없이 갑자기 공개매입을 함으로써 현 경영진이 유리한 조건에서 회사를 구입해 주는 백기사를 찾거나, 새로운 경영제안을 행하는 시간적 여유를 주지 않는 경우이다. 이러한 유형에 해당하는지의 판단 여부의 중요한 요소는 매수가격의 부적절함, 매수자가 회사에 제공한 교섭시간의 유무, 교섭시간의 장단 등을 들 수 있다.[170] 즉, 매수가격의 부적절한 경우에 현 경영진에 대체안을 마련할 기회를 부여할 필요성이 크기 때문이다.

③ 다음으로는 주주의 오해를 바로잡기 위해 정보를 제공하는 이른바 주주오신(誤信) 유형이 있다. 이는 기업가치를 훼손시키는 공개

---

167) 2005년 企業價値報告書, 84면.

168) 松本真輔, 전게서(주 152), 8면.

169) 2005년 企業價値報告書, 84면. 참고로, 企業價値報告書 전문은 아래의 웹주소에서 다운로드 가능하다(http://www.meti.go.jp/press/20050527005/200505275.html).

170) 2005년 企業價値報告書, 84~85면.

매수제안임에도 불구하고 주주가 충분한 정보 없이 오신하여 매수에 응해 버리는 경우다. 이러한 유형에 해당하는지 여부의 중요한 판단 요소는 경영자의 경영방침과 매수자의 경영제안, 특히 경영자가 중시하는 기업의 강점에 대한 영향(예컨대, 기업의 경쟁력의 원천, 근간인 인적 자본의 축적, 신뢰관계에의 영향 등) 등을 들 수 있다.171)

2) 과잉성의 판단기준

적대적 M&A에 대한 방어수단은 위협에 대하여 과잉적이지 않아야 한다. 방어수단은 원칙적으로 매수자 이외의 일반주주도 차별적으로 취급해서는 안 되고(비강압성), 주주의 선택권이 확보된 것이어야만 한다(비배제성).172) 따라서 방어수단이 비강압적, 비배제적인지의 여부는 위협의 유형에 따라 판단된다.

이하에서는 과잉성의 판단기준인 비강압성 기준과 비배제성 기준에 대하여 살펴보겠다. ① 먼저 비강압성 기준이다. 적대적 M&A 방어수단은 원칙으로서 강압성이 있어서는 안 된다. 즉, 일반주주를 차별적으로 대해 특정의 주주를 우대하는 방어수단이나 특정 주주의 주식만을 매입하는 방식으로 자기주식을 취득하는 방어수단은 구조상 강압적인 매수유형 등에 대하여 과잉적 방어수단이라고 할 수는 없지만, 합리적인 이유가 없는 한 일반적으로는 과잉이라고 판단될 가능성이 높다. 여기서 합리적인 이유가 있는 경우란 단주처리를 하는 경우나 다른 법규에서 차별적 취급에 대하여 합리성을 부여하는

---

171) 2005년 企業價値報告書, 84면.
172) 2005년 企業價値報告書, 85면.

경우 등을 들 수 있다.173)

② 그다음 기준은 비배제성 기준이다. 적대적 M&A 방어수단은 원
칙적으로 배제성이 있어서는 안 된다. 즉, 위임장대결 등의 방어수단
을 해제시킬 수 있는 별도의 방법이 매수자에게 제공되어 있지 않은
방어수단은 주주의 선택권을 완전하게 배제하는 것이 된다. 이는 구
조상 강압적인 매수유형 이외의 위협에 대한 대항수단으로서 과잉
된 방어수단이 된다. 반면, 소각 가능하고 위임장대결에 따라 해제
가능한 방어수단은 주주에게 방어수단의 가부를 판단할 기회가 제
공되기에 배제성이 없다. 특히 1회의 주주총회에 따라 방어수단의
가부가 결정 가능한 경우에는 더욱 합리적이나 적법성의 관점에서
는 위임장대결에 따라 소각 가능하면 되고, 반드시 1회의 주주총회
에서 소각하지 않으면 안 된다는 것은 아니라고 해석된다.174)

또한 이사회가 회사의 매각을 이미 결정하고 제3자와의 매각교섭
을 진행하고 있는 중에 이와 경합하는 적대적 매수자가 나타난 경우
해당 이사는 해당 매수자의 경합제안도 원칙적으로 검토해야 한다.
이러한 경합제안을 검토할 기회를 박탈하는 조치는 해당 제안을 검
토할 수 없는 '특단의 합리성'이 없는 한 타당하지 않다. 이러한 '특
단의 합리성'은 예컨대 회사를 긴급하게 매각을 해야 하는 경우 매
수자가 제시한 경합되는 제안을 검토하는 것이 매각 자체를 곤란하
게 하여 오히려 회사이익이 훼손될 수 있는 경우이다.175)176)

---

173) 2005년 企業價値報告書, 85면; 권재열, "일본에서의 적대적 M&A에 대한 방어수단의 합리성판
단", 『증권법연구』 제10권 제2호(2009), 379∼389면.

174) 예를 들어, 대상회사가 임원의 해임의 결의요건을 특별결의에 가중하여 시차임기제(반수개선
제)를 채용하고 있는 경우, 매수자가 대상회사의 의결권의 과반수밖에 확보하고 있지 않으면
대상회사의 임원의 과반수를 교체하는데 2회의 주주총회가 필요하게 되는데 이런 경우에 배
제성이 있다고 할 수는 없는 것으로 해석된다(2005년 企業價値報告書, 85면).

3) 신중 또는 적절한 경영판단과정 기준

신중 또는 적절한 경영판단과정 기준이란 이사회가 방어수단의 도입·유지·해제에 관한 판단을 하는 데 있어 경영자 자신의 보호를 위해서가 아니라, 기업가치를 향상시키기 위해서 행하였다는 것을 증명하기 위해서는 방어수단의 도입·유지·해제에 관해 신중하고 적절한 행동이 요구된다. 이러한 신중하고 적절한 행동이 요구되는 구체적인 요소로는 충분한 시간을 들인 검토, 외부전문가의 분석, 제3자의 관여 등의 3가지가 필요하다.177)

① 먼저 충분한 시간을 들인 검토이다. 이는 방위수단의 도입·유지·해제에 관한 의사결정을 하는 데 있어서 이사회는 가장 기업가치를 높이는 방어수단이 무엇인가에 초점을 맞추면서 가능한 충분한 시간을 들여 검토하는 것이다.178) 평상시 방어수단 도입 시에는 충분한 시간을 들여 검토하는 것이 일반적으로 가능하지만, 유사시 방어수단의 유지·발동·해제는 신속한 판단이 더욱 필요하게 된다. 따라서 방어수단의 유지·해제를 짧은 시간에 효율적으로 충분히 검토하는 것이 가능하기 위해서는 평상시에 대책팀편성이나 회사의 본원적 가치의 산정 및 유사시의 대응수순 매뉴얼작성 등의 사전준비를 충분하게 해두어야 한다.179)

② 외부전문가의 분석이다. 이는 방어수단의 도입·유지·발동·

---

175) 2005년 企業價値報告書, 85~86면.
176) 松本真輔, 전게서(주 152), 12~13면.
177) 2005년 企業價値報告書, 86면.
178) 2005년 企業價値報告書, 86면.
179) 松本真輔, 전게서(주 152), 13~14면.

해제에 관한 의사결정을 함에 있어 이사회는 매수제안의 분석이나 방어수단의 설계 등을 외부전문가(변호사, 재무전문가 등)의 충분한 분석을 통해 얻어진 조언을 정중하게 구할 필요가 있다.[180]

③ 제3자의 관여이다. 이는 방위수단의 도입·유지·해제에 관한 의사결정을 함에 있어서 이해관계가 비교적 적은 사외이사나 사외 감사 등과 같은 제3자가 충분한 정보를 가지고 방어수단의 도입과 관련된 여러 의사결정에 관여해야 한다.[181] 여기서 말하는 제3자의 관여는 이사회가 사외이사이나 사외감사에 한정되지 않고 변호사 등의 외부전문가, 학자 등을 구성원으로 하는 특별위원회의 판단을 존중하는 것도 포함될 수 있다.[182]

4) 판례 검토

(1) 일본방송(日本放送) 사건

일본의 경우, 라이브도아가 미디어기업인 닛폰방송에 대해 적대적 M&A를 시도한 사건[183]은 사회적으로 큰 이슈를 낳았고, 적대적 M&A에 관한 사회적 관심을 높이는 결정적 계기가 되었다. 일본에서는 이 사건을 계기로 일본법원에서 신주발행이 아닌 신주예약권의 발행의 경우라 하더라도 종래의 신주발행에 관한 동일한 기본 입

---

180) 2005년 企業價値報告書, 86면.
181) 2005년 企業價値報告書, 86면.
182) 松本真輔, 전게서(주 152), 14~15면.
183) 東京高決, 平成17年(2005年) 3月 23日 金融·商事判例 1214号 6頁.

장184)을 답습하였다. 즉, 경영권 지배의 유지와 확보를 목적으로 신주예약권의 발행은 원칙적으로 현저하게 불공정한 발행이라고 밝히고, 라이브도아의 닛폰방송 주식의 대량취득이 이미 결정된 이후에 신주예약권의 발행이 결정된 점과 그 의도가 공격자인 라이브도아의 지분비율을 저하시키기 위한 점 등을 인정하여 닛폰방송의 신주예약권의 발행을 금지하였다.185)

또한 법원은 판단구조로서 회사의 경영지배권에 대하여 현실적인 다툼이 발생한 경우에 지배권을 다투는 특정주주의 지주비율을 저하시켜 현 경영자 또는 현 경영자와 우호적인 특정주주의 지배권유지를 주요 목적으로써 행하여진 신주예약권은 허용되지 않는다고 원칙론을 제시하였다. 회사나 주주전체의 이익의 보호의 관점으로부터 이것을 정당화할 특단의 사정이 있는 경우에는 예외적으로 이러한 신주예약권의 발행도 허용되는 경우가 있다고 판시하였다. 따라서 동경지방법원 가처분결정, 동경지방법원 이의결정, 동경고등법원 항고결정 등186)에서는 적대적 매수자의 지주비율을 희석화하기 위한 방어수단이 정당화되는 근거로 회사와 주주 전체 이익이 동일하도록 하고 있다.187) 결국 일본 법제하에서 경영권방어 심사기준으로

---

184) 종전의 일본재판소는 신주발행의 목적이 자금조달인 경우와 지배권의 유지나 확보를 위한 경우로 나눈 뒤, 지배권의 유지나 확보를 위한 경우를 불공정발행이라고 판시하여 왔다; 堀部政南・長谷部恭男, "放送會社に對する敵對的買收と防衛",『メデイア判例百選』, 別册 ジュリスト 第179号(2005), 231면.

185) 東京高決, 平成17年(2005年) 3月 23日 金融・商事判例 1214号 6頁.

186) 東京地方法院 假處分決定[東京地決, 平成17年(2005年) 3月 11日 金融・商事判例 1213号 2頁], 東京地方法院 異義決定[東京地決, 平成17年(2005年) 3月 16日 金融・商事判例 1213号 21頁], 東京高等法院 抗告決定[東京高決, 平成17年(2005年) 3月 23日 金融・商事判例 1214号 6頁] 등을 말하고, 이러한 결정들에서 신주예약권발행의 금지를 인정하였다.

187) 大塚和成, "買收防衛策と企業價値の意義- ニツポン放送事件およびニレコ事件題材にして", 金融法務事情 第1749号(2005.9), 79면.

서는 우선 적대적인 매수자가 합리적인 경영을 하지 않아 그 지배권 획득이 회사에 회복하기 어려운 손해를 초래한다는 사정이 소명되어야 했다. 이는 주주 전체의 이익 보호를 위하여 제한적으로 경영권 유지 및 확보를 위한 방어조치의 정당성이 인정된다는 의미로 해석된다.

일본의 경우, 닛폰방송 사건에 대한 법원의 판단은 신주예약권을 발행할 때에 기본적으로 '주요목적기준'[188]을 적용하여, 신주예약권 발행의 불공정성을 인정한 것임에도 불구하고, 예외적으로 주주 전체의 이익 보호를 위한 특별한 경우에는 지배권유지 목적이 인정된다고 하더라도 신주예약권의 발행을 정당화할 수 있는 근거를 제시하였다는 점에서 주목할 만한 판결이다.[189]

(2) 니레코(ニレコ)사건

앞의 일본방송사건은 지배권의 다툼이 발생한 상황에서 대상회사가 유사시의 방어수단을 채택하여 방어행위를 한 경우의 적법성을 판단한 사안이라면 니레코사건은 평상시 방어수단으로 신주예약권을 발행한 사안을 다룬 것이다. 즉, 대상회사의 경영진이 적대적 M&A의 상황을 대비하여 평상시 사전적 방어수단으로 신

---

188) '주요목적기준'은 법원의 판례를 통해서 확립되었는바, 이사회가 신주발행을 결정한 다양한 동기 가운데 자파에게 의결권의 과반수를 확보하게 하는 등의 부당목적달성동기가 다른 동기에 비해 우월한 경우에는 신주발행의 유지를 인정하고, 그렇지 않은 경우에는 인정하지 않는다는 원칙이다. 일본 법원은 이러한 '주요목적기준'에 따라서 지배권유지목적이 자금조달 등과 같은 정당한 사업목적에 비해 우월하면 불공정한 것으로 판단해 왔다[清水俊彦, "ニッポン放送 新株豫約權發行差止假處分事件(上) -ライブドアとフジテレビ ジョンの抗爭が殘したもの-", 判例タイムズ 第1191号(2005), 84면].

189) 정대, 전게논문(주 147), 228면.

주예약권발행의 결정을 한 사안을 다룬 것이다.

일본법원은 동경지방법원가처분결정, 동경지방법원이의결정, 동경고등법원항고결정[190])에서 본 사건의 신주예약권발행을 금지하였다. 즉, 신주예약권의 발행에 의해 적대적 매수자와 무관한 주주가 지분율희석이나 주가하락에 따른 불측의 손해를 받을 우려가 있다는 점에서 니레코사의 신주예약권이 불공정한 발행에 해당된다고 인정하여 이에 신주예약권 발행금지 가처분신청을 인용하였다. 또한 법원은 항고결정에서 남용적 매수에 대한 방어행위로서 신주예약권을 발행하여 특정 주주의 지분비율을 저하시키는 것은 그 시점에서 경영자 또는 특정주주의 경영권지배를 더욱 유지·확보하는 효과를 발휘하기 때문에 경영진의 지배권유지 목적이 인정된다고 하였다.[191])

니레코사건에 대한 법원의 판단도 신주발행의 경우에 적용되는 주요목적기준을 신주예약권의 발행의 경우에도 적용하였다. 즉, 대상회사의 경영진이 현저하게 불공정한 방법으로 신주예약권을 발행하였는지의 여부를 주요목적기준에 비추어 판단한 것이다. 기존주주에게 주식의 투자대상으로서의 가치의 저하라는 손해발생, 이사의 신인의무에 따른 주주에게 불이익을 주지 않은 책무가 존재한다는 점 등에서 당해 신주예약권발행은 현저하게 불공정한 방법에 의한 것이라고 판단하였다.[192])

---

190) 東京地方法院 假處分決定[東京地決, 平成17年(2005年) 6月 1日 金融·商事判例 1218号 8頁], 東京地方法院 異義決定[東京地決, 平成17年(2005年) 6月 9日 金融·商事判例 1219号 26頁], 東京高等法院 抗告決定[東京高決, 平成17年(2005年) 6月 15日 金融·商事判例 1219号 8頁].

191) 강택신, "한국형 포이즌 필에 관한 법적 연구", 경희대학교 박사학위논문, 2010, 105면.

192) 정대, 전게논문(주 147), 230면.

한편 니레코사건의 동경지방법원 이의결정이 지배권분쟁이 발생하지 않은 때에 주주총회의 의사를 물을 시간적 여유가 있다는 점에서 평상시 사전예방적 방어수단으로 신주예약권의 발행을 엄격한 기준에 의하여야 한다고 판시하였다.[193] 또한 동경고등법원 항고결정은 신주예약권의 발행결정 자체에 본질적으로는 지배권유지목적이 수반된 것이라고 판단하였다.[194] 이러한 점들은 주목할 가치가 있다고 본다. 결국 본건에 관한 일본법원의 판단은 적대적 M&A에 대한 대상회사의 사전예방목적의 방어수단으로 신주예약권의 발행 자체가 현 경영진의 지배권유지에 있고 이러한 신주예약권의 발행으로 주가가 하락하여 일반주주의 이익을 침해될 우려가 있다는 점 등을 들어 불공정이라고 판단하였다.[195] 본 사건은 경영권의 다툼이 없는 상황에서 사전에 신주예약권을 발행한 사안을 현저하게 불공정하다고 판단하였다. 이는 향후 대상회사가 적대적 M&A 상황에서 적절한 대응수단으로 채택하는 데 있어서 어려움이 있을 것으로 본다.

3. 우리나라의 판단기준

우리나라는 적대적 M&A의 상황에서 대상회사의 이사회가 방어행위를 할 수 있는지 여부가 적대적 M&A 시도에 대항하기 위한 우호세력에게 신주나 전환사채 또는 신주인수권부사채의 발행을 시도하

---

193) 최문희, "신주(예약권)의 제3자 배정에 의한 경영권방어의 적법성-일본방송사건에 비추어 본 일본판례의 분석을 중심으로-", BFL 제12호(서울대학교 금융법센타), 2005.7, 29면.
194) 최문희, 전게논문(주 195), 35면.
195) 정대, 전게논문(주 147), 231면.

는 경우이다. 따라서 신주 등의 발행금지가처분 사건에서 이러한 신주 등의 발행에 '경영상의 목적'이 인정될 수 있는지 여부로 다루어지거나, 신주 등의 발행무효의 소송에서 이러한 신주 등의 발행이 현저하게 '불공정한 방법에 의한 발행으로서 무효'에 해당하는지 여부의 문제로 다루어 왔다(상법 제424조, 제429조).[196] 이하에서는 현대엘리베이터 사건, 한화종금 사건, SK 사건에 대한 판례의 내용을 검토해 보겠다.

1) 현대엘리베이터 사건

현대엘리베이터 사건[197]에서 법원은 경영권방어행위의 적법성 판단기준에 대해 다음과 같이 판시하였다. "직접적인 법령 또는 정관의 규정이 없는 경우에는 구체적인 해당 경영권방어행위의 동기나 목적·방어수단의 합리성 등을 종합하여 그 허용 여부가 결정되어야 한다. 이러한 결정에는 그 방어행위로 추구하는 회사 또는 주주의 이익의 내용·방어행위 실행의 결정과정이 적정한 절차를 거쳐 상당한 근거를 가지고 이루어졌는지 여부가 중요한 요소로 고려되어야 할 것"이라고 판시했다.

또한 "회사 경영상 목적을 달성하기 위하여 필요한 경우"에 경영

---

196) 예컨대, 한화종금사건(서울고법 1997.5.13 선고 97라36결정 참조), 삼성전자 사건(대법원 2004.6.25 선고 2000다37326판결 참조), SK사건(서울중앙지법 2003.12.23 선고 2003카합4154결정 참조), 유비케어사건(서울남부지원 2004.11.25 선고 2003가합16871판결 참조) 등에서 보여준 우리나라 법원의 태도는 약간의 변형은 있었지만, '경영권방어를 주된 목적으로 하여 이루어진 신주 등의 발행은 경영상의 목적으로 인정할 수 없고, 주주의 신주인수권을 부당하게 침해하는 것으로서 무효이다'라고 요약될 수 있다[김태진·이동건, 전게논문(주 144), 331면].

197) 수원지법 여주지원 2003.12.12 선고 2003카합369결정 참조.

권방어도 포함될 수 있다고 한다. 그러나 "신주발행의 주요 목적이 기존 지배주주의 대상회사에 대한 지배권 및 현 이사회의 경영권방어에 있고, 회사의 경영을 위한 기동성 있는 자금조달의 필요성 및 이를 위한 적합성을 인정하기 어려운 경우라도 적대적 M&A를 시도하는 자본의 성격과 기업취득 의도, 기존 지배주주 및 현 경영진의 경영전략, 대상회사의 기업문화 및 종래의 대상회사의 사업내용이 사회경제적으로 차지하는 중요성과 기업취득으로 인한 종래의 사업의 지속전망 등에 비추어 기존 지배주주의 지배권 또는 현 경영진의 경영권이 유지되는 것이 대상회사와 일반 주주에게 이익이 되거나 특별한 사회적 필요가 있다고 인정된다.

한편, 이러한 신주발행행위가 그 결의 당시의 객관적인 사정에 의하여 뒷받침되고, 그 결의에 이르기까지의 과정에서 대상회사의 경영권 분쟁 당사자인 기존 지배주주가 아닌 일반 주주의 의견과 중립적인 전문가의 조언을 듣는 절차를 거치는 등 합리성이 있는 경우라면 상법 제418조 제2항 및 이와 동일한 내용의 규정을 둔 대상회사의 정관규정이 정하는 회사의 '경영상 목적'을 달성하기 위하여 필요한 경우에 해당한다고 보아 허용되어야 할 것이다"라고 판시하였다.

따라서 본 사건을 통해 법원은 미국의 수정된 경영판단의 원칙을 일부 수용하고 있는 것으로 보이나, 적대적 M&A 상황에서 방어수단 채택과 관련하여 아직까지 우리나라 법원은 미국보다 더 엄격한 사법심사기준을 적용하고 있다. 이러한 엄격한 사법적 심사기준은 법체계상의 방어방법의 제한성과 맞물려 우리나라의 기업들에 적대적 M&A시도에 대항하여 취할 수 있는 방어방법을 더욱더 제한하고 있다.[198] 즉, 적대적 M&A 시도에 대한 방어수단과 관련된 우리나라 법제상의 불합리한 제약은 제고되어야 하고 방어수단의 채택의 정당성에 대한 합리적인 심사기준 또한 정리되어야 한다.

2) 한화종금 사건

한화종금 사건은[199] 경영권 분쟁에 직면한 경영진이 방어수단으로 사모에 의한 전환사채를 발행한 경우에 이러한 전환사채의 적법성이 문제된 사건이다. 즉, 한화종금 주식을 대량으로 매집한 2대 주주가 한화종금이 대량의 전환사채를 사모의 방법으로 발행하여 경영권을 방어하려고 하자 전환사채의 전환에 따라 발행될 신주의 의결권금지 가처분을 신청하였다.

본 사건과 관련하여 서울지방법원과 서울고등법원은 전환사채발행의 무효에는 신주발행무효의 법리가 유추 적용된다는 점을 제외하고는 당해 사건에서 전환사채의 발행이 무효인지 여부에 대하여 다른 논거를 제시하고 있다. 서울지방법원[200]에서는 제3자에 대한 전환사채의 발행은 정관의 규정에 의해 발행된 것이므로 주주의 신주인수권을 침해한 것이 아니라고 보았다. 또한 전환사채의 발행은 거래법상의 행위이고 이는 유통성이 강한 유가증권의 성질을 갖기 때문에 주주의 이익보호 이상으로 거래안전의 보호를 중시해야 한다고 했다. 따라서 그 발행의 무효사유는 엄격히 보아야 하고 대외적

---

198) 방어수단 채택과 관련한 사법적 심사기준이 미국의 경우 '경영판단의 원칙'을 제한하는 방향으로 발전하고 있다면, 우리나라와 일본의 경우에는 그와 반대로 '경영상 목적'을 넓게 해석하는 방향으로 나아가고 있다고 할 수 있다[김태진·이동건, 전게논문(주 144), 332면].

199) 서울고법 1997.5.13 선고 97라36결정.

200) 서울지방법원 제50민사부 1997.2.6 선고 97카합118결정.

인 업무집행행위로서 전환사채를 발행한 것을 무효로 볼 수 없다고
하였다.201)

반면, 서울고등법원은 경영권분쟁 상황에서 열세에 처한 기존지배
세력이 지분 비율을 역전시켜 경영권을 방어하기 위하여 이사회를
장악하고 기존주주를 완전히 배제한 채 제3자인 우호적인 세력에게
신주를 배정하기 위한 일환으로 전환사채를 발행하였다면 전환사채
제도를 남용한 것이라고 보았다. 즉, 이는 사실상 신주를 발행한 것
으로 보아야 하고 이러한 전환사채의 발행은 주주의 신주인수권을
실질적으로 침해한 것으로 무효로 보아야 한다고 하였다. 또한 전환
사채 발행의 주된 목적이 경영권 분쟁에서 경영권을 방어하기 위한
점 등에 비추어 경영권을 다투는 상대방인 감사에게 이사회의 참석
기회도 주지 않는 점, 전환기간에 제한을 두지 않아 발행 즉시 주식
으로 전환될 수 있도록 한 점 등을 고려하여 이러한 전환사채의 발
행은 현저하게 불공정한 방법으로 보아 무효라고 판시하였다.

따라서 본 사건은 국내에서 경영권방어목적으로 사모전환사채가
사용된 최초의 사례이다. 서울고등법원은 제3자에 대한 신주배정의
주된 목적이 경영권의 방어에 있다면 현저하게 불공정한 발행으로
보아 적법성을 부정하고 있었다. 그러나 어떠한 경우가 현저하게 불
공정한 발행인가에 대해선 구체적인 이유를 밝히고 있지 않다. 이러
한 입장은 이사의 방어권을 긍정하고 있다고 볼 수 있다.

---

201) 송종준, "경영권방어기준에 관한 판례분석-현대엘리베이터 사건의 시사점을 중심으로-",
『기업소송연구』 2005(Ⅱ), 203면; 김홍식, 전게서(주 114), 152~153면.

3) SK 사건

SK 사건은[202] SK 이사회가 보유 중인 자사주를 처분하는 결의를 하는 데 있어서 소버린이 SK 이사들을 상대로 의결권침해금지가처분을 신청한 사안이다. 법원은 소버린이 SK가 우호적인 관계자들에게 행한 자기주식매각에 관하여 이사회결의가 정기주주총회에서 이사선임안건에 대한 주주의결권을 침해하였다고 신청한 본 사건의 가처분에 대하여 이사회의 결의는 적법하다고 판시하였다. 또한 동 SK 이사회의 결의는 소버린의 경영권 인수시도에 직면하여 이를 방지하기 위한 이사들의 경영판단으로서도 적법하다고 하였다.

법원은 자사주의 처분행위가 경영권 방어를 위한 목적으로 한 것이라도 아무런 합리적 이유도 없이 회사나 주주들의 이익에 반하는 등 적법한 방어행위의 범주를 벗어난다면 회사의 이사로서의 주의의무에 반하는 것으로 위법하다고 볼 수 있다고 했다. 따라서 본 사건은 경우에 자사주 취득 경위 · 목적 · 절차 등에 비추어 자사주 취득 자체가 현 경영진이나 대주주의 지배권유지를 위한 것은 아니었기 때문에 자사주 처분행위를 위법하다고 볼 수 없다고 판시하였다. SK 사건은 일정한 방어행위에 대하여 법률상의 위법사유가 명시되어 있지 않은 경우와 관련하여 원칙적으로 경영권 방어를 이사의 경영판단사항에 속하는 것으로 취급하는 태도를 보이고 있다. 또한 SK 사건에서 방어권 행사가 그 허용범위를 벗어나서 위법하다고 판단하는 것은 이사의 방어권한을 원천적으로 부정하는 것이 아니라 그

---

202) 서울중앙지법 2003.12.23 선고 2003카합4154결정.

방어권행사가 권한남용으로서 위법한지의 여부를 판단하기 위한 이른바 '방어권남용의 판단기준'을 개별적으로 제시한 것이라고 평가하는 견해[203]도 있다.

4) 소결

위의 현대엘리베이터 사건에서 법원은 적대적 M&A에 직면한 경영진의 방어행위의 적법성에 관하여 '방어행위가 직접 법령 또는 정관에 규정되었는지 여부'라는 기준을 제시하였다. 또한 한화종금 사건에서는 제3자에 대한 신주배정의 주된 목적이 경영권 방어에 있다면 현저하게 불공정하게 발행된 것으로 보아 적법성을 부정하고 있지만 그 이유에 대하여 밝히고 있지 않다. 그리고 SK 사건은 경영진의 방어행위 목적이 경영진이나 대주주의 지배권 유지에 있다면 회사 및 주주의 이익을 침해하였는지 여부를 방어행위의 판단기준으로 거론하고 있다.

지금까지 유지되고 있는 판례의 주류가 단순히 그 목적만의 구분방법을 통해 경영권 보장의 목적이 주된 것이라고 하여 당연히 경영상의 목적이 부인되거나 현저히 불공정한 방법에 의한 발행으로 획일적으로 단정하는 것은 합리적인 심사기준이 아니라고 본다.[204]

한편, 적대적 M&A에 대한 적법성 판단기준과 관련하여 입법적 측면에서 적법성 판단기준을 도입하는 것도 고려해볼 만한 가치가 있다. 적대적 M&A의 현실이 다양한 이해관계가 존재하고 복잡한 거래

---

203) 송종준, 전게논문(주 203), 209면.
204) 김태진 · 이동건, 전게논문(주 144), 333~334면.

이며 국가경제에 미치는 파장이 크다는 점에서 적법성 판단기준을 둘러싼 현재의 상황을 다소나마 해결할 수 있는 방안이 될 수도 있기 때문이다.[205]

특히 우리나라도 앞에서 언급한 미국의 Unocal 기준을 중심으로 방어행위의 적법성을 판단할 수 있다고 본다. 비록 Unocal 기준의 합리성 및 비례성이 추상적인 판단기준을 제시하고 있지만, 다수의 경영권 다툼과 관련된 대상회사의 전반적인 제반 사항들을 충분히 고려할 수 있는 기준이 될 것이다. 다만 권리 남용적이거나 기업파괴적 M&A 시도, 무능한 경영진의 퇴출에 따른 기업지배구조의 개선 등은 향후 해결해야 할 중요한 과제라 하겠다.

---

205) 참고로 미국의 ALI의 기업구조의 원칙이나 일본의 기업가치보고서 및 방어지침은 입법을 고려할 때 참고할 중요한 자료가 될 수 있다[정대, 전게논문(주 147), 249면].

종류주식제도에 대한 고찰

Ⅰ. 종류주식제도 일반론

1. 종류주식의 의의 및 기능

1) 종류주식의 의의

회사는 권리의 내용이 다른 여러 종류의 주식발행을 인정하고 있는데, 그 여러 종류의 주식은 '종류주식'으로 통칭할 수 있다. 종류주식은 통상적으로 '수종의 주식[206]'과 개념상 차이가 없다. 즉, 일본의 경우에는 종래부터 '수종의 주식'과 '종류주식'이란 용어를 함께 사용하고 있다.[207] 그러나 여러 종류의 주식은 그 수보다는 권리내용상 종류가 다르다는 점에서 의미를 부여하고 있다. 따라서 종류주식

---

206) '수종의 주식'이라는 용어는 권리내용이 다른 주식을 포괄적으로 파악하여 단지 그 종류가 다수라는 중점을 두고 있기 때문에 그중 권리내용이 같은 주식의 그룹 각각을 주식의 '종류(class)'라는 관점에서 설명하기가 어렵다[박철영, "종류주식의 확대와 주주 간 이해조정", 『상사법연구』 제24권 제2호(2005), 46면].

207) 江頭憲治郎, 『株式會社 · 有限會社』, 有斐閣, 2001, 113면; 前出庸, 『會社法入門』, 有斐閣, 2008, 88면.

이란 보통주식에 대한 상대적인 개념으로, 보통주식이 권리내용에 관한 동일한 비례적인 단위를 취하는 것에 대한 예외로서 법률에 의해 인정된 권리내용이 다른 주식이라고 말할 수 있고 권리내용이 다른 복수의 주식을 발행하는 것을 전제로 한 개념이다.[208]

또한 주식에 있어 '종류(class)'라는 개념은 정관에 정할 수 있는 주식의 권리내용을 수권하는 단위, 종류주주총회 개최의 여부 및 그 의결권자 구성단위 등과 중요한 관계가 있다. 이러한 점에서 권리내용이 다른 주식은 이를 '종류주식'이라고 부르는 것이 보다 정확하다고 할 것이다.[209] 다만 종류주식은 '서로 다른' 내용을 가진 주식으로서, 같은 내용의 주식만을 발행한 경우, 즉 전부의 주식에 양도제한을 가하거나, 상환·전환 등 제한을 부가한 경우, 이러한 주식은 그 자체로서는 '종류주식'이라고 불릴 수 없다.[210]

2) 종류주식의 기능

종류주식의 기능으로는 적대적 M&A에 대한 방어수단, 자본조달수단의 용이, 기업구조조정수단 제공, 주주 간 계약의 실효성 확보 등 다양한 기능을 가질 수 있다. 그러나 우리나라에서는 종류주식이 방어수단이라는 인식이 강하고 이러한 이유 때문에 종류주식에 관한 논의가 방어수단의 논의로 변질될 경향이 보인다고 한다. 종류주식의 주 기능이 방어수단에 한정되는 것은 아니지만, 방어수단이 종

---

208) 相澤哲·葉玉匡美·郡谷大輔編著, 『論点解説新会社法』, 商事法務, 2006, 54면.
209) 최준선, "종류주식의 다양화", 『기업소송연구』 제2호(2005), 429면.
210) 江頭憲治郎, 『株式會社法』, 有斐閣, 2010, 133면.

류주식의 다양한 기능 중의 중요한 역할을 하고 있는 것은 사실이다. 또한 적대적 M&A에 대하여 취할 수 있는 대상회사의 방어수단을 다양화해야 할 필요성은 M&A 방어법제의 기본 틀과 밀접한 관련성도 있다.[211] 이렇게 종류주식을 통한 다양한 방어수단이 제공되는 경우 방어권이 남용될 여지도 있지만, 이러한 점은 차후 방어법제를 구축함에 있어서 고려되어야 할 사항이라고 본다.

2006년과 2008년도의 법무부의 개정안에서 방어수단으로 이용될 수 있는 것은 의결권제한 주식[212]이고, 전환주식과 상환주식의 경우에는 논란의 여지가 있다. 또한 거부권부주식은 강력한 방어수단으로 이용될 수 있다.[213]

2. 종류주식의 다양화 필요성

1) 적대적 M&A의 방어수단 및 경영권 안정 도모

종류주식의 다양한 발행은 앞의 종류주식의 기능에서 살펴보았듯이 여러 가지 장점들을 지니고 있지만, 방어수단과 경영권 안정 도모

---

211) 방어적 주식제도의 도입과 관련하여 국가가 개입하여 경영권을 보호해야 할 필요성이 없는 일반사업회사인 경우에는 순전히 경영권 방어의 목적으로만 활용될 수 있는 의결권조정형 주식제도로서 황금주와 포이즌 필이나 신주예약권제도 등과 같은 옵션부여형 주식제도를 도입하는 것은 바람직스럽지 않다고 본다[이형규, "주식회사의 지배구조에 관한 회사법 개정시안 토론요지", 『상사법연구』 제25권 제2호(2006.8), 202면; 송종준, 전게논문(주 3), 119면].

212) 의결권 없는 주식을 회사 경영권자 이외의 자에게 발행하면 벤처기업이나 폐쇄회사가 경영권에 영향을 받지 않고 자기자본을 조달하는 데 유리하고 회사가 이익처분안 이외의 사항에 대하여 의결권 없는 주식을 발행하면 상대방은 적대적 M&A를 실행함에 있어서 필요한 지분을 획득하기 어렵게 된다. 이와 같이 종류주식제도가 경영권 방어기능을 할 수 있는 데 대하여 이론이 없다 할 것이다[이선화, "의결권조정형 종류주식의 도입에 따른 법적 과제", 성균관대학교 박사학위논문(2010. 8), 32면].

213) 권종호, 전게발표자료(주 9), 44~45면.

가 중요하다고 본다. 먼저 전국경제인연합회의 조사연구(FKI ISSUE PAPPER 제82호)[214])에 의하면 법제도적 방어수단 도입 필요성에 응답기업의 과반수(54.8%)가 제도적 방어수단 도입 필요성을 제기하였고, 경영권 방어를 위한 제도적 보완이 필요하다는 응답이 전체 과반이 넘는 54.8% 차지, 반면, 현행 제도로 충분하다는 의견은 27.9%에 불과하였다.

또한 거세지는 투기자본의 위협에 대한 최소한의 안정망 확충에 대한 방어수단 도입이 필요하다고 응답한 기업 중 43.2%가 헤지펀드, 단기성과주의 등 투기 자본의 위협에 따른 두려움을 지적하였고, 다음으로 경영권불안으로 인한 장기투자위축 및 보수적 경영의 폐해 지적이 31.2%, 자사주 매입, 고배당 등으로 경영자원이 낭비되기 때문이라는 응답이 25.6%를 차지하였다. 그 내용을 정리하면 다음 그림과 같다.[215])

---

214) 참고로, ① 조사대상: KOSPI 및 KOSDAQ 기업(각 150개사) 표본 추출, ② 응답업체: 300개 기업 중 223개사 응답(회수율: 약 74.3%), ③ 시가총액별: 시가총액 500억 미만 기업은 52개사(26.3%), 500억 이상 1,000억 미만 기업은 52개사(26.3%), 1,000억 이상 기업은 94개사(47.5%)로 분포, ④ 상장구분별: 코스피 상장 121개사(54.3%), 코스닥 상장 75개사(33.6%), 상장구분 미표기 27개사(12.1%)로 분포하고 있다. 이 조사는 2007년 10월 1일~10월 19일(19일간) 실시되었다.
215) 전국경제인연합회, "국내기업의 경영권 방어 현황 및 시사점", 『FKI ISSUE PAPER』 제82호(2007.11), 8~9면.

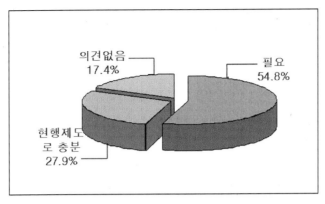

출처: 전국경제인연합회, FKI ISSUE PAPER 제82호(2007.11), 8면.

<그림 5> 법제도적 방어수단 도입의 필요성

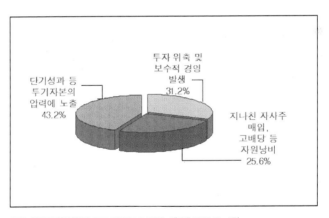

출처: 전국경제인연합회, FKI ISSUE PAPER 제82호(2007.11), 9면.

<그림 6> 법제도적 방어수단 도입이 필요한 이유

　　적대적 M&A에 대한 방어수단으로 다양한 제도들이 거론되고 있지만, 주주에게 자신의 경제적 이익을 보호할 수 있도록 하기 위해서 회사경영에 참가할 수 있는 의결권이 부여되는데, 주식이 갖는 의결권의 내용을 달리 정할 경우 기업에 추가적인 경영권 안정 및 적대

적 M&A 방어수단을 제공할 수 있다.[216] 또한, 방어적 주식제도의 도입과 관련하여 우리나라도 중장기적으로 새로운 방어적 주식제도가 다양하게 도입되는 경우에 대비하여, 한국거래소는 방어적 주식의 남용을 제한할 수 있는 현행 상장기준을 외국의 입법례에 따라 합리적으로 조정할 필요성은 있다고 본다.[217]

2) 기업구조조정 등 경영수단의 다양화

다양한 종류주식 중에는 기업구조조정의 수단으로 활용될 수 있는 것과 M&A 실행수단으로 이용될 수 있는 것들이 있다. 먼저, 이익배당 등에 관한 종류주식은 기업구조조정의 수단으로서 역할을 수행할 수 있는데, 예를 들어 자회사 상장의 대체수단이 될 수 있다는 것이다. 모자회사 간 전략적 관련성이 매우 큰 경우에는 따로따로 사업을 영위하는 것보다는, 그 경영을 일치화하는 것이 유리하다. 즉, 모자회사그룹의 자본조달 필요에 의하여 자회사를 공개하는 경우에는, 모회사의 자회사에 대한 지분율이 감소하게 되어 지배권을 상실하는 문제 등이 발생할 수 있다. 이러한 경우를 대비하여 다양한 종류주식 중 트래킹주식을 발행하게 되면 기업의 공개와 지배의 유지라는 두 가지 목적을 달성할 수 있고, 모회사가 이미 상장된 자회사를 비공개화하는 경우에도 트래킹주식은 유용한 수단이 될 수 있다. 또한 트래킹주식은 회사분할의 대체수단으로 이용될 수 있다. 즉, 회

---

216) 최완진, 전게논문(주 8), 264면.

217) 권종호, "적대적 M&A의 일본의 최근 동향", 2006년 한국기업법학회·상사판례학회 공동학술대회 발표자료, 70면.

사분할은 기업이 주주가치의 극대화를 위하여 구조개편을 실행하는데 유용한 회사법적 수단 중의 하나이다. 경영자의 입장에서 볼 때, 세무상 사업부문 간 손익계산이 되지 않은 상태에서 기업 전체의 신용을 이용하여 자금을 조달할 수 없게 된다. 따라서 회사가 복수의 회사로 분할되어 경영관리 비용이 증대되고, 해당 사업부문이 종전의 지배구조에서 완전히 분리되는 동시에 기업규모가 축소된다면, 적대적 M&A의 대상이 될 가능성이 있는 등 많은 문제가 발생할 수 있는데 트래킹주식과 같은 다양한 종류주식을 발행하면 이러한 문제들을 피할 수 있다.[218)

무엇보다, 가장 일반적인 경우 인수대상회사를 주식교환에 의해 매수하는 경우이다. 즉, 인수대상회사의 주주에게 매수의 대가로 당해 인수대상회사를 상대로 하는 자회사연동 트래킹주식을 교부할 경우에 M&A의 실행수단으로서 역할을 하게 된다. 또한 의결권 또는 이사선임에 관해 내용이 다른 종류주식을 발행할 경우 벤처기업이나 폐쇄회사에 있어서 지배권 분배에 관한 주주 간 계약을 제도화하여 안정적이고 합리적인 소유지배구조를 형성하는 데 도움[219)이 되기 때문에 다양한 종류주식의 도입을 필요로 한다.

---

218) Jeffrey J. Hass, *"Directorial Fiduciary Duties in a Tracking Stock Equity Structure: The Need for a Duty of Fairness"*, 94 michi L. Rev. 2089 (1996), pp.2108~2111; 최완진, 전게논문 (주 8), 263~264면.

219) Stephen I. Glover, *"Business Separation Transaction: Spin-Offs, Subsidiary IPOs and Tracking Stock"*, Law Journal Press(2002), pp.1~10.

3) 주주 간 계약[220]의 회사법상 효력화

회사의 정관을 일종의 '주주 간 계약'이라고 보고 주식을 회사와 주주 간 계약적인 관계에서 발생된다고 보는 견해가 있다.[221] 이러한 입장에서 다양한 종류의 주식을 발행하면 벤처기업 등에서 행해지는 주주 간 계약의 실효성을 확보할 수 있는 효과적인 방법이 될 수 있다. 벤처기업의 경우 자본을 제공하는 벤처캐피탈이 기업가치의 향상을 위하여 경영에 참여할 때, 경영을 통제할 수 있는 수단이 요구된다. 즉, 창업자, 벤처캐피탈, 회사 등 이해관계자 간에 '주주 간 계약' 또는 '유가증권 투자계약' 등을 체결함에 있어 의결권 부여, 임원의 선임과 해임, 경영권 배분, 경영악화 시 재산권 행사의 다양한 사항을 정하고 있다. 그러나 이러한 계약은 당사자 간 채권적 관계에 불과한 것으로 회사법적으로 효력이 없기 때문에 벤처캐피탈의 입장에서는 경영에 관한 권리를 법적으로 확보할 수 없는 한계가 존재한다. 따라서 주주 간 계약의 실효성을 확보하고 벤처기업의 자본조달을 활성화하기 위해서는 이런 계약의 내용을 제도화하고 그 이행을 강제할 수 있는 수단이 필요하다.[222] 종류주식의 다양화는 주주 간 계약, 유가증권 투자계약 등 민사상 합의의 법형식으로 규정되어 있던 것을 종류주식의 내용에 편입하는 좋은 방안이 될 수 있

---

220) 주주 간 계약이란 주주 간의 이사의 선임, 임원의 임면, 이익배당, 주식의 양도제한, 분쟁해결 등 다양한 내용의 권리의무관계를 지분비율에 관계없이 정하는 계약으로서 다양한 형태로 존재한다.

221) Paul L. Davies, *Principles of Modern Company Law*, Sweet & Maxwell(2003), p.616; 이 외에도 영국판례[Wood v. Odessa Waterworks(1889), 42 (Ch. D. 636)]에서는 이를 명확히 확인하고 있다(김정호, 『회사법』, 법문사, 2010, 100면, 각주 17참조).

222) 최완진, 전게논문(주 8), 262면.

을 것이다.

한편 회사의 의사결정은 자본다수결이 원칙이지만, 때로는 주주에게 투자규모보다 더 큰 영향력을 인정할 필요가 있을 때 거부권부주식 등 의결권에 특별한 정함이 있는 주식을 발행할 필요가 있다.[223] 또한 벤처기업의 경우에는 창업자와 자금을 제공한 투자자 사이에 경영권은 창업자가 가지고, 다만 중요한 의사결정에 관해서는 투자자의 동의를 얻도록 하는 주주 간 약정을 실현함에 있어서 효과적인 면이 있기 때문에, 다양한 종류주식의 도입의 필요성이 대두된다.

4) 자본조달의 다양화

회사가 자본을 조달하는 방법에는 자기자본으로 하는 주식발행과 타인자본으로 하는 사채발행이 대표적인 방법이다. 타인자본이든 자기자본이든 필요에 따라 장단점과 자금의 성격, 조달방법에 따라 어느 것이 더 유리하다고는 단정할 수 없다. 자기자본인 주식으로 자본을 조달하는 방법은 개정상법 이전에는 보통주와 이익배당에 관한 내용이 다른 종류주식만을 인정하기 때문에 회사가 직접 자본을 조달할 수 있는 방법이 경직되어 있었다. 따라서 종류주식에 의한 자본조달은 회사의 다양한 수요에 따라 다양한 주식을 설계할 수 있다는 장점이 있다.[224] 특히, 창업과정에 있는 벤처기업의 경우 자금조달

---

223) 김건식, "회사법 개정안 해설", 전국경제인연합회(2006.7), 30면.

224) 벤처기업의 경우 거부권부주식 또는 임원임면권부주식 등을 이용함으로써 벤처캐피탈(Venture Capital)이 회사경영을 모니터링할 수 있는 권리를 부여하여 투자자금의 안정성을 강화하고 벤처캐피탈의 투자의욕을 증가시킬 수 있다. 그리고 발행회사의 의사결정에 관여하는 것보다 이익배당을 목적으로 투자자들의 요구를 만족시키는 무의결권우선주식을 발행하면 기타 주주의 의결권을 희석시키지 않으면서 자본조달의 목적을 달성할 수 있다(이선화, 전게박사학위논문

의 용이성과 함께 경영권의 안정, 벤처캐피탈의 경영참여권 내지 지배권 분배 등의 문제가 중요하다고 본다. 현행법상 자본조달수단으로 보통주 외에 사실상 유일한 종류주식인 무의결권주식은 회사의 자본조달수단으로서 충분히 활용되지 못하고 있다. 문제는 발행주식 총수의 4분의 1 이내로 제한되어 있기 때문에 우선주로서는 벤처캐피탈로부터 충분한 자본을 유치할 수 없다. 벤처캐피탈에 대하여 보통주를 발행하는 경우에 창업자의 경영권을 위협할 수 있기 때문에 창업자가 경영권을 계속 유지하고자 하는 경우에는 보통주식의 과반수의 지분을 부여할 수 없어 역시 충분한 자본을 조달받을 수 없다. 따라서 무의결권보통주나 이사선임에 관해 의결권이 없는 일부 무의결권주식 등이 도입되면 이러한 제약을 받지 않고 벤처기업도 필요한 자본을 유치할 수 있게 된다.225) 한편 회사가 발행할 수 있는 종류주식을 획일적으로 제한하기보다는 주식의 성질상 허용되지 않는 것을 제외하고는 회사와 주주에게 위임하는 것이 타당하다고 본다. 회사에 자본조달을 원활하게 할 수 있도록 다양한 기회가 주어져야 한다. 개정상법에서는 이러한 자본조달의 원활화의 방안으로 다양한 주식을 도입하게 되었다.

(주 214), 30~31면]. 참고로 벤처캐피탈(Venture Capital)은 회사의 자기자본에 의한 금융을 제공하고, 최초의 벤처캐피탈의 회사는 1946년 설립된 American Research and Development Corporation(ARCD)이다.

225) 최준선, 전게논문(주 211), 431~432면.

3. 2011년 개정상법(회사편)에 도입된 종류주식

1) 서설

개정상법 이전에 수종의 주식제도의 문제점으로는 첫째, 방어수단으로 활용할 종류주식이 부족하다는 것이다. M&A는 대상기업 경영자의 동의하에 이루어지는 우호적인 것과 반대 속에 이루어지는 적대적인 것으로 구분된다. 합병이나 영업양수 및 주식교환 등은 이사회의 승인과 주주총회의 결의가 필요하다는 점에서 우호적인 M&A의 대표적인 수단이고, 주식 공개매수나 위임장 권유, 주식매집 등은 경영자의 반대 속에서도 주주를 상대로 행해질 수 있다는 점에서 적대적 M&A의 대표적 수단으로 알려져 있다.[226] 한편, IMF외환위기 이후 적대적 M&A를 제한하는 각종의 규제들이 폐지되면서 2007년 이후 경영권 확보를 위한 우호적 M&A보다 적대적 M&A의 공개매수가 우위를 점하고 있다.[227]

---

226) 권종호, "적대적 M&A방어수단의 도입 필요성", 『상사판례연구』 제22집 제4권(2009. 12), 258면.

227) 금융감독원,<http://www.fss.or.kr/fss/kr/promo/bodobbs_view.jsp?seqno=12851>, 참조(2011.7.8 방문). 2009년 공개매수는 총 6건으로 글로벌 경기침체 여파에 따라 전년 대비 45% 감소하였다.

<표 7> 공개매수 현황

(단위: 건)

구분		2007년	2008년	2009년	계
지주회사 요건 충족		8	2	1	11
경영권 확보	적대적 M&A	-	3	2	5
	우호적 M&A	2	-	-	2
상장폐지		2	3	2	7
경영권안정		4	2	1	7
기타		2	1	-	3
합계(유/코)		18(13/5)	11(8/3)	6(2/4)	35(23/12)

자료: 금융감독원, 보도자료, 2008.2.15. 참고로, 09년 중 적대적 M&A 목적의 공개매수는 2건 있었으나, 경영권 획득에 실패하였다.

<표 8> 주요 국가의 경영권 방어수단 비교

구분	영국	미국	프랑스	일본	한국
주식대량보유신고(5% 룰 등)	○	○	○	○	○
의무공개매수	○	×	○	×	×
외국자본에 대한 정부 사전규제	○	○	○	○	△
대상 범위	국익	국가안보	공공질서 보건, 안보	국가안보 공공질서	개별법 통신, 전기
의결권 추가부여(차등의결권)	○	○	○	○	×
포이즌 필(신주예약권, 주식매수권)	×	○	○	○	×
황금주(거부권부 주식)	○	×	○	○	×

자료: 전국경제인연합회, 전게자료(주 215), 7면.

우리나라의 경우는 적대적 M&A 방어행위에 대한 특별한 원칙이나 그 기준을 제시하지 않고 있다. 적대적 M&A를 제약하는 제도들도 대부분 폐지한 만큼 공정한 규칙을 형성하는 입장에서도 경영권 방어의 필요성이 제기되고 있다. 이러한 관점으로 본다면 개정상법

이전에는 주식으로 경영권 방어에 활용될 다양한 주식은 존재하지 않았다. 따라서 다양한 종류주식을 도입한다면 방어수단으로 그 기능을 할 수 있는 주식들이 존재할 것이다. 문제는 다양한 방어수단의 종류주식이 도입될 경우 방어권의 남용 및 악용의 문제도 제기되지만, 이러한 것은 차후 방어법제를 구축함에 있어서 고려될 사항이라고 본다. 또한 도입될 다양한 종류주식의 종류와 범위, 주주평등의 원칙, 경영권 방어행위의 허용 기준 등을 고려한 적절한 방어수단을 마련하는 것이 필요하다고 본다. 이러한 관점에서 법무부는 2006년과 2008년에 방어수단으로 가능한 종류주식의 종류에 관해 개정안을 마련하였으나 국회를 통과하지 못하였으나 2011년 4월에는 다양한 종류주식제도가 도입되었다. 즉, 다양한 종류주식의 도입으로 적대적 M&A 방어수단으로 활용될 종류주식이 존재하게 된 것이다. 이것에 관한 자세한 내용은 제4장 제2절에서 자세히 다루도록 하겠다.

둘째, 자본조달을 위한 종류주식이 제한되어 있다는 것이다. 세계 각국에서는 특히 회사법 영역에서 기업들이 자본을 효율적으로 조달할 수 있는 법제도의 구축과 미국, 일본, 유럽 등 주요 선진국들은 다양한 종류의 주식을 개발하여 투자자를 기업 활동에 유인함으로써 기업들이 원활하게 자금을 조달하도록 하는 추세이다.[228] 하지만 우리나라는 그동안 다양한 종류주식 발행을 제한함에 따라 자본조달에 한계가 있었다. 또한 주주평등원칙을 지나치게 강조하여 일부 종류주식만 제한적으로 허용함에 따라, 자본조달은 물론 공정한 경영권 경쟁에서 외국에 비해 낙후되었다. 개정상법 이전에 발행 가능

---

228) 김순석, "종류주식의 다양화와 자금조달의 유연성에 관한 법적 쟁점 분석", 『상사법연구』 제27권 제2호(2008), 9~10면.

한 종류주식은 이익배당 및 잔여재산분배 등 재산적 권리에 관한 것으로 한정되어 있었다. 기업이 선택할 수 있는 주식의 종류는 이익배당에 관해 내용이 다른 주식, 즉 배당우선주에 국한되기 때문에, 자금조달의 원활화 등을 위한 주식종류의 다양한 확대가 필요하였다. 또한, 자본조달수단으로서 주식의 설계는 회사의 발전과정에 따라 선택할 수 있어야 하므로, 회사 및 주주의 선택에 맡겨 자금조달의 기회가 부여되어야 한다.[229]

기업가치로 주식발행을 허용하는 유연화가 글로벌 추세이므로 이에 따라 정보통신기술 및 금융기법의 발달, 신속한 자본조달 필요성 등 기업 환경의 급속한 변화로 주식법제의 유연화 경쟁이 가속화되고 있는 실정이다. 예컨대, 영국과 미국은 주식 종류에 대해 법적인 제한을 하지 않고 포괄적으로 규정하여, 기업이 다양한 목적으로 주식을 설계·발행하는 것을 가능하게 하고 있고, 일본의 경우에도 기업이 선택 가능한 대부분의 주식을 회사법에 규정하여 주식 발행에 대한 기업 가치를 최대한 인정하고 있다.[230]

반면, 우리나라는 2006년과 2008년에 자금조달을 위한 종류주식 도입에 관한 입법적 조치가 있었으나 개정되지 못하였고, 2011년 4월에는 두 번의 개정안에 있었던 내용 중 일부가 국회를 통과하게 되었다. 참고로 다양한 주식제도에 관한 미국, 영국, 일본 등의 주요 선진국 및 우리나라 '개정상법'에서 도입된 종류주식제도에 관한 것을 간략하게 살펴보면 다음 표와 같다.

---

229) 전국경제인연합회,
    <http://www.fki.or.kr/emagazine/ceoreport/Default.aspx?volumn_id=374>(2011.7.11 방문).
230) 전국경제인연합회, "경영권안정을 위한 상법상 주식법제 개선과제", Ceo Report(2006.8),
    2면.

<표 9> 종류주식(주식법제) 도입현황의 국제 비교

구분		개정상법	미국	영국	일본	기타국가
종류주식	의결권제한주식	○	○	○	○	이탈리아
	복수(차등)의결권주식	×	○	○	○	프랑스, 스웨덴, 핀란드
	전환 및 상환주식	○	○	○	○	이탈리아
	양도제한주식	×	○		○	
	전부취득조항주식	×	×	×	○	
	거부권부주식	×	×	○	○	프랑스, 이탈리아, 스페인
	임원임면권부주식	×	○	×	○	
포이즌 필		×	○	△	○	프랑스

* 주: ○-도입, △-제한적 도입, ×-미도입, 공란은 미파악.
자료: 전국경제인연합회, 전게자료(주 230), 1~3면. 참고로 일본의 차등의결권주식의 경우 단원주제도를 통해 동
    일한 효과를 가진다. 단, 우리나라의 경우 '개정상법'은 2011년 4월에 국회를 통과한 법률 제10600호를
    기준으로 하였다.

2) 이익배당 및 잔여재산분배에 관한 종류주식

개정상법 이전에는 회사가 수종의 주식을 발행한 경우에는 정관
으로 이익이나 이자의 배당 또는 잔여재산의 분배 등에 관해 우선적
지위가 부여되는 우선주를 발행하였다. 이러한 우선주에 대해서는
무의결권주식으로 규정하여(상법 제370조 1항), 배당순위나 분배순
위에 있어서 다른 주식에 비해 우선적 지위가 주어지며, 정관에 최저
배당률을 정하도록 규정하고 있다(상법 제344조 2항 후단). 그러나
개정상법 제344조의2 규정에 의하면 의결권 유무와 관계없이 이익
배당과 잔여재산분배에 관한 종류주식을 발행할 수 있도록 하였다.
또한 이익의 배당과 잔여재산분배에 관해서 '내용이 다른 주식'이라
고 규정하고 있다. 이러한 규정은 일반적인 우선주와 열후주식으로

분류할 수 있는 관점에서, 이익배당과 잔여재산분배에 있어서 우선주식에 해당하는 종류주식으로 보이고, 개정상법 이전의 규정과 특이한 차이점은 없다[231]고 본다.

따라서 이러한 규정은 종전의 규정을 그냥 풀이한 것인지, 아니면 우선주 이외의 다른 형태도 인정한 것인지 문제의 소지를 담고 있다. 예컨대, 보통주 배당금액에 액면의 1%를 가산하여 배당금을 지급하는 우선주를 실무상 '1% 우선주'라고 한다. 이는 사실상 우선주가 아니므로 주주평등의 원칙에 반하기 때문에 최저배당률을 요구하는 방향으로 개정작업이 이루어져 왔다. 그러나 이번 개정상법에서는 이러한 최저배당률에 관한 규정을 삭제하였다. 즉, 이익의 배당에 관한 내용이 다른 종류주식을 발행하면서 '배당재산의 가액의 결정방법' 또는 '이익을 배당하는 조건' 등은 반드시 그 배당의 순위에 국한된 것이라고 보기 어렵게 되었다. 따라서 보통주에 액면의 1%를 가산하여 배당금액을 정하는 주식(보통주식보다 배당을 더 많이 받는 주식)도 개정상법 제344조의2에 따라 종류주식으로 보는 견해도 있다.[232]

또한 트래킹주식과 관련된 문제이다. 트래킹주식은 개정상법에 도입하지 않기로 의견을 모았고[233] 개정상법에 도입되지 않는다는 취지가 분명하다. 그러나 개정상법 제344조의2 제1항의 해석의 문제가 발생한다. 조문에 의하면 배당의 결정방법을 자유롭게 정할 수 있기 때문에 특정 사업의 실적에 연동하는 방식(트래킹주식)으로 정하는

---

231) 양만식, "종류주식의 다양화가 기업지배에 미치는 영향", 『상사법연구』 제30권 제2호(2011), 38~39면.

232) 송옥렬, 전게발표자료(주 112), 9~10면.

233) 법무부, 상법(회사편)개정 특별분과위원회 회의록(2006), 628~629면.

것이 가능하기 때문이다. 이를 허용하지 않기 위해서는 법문에 명시적으로 금지규정을 두어야 한다. 개정상법에는 이러한 규정을 두지 않아 문언해석상 개정상법에도 트래킹주식이 허용된다고 보는 견해가 있다.234)

개정상법에 의하면 이익배당 및 잔여재산분배에 관한 종류주식을 발행할 경우에 정관에 정해야 할 사항은 ① 회사가 이익배당에 관해 종류주식을 발행할 경우 그 종류주식의 주주에게 교부하는 배당재산의 종류, ② 배당재산의 가액의 결정방법, ③ 이익을 배당하는 조건, ④ 잔여재산의 종류, ⑤ 잔여재산의 가액의 결정방법, ⑥ 그 밖에 잔여재산분배에 관한 내용 등(개정상법 제344조의2 1항, 2항), ⑦ 이외에 그 종류주식의 내용과 수(개정상법 제344조 2항)에 관한 사항이다. 이렇게 정관에 정하도록 하는 것은 기존주주의 이익에 중요한 영향을 줄 가능성이 있기 때문이다. 그리고 개정상법에서 단순히 '배당재산의 종류'라고 정하고 있는 점에서 금전 이외의 재산에 의한 배당과 분배도 가능한 것으로 보는 견해235)도 있다. 즉, 배당과 분배되는 재산의 종류는 주주에게 중요한 사항이기 때문에 특별한 절차가 필요하고, 특히 이익배당에 있어서 금전 이외의 재산에 의할 경우에는 이러한 이익배당에 관한 사항은 주주총회의 특별결의에 의해 결정되어야 한다고 한다.236)

---

234) 송옥렬, 전게발표자료(주 112), 10면.

235) 양만식, 전게논문(주 236), 40면.

236) 양만식, 전게논문(주 236), 각주 5 참조.

3) 의결권배제·제한에 관한 종류주식

개정상법 이전에는 상법상 회사가 수종의 주식을 발행할 경우에는 정관으로 이익배당에 관한 우선적 내용이 있는 종류의 주식에 대하여 주주에게 의결권이 없는 것으로 할 수 있으나, 우선배당을 받지 않는 다는 결의가 있을 때에는 의결권이 부활하게 된다(상법 제370조 1항). 이러한 의결권 없는 주식은 발행주식 총수의 4분 1을 초과하지 못하 도록 규정하고 있다(동조 2항). 하지만 개정상법에서는 우선배당주식 에 한하여 의결권을 제한하고 있는 현행 규정을 삭제하였고, 대가를 지불하지 않고도 의결권을 배제할 수 있는 종류주식을 발행하게 되었 다. 예컨대, 일부의 결의사항에 관해서만 의결권이 전혀 없는 무의결 권 종류주식(의결권배제 종류주식)과 의결권이 제한되는 종류주식이 인정된다(개정상법 제344조의3 1항). 이러한 의결권배제 및 제한에 관 한 종류주식의 발행한도는 현행 상법과 같이 발행주식 총수의 4분 1 을 초과하지 못하도록 규정하고 있다(동조 2항). 이번 개정상법의 특징 은 우선주와 연동되는 부분을 폐지하였는데(동조 1항), 즉 무의결권 보 통주도 인정된다는 것이다. 또한 완전한 무의결권이 아니라 의안에 따 라 의결권 행사가 제한되는 형태가 인정된 것도 특징이다.

개정상법상 의결권배제 및 제한에 관한 종류주식을 발행할 경우 에 정관에 정해야 할 사항은 ① 주주총회에서 의결권을 행사할 수 없는 사항, ② 그 종류주식에 관해 의결권행사 또는 부활의 조건을 정한 경우에는 그 조건 등(개정상법 제344조의3 1항), ③ 이외에 그 종류주식의 내용과 수(개정상법 제344조 2항)에 관한 사항이다. 따라 서 주주총회에서 의결권을 행사할 수 있는 사항들은 주주 모두에게 중요한 사항이 되므로, 정관에 그 내용을 구체적으로 정할 필요가 있을 것이다.

한편 개정상법 제344조의3 제2항에서는 비공개회사(주식양도제한회사)의 경우 의결권이 없거나 제한되는 종류주식이 발행주식 총수의 4분의 1을 초과하여 발행된 경우에는 지체 없이 그 제한을 초과하지 않도록 필요한 조치를 강구하도록 규정하고 있다.[237] 개정상법 이전에는 무의결권주식은 소수의결권이 있는 주주가 회사를 지배하는 폐단을 방지하고자 하는 차원에서 발행주식 총수의 4분의 1의 초과부분을 절대적으로 금지하고 있었다면, 개정상법에서는 이러한 4분의 1을 초과하는 것을 허용하지 않는 것이 아니라, 초과가 발생하더라도 이러한 종류주식은 유효하고 단지 초과하지 않도록 필요한 조치를 강구하도록 요구하고 있는 것으로 해석하는 입장[238]도 있다.

4) 주식상환에 관한 종류주식

개정상법 이전에는 회사가 수종의 주식을 발행한 경우, 이익배당에 관하여 우선적 내용이 있는 종류의 주식에 대하여 이익으로써 소각할 수 있도록 규정하고 있었다(상법 제345조 1항). 이러한 상환규정에 대해 상환에 대한 선택권이 회사에 있는 임의상환주식과 주주에게 있는 강제상환주식이 있으나, 이에 관해 정관 등에서 어느 것으로 정할 것인가를 정할 수 있으며, 아무런 정함이 없으면 임의상환주식으로 볼 수 있다.[239] 그러나 개정상법에서는 기존의 우선주에 대

---

237) 참고로 자본시장법 제165조의15 2항에서는 상장회사의 경우에 발행주식 총수의 2분의 1로 제한하고 있다.
238) 양만식, 전게논문(주 236), 42면.

해서만 인정하던 제한을 폐지하여, 회사가 임의로 할 수 있는 '상환사유부주식(개정상법 제345조 1항)'과, 주주의 청구에 의해 상환할 수 있는 '상환청구권부주식(개정상법 제345조 3항)'으로 분류하여 상환을 인정하고 있다.[240] 또한 개정상법 이전에는 회사가 주식을 취득함으로써 주주에게 교부해야 할 대가는 금전으로 지급해야 했지만, 개정상법에서는 회사는 주식의 취득의 대가로 현금 이외에 유가증권(다른 종류주식은 제외)이나 기타 자산을 교부할 수 있도록 하였다(개정상법 제345조 4항). 다만 이러한 경우에 그 자산의 장부가액이 배당가능이익을 초과한 부분에 대해서는 주주가 그 취득을 청구할 수 없다고 한다(동조 4항 단서). 또한 개정상법 이전에는 상환권이 주주권의 내용이 다른 것이 아니라 우선주에 붙은 특수한 조건이라는 것이 일반적인 해석이었고, 그에 따라 수종의 주식과 구분하여 '특수한 주식'이라 하였다. 문제는 이러한 특수한 주식으로 본다면 종류주주총회를 개최할 수 있는지가 논란이 되었다. 그러나 개정상법에서는 상환주식과 전환주식을 모두 종류주식으로 하여 이러한 논란을 해소하게 되었다.[241] 따라서 상환권은 종류주식에만 부가할 수 있어 보통주를 상환주식으로 하는 것은 개정상법에서도 금지된다(개정상법 제345조 5항).

주식상환에 관한 종류주식을 발행할 경우 정관에 정할 사항은 ① 회사가 이익으로 상환할 수 있다는 취지를 정할 경우에 상환가액, 상환기간, 상환의 방법과 상환할 주식 수, ② 주주가 회사에 대해 상환

---

239) 정찬형, 『상법강의(上) 제13판』, 박영사, 2010, 640면.

240) 따라서 상환권을 주주와 회사가 동시에 갖게 됨으로써 회사가 콜옵션을 가지는 강제상환, 주주가 풋옵션을 가지는 의무상환이 모두 가능하게 되었다.

241) 송옥렬, 전게발표자료(주 112), 13면.

을 청구할 수 있다는 취지를 정할 경우에 회사는 정관에 주주가 회사에 대하여 상환을 청구할 수 있다는 뜻, 상환가액, 상환청구기간, 상환의 방법 등이다(개정상법 제345조 1항, 3항).[242] 한편 이러한 종류주식을 취득한 회사는 마치 자기주식을 취득하게 되므로, 이를 소각하도록 규정하고 있다(개정상법 제341조 1항 2호, 제343조 1항).

5) 주식전환에 관한 종류주식

개정상법 이전에는 회사가 수종의 주식을 발행한 경우에는 주주는 인수한 주식을 다른 종류의 주식으로 전환을 청구할 수 있는 권리가 부여된 전환주식이 인정되고 있었다(상법 제346조 1항). 또한 전환권 자체가 주주에게만 인정되고 회사에는 인정되지 않았었다. 그러나 개정상법 제346조 제1항과 제2항에서는 주주 보유의 종류주식을 회사에 대해 다른 종류의 주식으로 전환해 줄 것을 청구할 수 있는 '전환청구권부주식'과 회사가 종류주식을 발행한 경우에 정관에 일정한 사유가 발행한 때 회사가 주주의 인수 주식을 다른 종류 주식으로 전환할 수 있도록 하는 '전환사유부주식'을 도입하고 있다. 이러한 종류주식의 일정한 사유가 발생한 때에는 그 일부만의 취득도 가능하지만, 이런 경우에는 미리 정관에 그 결정방법을 정해야 한다(개정상법 제346조 2항 후단).

주식전환에 관한 종류주식을 발행할 경우에 정관에 정해야 할 사

---

242) 이러한 정관에는 반드시 주주가 취득 청구할 수 있다는 취지, 교부할 자산의 종류를 정해야 하지만, 기간에 대해서는 반드시 일정한 기간을 정할 필요는 없고, 그 종기를 정하지 않고 회사가 존속하는 한 청구할 수 있는 정함도 가능할 것으로 보인다.

항은 ① 주주가 인수한 주식을 다른 종류주식을 전환할 수 있을 경우에 전환의 조건, 전환의 청구기간, 전환으로 인하여 발행할 주식의 수와 내용, ② 정관에 정한 일정한 사유가 발생할 때 회사가 주주의 인수 주식을 다른 종류주식으로 전환할 수 있을 경우에 회사는 전환의 사유, 전환의 조건, 전환의 기간, 전환으로 인하여 발행할 주식의 수와 내용 등이다(개정상법 제346조 1항, 2항). 또한 '일정한 사유' 발생에 의한 종류주식을 발행할 경우에는 전환할 주식, 2주 이상의 일정한 기간 내에 그 주권을 회사에 제출하여야 한다는 뜻, 그 기간에 주권을 제출하지 아니할 때에는 그 주권이 무효로 된다는 뜻을 이사회가 그 주식의 주주 및 주주명부에 적힌 권리자에게 따로 통지하도록 하고 있다(개정상법 제346조 3항).

한편 개정상법상 종류주식을 발행한 경우에(개정상법 제344조 2항) 정관으로 각 종류주식의 내용과 수를 정하였을 때, 전환에 관한 종류주식의 수 중 새로 발행할 주식의 수는 전환청구기간 또는 전환의 기간 내에는 그 발행을 유보하도록 규정하고 있다(개정상법 제346조 4항).

6) 소결

종류주식의 도입은 자금조달의 용이, 출자전환(debt equity swap)에 활용, 사업승계에 활용, 적대적 M&A 방어수단으로서 활용 등 다양한 기능을 가진다. 이번 개정상법상 종류주식의 도입취지는 의결권 제한 종류주식이나, 이익배당 및 잔여재산분에 대한 종류주식에서는 비전과 가치가 있는 기업들이 투자자로부터 직접 자본을 쉽게 조달할 수 있도록 한 것이라고 볼 수 있다. 그러나 적대적 M&A에 대한 경영권의 방어수단으로서는 그 역할을 할 만한 방어적 종류주식의 도입은 매우 미흡하다고 본다. 하지만 개정상법상 도입된 종류주식 중에 적대적 M&A 방어수단으로 활용될 수 있는 경우를 살펴봄으로써 그 활용도를 높여야 한다고 본다. 이에 관한 내용은 제4장 제2절에서 구체적으로 논의하기로 하겠다.

또한 개정상법상 도입된 종류주식은 경영권을 방어하기 위한 면도 있지만, 근본적으로 급변하는 시장 환경에 대응하여 적절한 자본을 원활하게 조달할 수는 있는 것에 초점이 있다고 본다. 세계적 추세를 보더라도 적대적 M&A에 대한 방어책은 여러 가지의 방안들이 있지만, 종류주식을 활용한 방어방법이 주류를 이루고 있다. 따라서 우리나라 상법에서도 2011년 개정상법에 도입된 종류주식 이외에 적대적 M&A 방어수단으로 활용될 수 있는 더욱 다양한 종류주식을 도입하여 적대적 M&A에 대한 방어수단의 장치를 입법적으로 마련해야 한다고 본다. 또한 개정상법보다 더욱 다양한 종류주식이 향후에 도입되면 주주는 평등하게 취급되어야 한다는 원칙 아래에서 종류주식의 내용을 정하는 방법에 따라 '주주평등의 원칙'이 재조명되어야 한다는 문제가 발생하게 된다. 이러한 '주주평등의 원칙'에 관한 논의는 제3장 제3절에서 별도로 살펴보기로 하겠다.

Ⅱ. 주요국의 종류주식제도

1. 미국

1) 개관

미국의 경우에는 1880년대에 이익배당우선주가 일반적인 자본조
달의 수단으로 이용되기 시작하였고 1980년대 초 금리가 상승하면
서 새로운 자본조달의 수단으로 우선주를 이용한 다양한 주식들이
도입되었다. 새로이 도입된 다양한 형태의 우선주에 대한 적법성 여
부가 문제가 되었는데[243]1984년 개정모범회사법(Revised Model Business
Corporation Act; RMBCA)에서 이를 명문으로 인정하게 되었다.[244]
RMBCA §6.01에서는 "정관에 회사가 발행할 수 있는 주식의 종류
(Class) 또는 조(Series)와 그 수를 정하도록 규정"하고 있다. 또한,
1980년 이후 미국에서는 대규모 주식회사에 대한 자기자본규제가
강화되고, 기업금융의 다양화와 주식회사의 사회적 책임이 강조되는
등 기업환경이 변화되면서 의결권의 차등화가 진행되었다. 오늘날
미국의 각 주 회사법은 1주 1의결권을 원칙으로 하고 있지만 정관으

---

243) James C. Van Home, *Financial Management and Policy*, Prentice Hall(1983). p.568.

244) 종래의 보통주(Common Stock)와 우선주(Preferred Stock)라는 구분을 통해 종류(Class)라는 개
념을 도입함으로써 주식의 종류를 다양화하게 되었다. 보통주(Common Stock)는 이익배당, 잔
여재산분배 등에서 다른 종류의 주식에 비해 우선적 지위가 인정되지 않는 주식, 즉 이러한
우선적 지위가 인정되는 우선주에 대하여 그 기준이 되는 주식을 말하고, 우선주(Preferred
Stock)는 기본정관에 규정된 예외사유(회사의 기본적 변경 또는 의결권부활사유)가 발생하지
않는 한 의결권이 인정되지 않고 그 대신 이익배당이나 잔여재산분배, 또는 두 가지 모두에
대해 보통주를 비롯한 다른 종류주식에 대하여 우선적 지위가 인정된 주식을 말한다[임재연,
『미국기업법』, 박영사(2009), 159면].

로 내용을 수정하여 복수의결권을 발행할 수도 있다.

1990년대 들어서면서 일반기업은 주주의 가치를 극대화시키기 위한 기업구조조정의 일환으로 자본시장에서 다양한 종류의 주식을 발행하게 되었다. 이어 1990년대 후반에 들어서면서, 이익배당을 사업부문 또는 자회사의 실적에 연동시키는 트래킹주식(tracking stock)도 종류주식의 한 유형으로 인정하게 되었다.[245]

2) 주식의 종류 및 내용

(1) 주식의 종류(class)와 조(series)

미국에서는 종래부터 종류(class)가 다른 주식뿐만 아니라 같은 종류주식 내에서도 조(series)가 다른 주식을 발행하는 것을 인정해 왔다.[246] 또한 우리 상법과 같이 재산적 내용을 기준으로 보통주식과 우선주식으로 분류[247]하기도 하고, 종류주식에 대해 다양성과 탄력성을 그 특징으로 하고 있다. 보통주의 경우 의결권, 이익배당에서의 우선권 또는 배당액, 이사선임권 등에 있어서 권리내용이 다른 여러 종류의 주식을 발행할 수 있다. 예컨대, 이익배당이 자회사 또는 특정사업부문의 실적에 연동되는 트래킹주식(Tracking Stock), 기준이 되는 보통주(Regular Common Stock)보다 2배 이상 이익배당을

---

245) 강성훈, "자본시장 활성화를 위한 새로운 종류주식의 도입방안 연구", 숭실대학교 박사학위논문(2010.2), 61면.

246) Robert W. hamilton & Jonathan R. Macey, supra note 6, p.388; Del. Gen. Law §151; NY. Buss. Corp. Law §501.

247) Larry D. Soderquist & A. A. Sommer, JR & Pak K. Chew & Linda O. Smiddy, *Corporations and Other Business Organization*, MICHIE, 1997, p.164.

받을 수 있는 주식, 무의결권주 또는 1주에 대하여 복수의 의결권(복수의결권주식) 혹은 1 미만의 의결권을 갖는 주식(부분의결권주식), 종류에 따라 선임 가능한 이사의 수가 다른 주식, 2개 이상의 종류주식을 투표집단(Voting Group)으로 하여 이사를 선임하는 주식 등이 있다. 미국에서는 벤처기업 등 폐쇄회사의 보통주식을 다양화시켜 주주들 사이에 회사지배 또는 이익배당 등과 관련한 합리적인 조정을 도모하고 있다.[248] 또한 앞에서 언급한 트래킹주식은 제너럴모터스(GM)사가 1984년 최초로 발행한 바 있고, GM은 완전자회사를 대상으로 실적에 연동하는 '자회사연동형' 트래킹주식을 발행하였다. 한편 유나이티드 스테이츠 스틸 코퍼레이션(United States Steel Cororation)은 '특정사업부분연동형' 주식을 발행하기도 하였다.

복수의결권주식의 실례로서는 미국의 자동차회사인 포드 모터스(Ford Motor)사의 경우 대주주가 7% 지분을 가지고 있음에도 불구하고 1주당 보통주보다 의결권이 16배나 인정되는 까닭에, 총의결권의 40%에 해당하는 지배력을 행사한 경우가 이에 해당된다.[249] 포드 이외에는 GM과 코카콜라(Coca-Cola)사도 복수의결권주식을 발행하고 있었다.[250]

우선주의 종류에는 이익배당의 참가 여부에 따른 참가적·비참가적 우선주·이익배당을 받지 못한 경우 다음 해에 누적하여 배당을 받을 수 있는가에 따라 누적적·비누적적 우선주로 구분된다. 우선주의 전형적인 형태는 사채형 우선주이며, 대부분은 비참가적·누적

---

248) 최준선·김순석, 전게보고서(주 123), 41~43면.

249) Douglas C. Ashton, *"Revisiting Dual-class, Stock"*, 68 Saint John's L. Rev 863(1994), p.130.

250) Paul Hofheinz, *EU Seems Set for a Takeover Makeover*, Wall Street Journal(2002), at All.

적 우선주로 발행되고 있으며 의결권은 부여되지 않고 있다.[251] 원칙적으로 우선주식의 권리내용 및 발행조건은 회사의 기본정관에 정하여야 할 사항이고, 이러한 기본정관에 의결권, 우선주의 누적성·참가성 및 전환성·상환성 여부 등 기본적인 권리내용을 정해야 한다. 그러나 대다수의 주식회사법에서는 기본정관에 의하여 특정종류의 주식을 조(series)별 또는 다른 종류별로 발행할 수 있는 권한을 이사회에 부여하기도 한다. 이러한 주식의 조는 종류의 일부분으로 볼 수 있다.

주식의 종류는 기본정관에 규정하여야 하지만 1종류 내에서 특정한 조가 가지는 권리는 이사회가 정한다. 이에 대해 우선주의 배당액 또는 배당률, 상환·전환의 조건 등 구체적인 권리내용은 각 조 또는 각 종류의 주식을 발행할 때마다 시장상황을 고려하여 이사회가 발행하는 경우가 많은데 이처럼 발행조건을 이사회가 결정하도록 발행한 주식을 "백지주식(Blank Stock)"[252]이라고 하며, RMBCA와 델라웨어 주 회사법 등에서 이와 관련하여 명시적인 규정을 두고 있다.[253]

(2) 주식의 내용

미국에 있어서 주식의 내용은 먼저 이익배당 및 잔여재산분배에

---

251) 최준선·김순석, "전게보고서(주 123)", 42면.

252) 백지주식은 권리내용이 시중금리에 밀접하게 관련된 사채형 우선주의 경우에는 상당한 의미가 있고 적대적 M&A에 대응하여 백지주식을 이용하여 포이즌 필로 사용할 수 있다[Richard A. Booth, *Financing the Corporation* (1999) §2.10]. 또한 백지주식은 1980년대 기업인수합병의 붐에 대응하여 잠재적인 방어수단으로서 상당한 역할을 하기도 하였다[전국경제인연합회, 전게보고서(주 12), 75면].

253) RMBCA §6.02; Del Code Ann tit 8, §151.

관한 종류주식(우선주, 차등배당주식, 트래킹주식), 의결권에 관한 종류주식(의결권제한주식, 차등의결권주식), 이사선임에 관한 종류주식(보통주의 이사선임권, 우선주의 이사선임권), 상환주식, 전환주식으로 나누어 살펴보겠다.

가. 이익배당 및 잔여재산분배에 관한 종류주식

가) 우선주

우선주(preferred stock)는 예외사유가 없는 한 의결권이 인정되지 않고 이익배당이나 잔여재산분배에 대하여 두 가지 모두에 보통주를 비롯한 다른 종류주식에 대하여 우선적 지위가 부여된 주식이다. 우선주의 우선배당률은 사채이자율과 같은 수준으로 정해지고, 이를 초과하는 이익의 배당에 참여할 수 없으며, 대부분 의결권도 부여되지 않는다. 또한 신주인수권이 일반적으로 배제될 수 있고, 주식의 상환이 비교적 자유롭게 인정된다. 회사의 해산으로 재산이 주주들에게 분배되는 경우 기본정관이나 주권에 이에 대해 명시하지 않은 경우에도 우선주의 잔여재산분배 우선권(liquidation preference)이 인정되고, 우선주는 이익배당과 잔여재산분배에 있어서 우선권을 가지는 것이 보통이다.254) 이익배당우선주는 1주마다 우선배당액(예컨대, 3 $ preferred) 또는 우선배당률(예컨대, 5% preferred)로 표시된다. 한편 우선주는 통상의 자금조달을 목적으로 발행된 경우에는 누적적 우선주로 발행되고, 회사의 회생을 위하여 채권자에 대한 채무

---

254) RMBCA §504(1)(c)에서는 이익배당우선주에 있어서 정관에 잔여재산분배에 관한 정함이 없는 경우에는 액면의 한도 내에서 우선권이 있음을 주장하는 규정을 두기도 한다.

이행에 갈음하여 교부되는 경우에는 비누적적 우선주로 발행된다.[255] 우선주의 우선배당권은 정관에 명시적인 규정이 없는 경우 누적적·비참가적 권리로 취급된다.[256]

미국에서의 우선주는 대부분 무의결권으로 발행되나, 완전한 의결권을 부여할 수도 있다. 그러나 기본정관에 우선주에게 불리하게 변경하는 경우에는 우선주들만의 주주총회의 결의를 필요로 하게 되고, 무의결권우선주라도 우선주에게 불리한 정관변경 등과 같은 경우에는 의결권을 행사할 수 있다.[257] 우선주에서 부활할 수 있는 의결권의 범위는 기본정관에 구체적으로 규정되는 경우가 많은데, 이것은 우선주들이 이사회를 장악한 후 계속 회사에 대한 지배권을 유지하기 위해서 이익배당을 하지 않을 경우가 존재하기 때문이다.[258]

미국증권거래소(NYSE) 상장규정도 의결권부활조건이 없는 우선주의 상장을 금지하고 부활의결권은 2인의 이사 선임을 위한 결의에서만 허용한다고 규정하고 있다.[259]

나) 차등배당주식

개정모범회사법상 보통주와 우선주 모두를 차등배당주식으로 하

---

255) 문준우, "주식회사의 자금조달에 관한 연구-주식과 사채를 중심으로-", 고려대학교 박사학위논문(2010.8), 77~78면.

256) Sanders v. Cuba Railroad Co., 120 A2d 849(1959).

257) New York Business Corporation Act §804(a)(3), "Not withstanding any provision in the certificate of incorporation, the holders of shares of a class shall be entitled to vote and to vote as a class upon the authorization of an amendment···When a proposed amendment would subordinate their right, by authorizing shares having preferences which would be in any respect superior to their rights"라고 규정하고 있다.

258) 임재연, 전게서(주 249), 164면.

259) NYSE Listed Company Manual §313.00(c).

여 발행할 수 있다. 차등배당주식은 우선주가 보통주에 우선하여 배당받는 것과 달리 보통주식이 서로 각각 다른 이익배당의 내용을 가지는 것을 의미한다. 따라서 회사는 우선주뿐만 아니라 보통주도 이익배당의 내용을 다르게 발행할 수 있다. 예를 들어 보면, ×라는 회사가 class A 보통주와 class B 보통주를 발행하였다면, class A 보통주주는 소액이더라도 정기적인 배당을 받기를 원하고, class B 보통주주는 정기적인 배당은 필요로 하지 않지만, 수익이 좋은 해에 목돈의 배당을 받기를 원한다고 한다면, 회사는 class A 보통주주에게는 수익이 일정 수준 이하로 발생하는 경우에도 정기적으로 배당을 받을 수 있는 내용의 주식을 발행하고, class B 보통주주에게는 수익이 일정수준 이상 발생하는 경우 class A 보통주주보다 훨씬 많은 배당을 받을 수 있는 내용의 주식을 발행할 수가 있어서 보통주를 차등배당주식으로 함으로써 이들의 상이한 요구가 해결될 수 있을 것이다.260) 차등배당주식은 이러한 이익배당액을 제외하고는 보통주주로서 동일한 권리가 부여되고, 보통주를 무의결권주로 발행하여 회사에 대한 기존의 지배권을 계속 유지하고자 하는 경우에 이용된다.

---

260) Franklin A. Gevurtz, *Corporation Law*, West Group(2000), p.115.

다) 트래킹주식(tracking stock)

(가) 트래킹주식의 의의

a. 개념 및 종류

트래킹주식[261]은 주식의 가치가 전통적인 보통주식과 달리 발행회사의 전체가 아니라 회사의 특정한 사업부문(이하 '사업단위'라 함) 또는 자회사의 업적에 경제적으로 연동하는 주식을 의미한다.[262] 즉, 발행회사의 보통주의 한 종류로서,[263] 발행회사의 자회사 또는 발행회사 내의 특정한 사업부문의 수익 및 경영실적에 연동하여 이익배당이나 잔여재산분배를 받을 권리가 있는 주식을 말한다.[264] 구체적으로 특정 사업단위의 이익 또는 가치에 따라 이익배당 또는 잔여재산분배 등의 권리내용이 결정되는 특별한 종류의 주식이라고 할 수 있다.[265] 그 연동대상이 되는 자회사 또는 사업부문은 양자가 결합될 수도 있고 각 사업실적의 일정비율을 대상으로 할 수도 있다.

미국에서 트래킹주식은 특정 사업단위에 연동되는 점에서 "targeted

---

261) 미국회사법상 Tracking Stock을 발행할 수 있다는 명시적인 규정은 없으나, 특별하게 이를 금지하고 있는 규정도 없기 때문에, 회사는 이익배당의 내용이 다른 보통주 한 종류로서 Tracking Stock을 발행하고 있다[Bruce N. Hawthrone & Andrew M. Tebbe, *"Tracking Stock: Terms, Methods of Issuance, Advantages and Disadvantages"*, 1279 PLI/Corp 243(2001), p.245]. 또한 Tracking Stock은 그 특수한 배당구조로 인하여 기업합병, 회사분할(spin-off)과 자회사상장(carve-out) 등의 기업구조조정 또는 스톡옵션의 부여에 있어 유용한 수단이 되는데, 주주 그룹 간 이해상충 및 이에 따른 이사의 의사결정상 어려움 등의 문제도 수반한다.

262) Erica H. Steinberger & Jeffrey J. Hass, *"Introduction to Tracking Stock"*, 825 PLI/Corp 523(1993), p.525.

263) Eunice Park, *"Staying on the Rights Side of the Tracks: Taxation of Tracking Stock"*, 2005-FAIL FEDBASTxR 12(2005), p.12.

264) Stuart M. Finkelstin & Benjamin Handler, *"Tracking Stock"*, 842 PLI/Tax 435(2008), p.445.

265) Jefferey J. Schidk, *"Toward Transaction-Specific Standards of Directiorial Fiduciary Duty in the Tracking Stock Context"*, 75 Washi L. Rev 1365(2000), p.1368.

stock"으로 불리고, 실무적으로는 알파벳 문자의 표기 때문에 "alphabet stock" 또는 "letter stock"으로 불리기도 한다. 트래킹주식의 종류로서는 그 가치가 ① 발행사 그룹 내 특정한 자회사의 업적에 연동하는 '자회사업적연동형 트래킹주식' ② 발행회사 내의 특정한 사업부문의 업적 등에 연동하는 '부문업적연동형 트래킹주식' ③ 발행회사의 그룹 내의 특정한 자회사와 사업부문으로부터 이루어진 특정한 사업단위(business unit)의 업적에 연동하는 '사업단위업적연동형 트래킹주식'으로 구분할 수 있다.

b. 기원

트래킹주식은 1984년에 GM사가 Electronic Data Systems Corporation (EDS)을, 1986년에 Hugles Aircraft Corporation을 인수하는 과정에서 최초로 발행되었다. EDS는 당시 현금흐름은 부족하지만 성장성이 높은 사업이었고, GM은 안정기에 있는 사업이었으므로 양자의 투자 척도에 차이가 났다. EDS의 주주로서는 인수의 대가로 GM의 기존의 보통주를 받는 경우에는 EDS의 주식의 장점이었던 성장성이라는 이익 내지 장점을 잃게 되므로 인수에 동의하지 않을 가능성이 있었다. 이에 따라 GM은 인수의 대가로서 GM의 전체 업적에 따라 가치가 정해지는 보통주가 아니라 EDS의 업적에 따라 주식의 가치가 평가되는 class E 특별한 종류의 보통주라는 트래킹주식을 발행함으로써 인수를 성공시켰다.[266] 이때 GM이 발행한 주식은 '인수형 트래킹주식'에 해당된다.

---

266) 윤영신, "미국법상 트래킹 스톡(tracking stock)에 대한 고찰", 21C 한국상사법학회의 과제와 전망(심당 송상현 선생 화갑기념논문집), 2001, 226면.

1990년 후반부터는 트래킹주식에 대한 투자자들의 인식이 확대되고 증권시장의 관련 제도가 정비됨으로써 확산되게 되었다. 미국 투자자들은 정보통신·바이오 등 첨단기술과 관련된 기업에 관심을 집중하였던 반면, 여러 업종의 영위하고 있던 대기업은 외면하였고, 이러한 시장분위기에서 정보통신등 첨단기술과 관련된 사업이 높은 성장을 거두면서 대기업들은 이들 사업에 대해 유리한 자금도달을 하기 위해 트래킹주식을 발행하기 시작하여, 2000년에는 약 30개 종목의 트래킹주식이 나스닥(NASDAQ)에 등록되기에 이르렀다.[267]

(나) 트래킹주식의 특징

먼저, 트래킹주식은 경제적 이익의 귀속주체와 지배의 주체가 서로 다르다는 것이다. 둘째, 투자대상인 사업단위에 대하여는 지배권을 행사할 수 없으나, 발행회사에 대하여 주주로서 의결권을 행사할 수 있다는 점이다. 셋째, 사업단위에 대한 가치연동성에 본질이 있기 때문에 그 존속과 소멸 여부는 연동대상 사업단위의 가치에 의해 결정된다.[268] 따라서 발행회사의 특정사업단위 또는 자회사의 이익에 연동하여 이익배당을 받는 특별한 종류의 보통주식(common stock)이라고 볼 수 있다.[269] 이익배당 등에 있어서 본래의 보통주식과 다른 권리를 보유하지만 우선배당을 받는 것은 아니다.

---

267) Stephen I. Glover, *"The Tracking Company's Board of Director"*, 4 NO.9. M&A Law. 27(2001), pp.1~10.
268) 박철영, "종류주식의 다양화를 위한 법적 연구", 성균관대학교 박사학위논문(2005), 95~96면.
269) Stephen I. Glover, *Business Separation Transaction: Spin-Offs, Subsidiary IPOs and Tracking Stock*, Law Journal Press (2002), pp.10~12; Jeffrey J. Schick, Comment, *"Toward Transaction-Specific Standards of Directorial Fiduciary Duty in the Tracking-Stock Context"*, 75 Wash. L. Rev. 1365(2000), p.1369; Jeffrey J. Hass, supra note 220, p.2094.

(다) 트래킹주식의 효용

트래킹주식은 재벌기업할인(conglomerate discount)[270]을 감소시킴으로써 주주가치를 증진시킬 수 있다는 점에서 주목을 받고 있다. 즉, 다각화된 사업부문의 시너지 효과유지, 발행회사의 규모의 이익 향유, 각 사업부문에 대한 정확한 평가(unlock shareholder value), 자본촉진의 수단, 주식의 평가에 사용되는 투자지표 혼란의 방지 등을 들 수 있다.

기업인수의 편의도 도모하고 있다. 예컨대, 기업인수의 대상 다양화를 통한 기업인수 성공가능성 제고, 인수회사의 기업인수 편의, 기업결합의 촉진 등을 들 수 있고, 회사분할의 대체 수단이 되기도 한다. 한편, 회사분할과 트래킹주식을 비교해 보면 회사분할의 단점으로서 ① 세무상 흑자부문과 적자부문이 손익을 상계할 수 없고, ② 회사가 복수로 분할됨에 따라 경영관리비용이 높아지며, ③ 기업규모가 축소되기 때문에 적대적 M&A의 대상으로 될 수 있는 우려 등이 나타나게 된다. 이러한 경우 트래킹주식을 발행하게 되면 발행회사는 법적으로는 분할되지 않기 때문에 회사분할에 수반되는 단점들은 어느 정도 해결할 수 있을 것이다.[271]

또한 트래킹주식은 기업가치를 향상시키고, 기업인수 시 주식교환이나 합병의 대가로 발행하여 M&A를 용이하게 하는 수단이 되고, 기업성장을 위한 효율적인 자본조달수단이 된다.

---

[270] 여러 개의 사업부문을 가지고 있는 다각화된 기업의 시장가치가 각 사업의(잠재적) 시장가치의 총합보다 낮게 평가되는 경우를 재벌기업할인(conglomerate discount)이라고 한다.

[271] 윤영신, 전게논문(주 271), 229~234면; 김순석, 전게논문 (주 232), 16면; Dickson G. Brown & Jonathan Cantor, *"Tracking Stock"*, 548 PLI/Tax 815 (2002), p.823.

라) 트래킹주식의 권리

a. 배당에 관한 권리

트래킹주식에 대한 배당[272]은 대상그룹의 업적에 연동되도록 구성하여야 하지만, 기본적으로 대상그룹이 발행한 주식이 아니고 발행회사의 주식이기 때문에 발행회사 전체의 배당가능이익한도에 의한 제한을 받는다. 이러한 제약 아래 이사회는 재량으로 배당액을 결정할 수 있다. 즉, 트래킹주식은 다른 보통주와 같이 이사회의 재량으로 배당이 이루어지나, 사업단위가 독립된 회사로 가정하여 주법상 인정되는 배당가능액(available dividend amount)을 산정하고,[273] 이 한도 내에서 발행회사가 배당액을 결정하게 된다. 따라서 이익배당액이 직접 연동되지 않고, 트래킹주식에 대해서만 배당할 수 있고, 다른 보통주와 함께 배당할 수도 있다.

이처럼 이사회는 트래킹주식, 이를 제외한 모든 주식, 또는 두 종류의 주식에 대하여 모두 배당액이 동등하거나, 동등하지 않는 것에 상관없이 배당 선언과 배당액 지급에 대해 재량권을 가지고 있다.[274] 이러한 배당 결정은 트래킹주식이 대상 사업단위와 '밀접하게(closely) 연동되었는지', 또는 '느슨하게(losely) 연동되었는지'에 따라 달라진다. 즉, 밀접하게 연동되는 경우 트래킹주식에 대한 배당은 당해 사업단위의 경영성과에 의존되어, 당해 사업부문이 이익을 내지 못한

---

272) 트래킹주식에 대한 배당 근거로는 ① 자회사의 대차대조표상 배당가능이익, ② 자회사 이사회가 결의하는 배당액(이익처분안), ③ 자회사 주주총회의 결의로 확정된 배당액, ④ 트래킹주식 발행회사(모회사)가 자회사로부터 수령하는 배당액 등을 생각할 수 있다[김순석, 전게논문(주 232), 18면].

273) Jeffrey J. Hass, supra note 220, p.2098; Stephen I. Glover, supra note 272, pp.9~10.

274) Bruce N. Hawthrone & Andrew M. Tebbe, supra note 266, p.247.

경우에는 기업 전체의 이익이 있더라도 당해 트래킹주식에 대해 배당을 하지 않을 수 있다. 그러나 느슨하게 연동되는 경우에는 당해 발행회사의 법적인 배당가능이익의 범위 내에서 배당할 수 있는데, 트래킹주식의 자본이 회사의 이익에 기여한 정도, 회사의 장래의 배당정책, 다른 사업단위의 순이익 등을 고려하고 기존 보통주에 대한 배당수준을 기초로 하여 결정하게 된다. 이러한 경우에 트래킹주식의 사업단위에서 발행된 이익이 없거나 이익준비금이 없는 경우에도 배당을 할 수 있다. 또한 트래킹주식의 본질인 배당연동성은 그 대상 사업단위의 실적에 연동되는 것을 의미하는데, 이것은 다른 사업단위 실적 또는 발행회사 전체의 실적에 연동되지 않는 것을 의미하기도 한다.[275]

b. 의결권

보통주와 트래킹주식의 주주는 보통 단일한 종류의 주주로서 결의하게 되고, 트래킹주식의 의결권에는 크게 무의결권형, 확정형, 변동형으로 나눌 수 있다. 먼저 '무의결권형'은 의결권이 인정되지 않는 트래킹주식을 말한다. 둘째, '확정형(fixed voting right)'인 경우, 트래킹주식의 의결권은 트래킹주식을 발행하는 제안이 승인(청약이 확정)될 때 정해지게 된다.[276] 확정되는 의결권은 1주 1의결권이거나 1주 1의결권 미만 중 하나가 된다.[277] 셋째, '변동형(floating voting

---

275) 박철영, 전게박사학위논문(주 273), 100~102면.

276) Blaker & Mckenzie, *"Tracking Shares v. Spin-Offs"*, A Newsletter of the Baker & McKenzie Mergers & Acquisition Practice Group(2001), p.2.

277) 1주 1의결권 미만은 다른 사업부문에 비례하여 연동사업단위의 가치를 경영진이 산정하는 것에 의한다. 반대로 확정형은 시간이 지남에 따라 사업부문의 시장가치가 상대적으로 변화하는 것은 참작하지 않는다(Baker & McKenzie, supra note 281, p.2).

right)'인 경우, 사업부문의 시가총액에 대응하여 의결권의 수가 결정되는 트래킹주식을 의미한다. 변동형은 일정한 기준일(일정기간을 통한 가중평균)에 대상부문과 그 이외의 사업부문의 시가총액 또는 주가의 상대적인 비율에 따라 1주당 의결수가 정해지게 된다.[278]

한편, 미국에 있어서의 트래킹주주는 다른 보통주와 함께 의결권을 행사할 수 있고, 트래킹주주만 별도로 의결권을 행사할 수 있다.[279] 별도로 의결권을 행사하는 경우에는, 단지 법에 의해 종류주주총회가 요구되는 경우에만 종류투표(class vote)를 허용할 수 있으나, 트래킹주주에게 불리한 영향을 미치는 모든 사항에 대하여 종류투표를 허용하는 경우가 더 많이 있다.

c. 잔여재산분배청구권

트래킹주식의 연동대상 사업단위는 경제적으로 독립기업이라고 할 수 있기 때문에 발행회사가 청산을 하는 경우에도, 트래킹주식은 그 사업단위의 가치에 연동하여 발행회사의 도산위험을 회피할 필요성이 나타나게 된다.

즉, 발행회사가 청산을 하는 경우, 트래킹주식에 대한 잔여재산분배가 문제시되고, 이러한 방식에는 전체 주식 수와 당해 트래킹주식의 수의 비율에 따라 잔여재산을 분배받는 방식인 '느슨한 트래킹주식'이 있다. 이러한 방식은 청산 당시 트래킹주식의 대상이 되는 그룹의 시장가치를 고려하지 않는다. 다른 하나의 방식은 전체 잔여재산

---

278) Dennis E. Logue et al., *Rearranging Residual Claims: a Case for Targeted Stock*, Journal of the Financial Management 25(1996), pp.43~44.

279) Bruce N. Hawthrone & Andrew M. Tebbe, supra note 266, p.2.

에서 트래킹주식의 대상이 되는 그룹의 시장가치(market capitalization)의 비율에 따라 잔여재산을 분배받는 방식인 '엄격한 트래킹주식'이 있다. 하지만 트래킹주식의 주주는 트래킹주식의 대상인 그룹에 속하는 자산에 대하여, 직접적인 권리를 가지는 것은 아니다.[280]

d. 전환권

트래킹주식 발행회사는 회사의 선택에 따라 일정한 트래킹주식을 다른 종류의 트래킹주식으로 전환할 수 있다. 여기에는 임의적 전환권과 강제적 전환권이 있다. 먼저 임의적 전환권은 발행회사가 트래킹주식을 다른 종류의 주식으로 전환할 수 있는 권리인 전환권(exchange)을 주주의 개별적인 의사결정에 맡기는 방식을 말한다. 이러한 전환권은 트래킹주식의 전환 발표 전의 주식 시장가격의 15~30%의 프리미엄을 주고 이루어지는 것이 보통이다.[281] 그리고 트래킹주식 중, 발행회사가 트래킹주식의 대상그룹의 자산이나 부채를 그 회사가 100% 소유하는 자회사에 양도하는 경우, 발행회사가 당해 트래킹주식을 그 자회사의 주식으로도 전환할 수 있도록 하고 있다.[282] 또한 트래킹주식은 전환비율을 정하는 방법에 따라서 '고정형'과 '변동형'으로 나눌 수 있다. '고정형'은 전환비율을 발행 시에 정하게 되고, '변동형'은 전환비율을 대상부문의 시가총액에 의하여 정하게 된다. 두 가지 경우, 모두 일정한 프리미엄이 반영되는 것이 일반적이다.[283]

---

280) 윤영신, 전게논문(주 271), 228면.

281) Peter Wirth, *"Tracking Stock for High-Tech Companies: Part I"*, 9 No. 1 Insight 2(1995), p.4.

282) Erica H. Steinberger & Jeffrey J. Hass, supra note 267, p.533.

둘째, 강제적 전환권은 트래킹 주식에 대한 대상그룹의 자산전부 또는 실질적인 전부의 양도가 있는 경우, 일반적으로 트래킹주주의 의사와 관계없이 강제적으로 종료하는 방식이다. 이러한 경우 그 사업단위의 트래킹주식 모두를 프리미엄을 주고 발행회사의 보통주로 전환하거나 그러한 매각대금을 지급해야 하는 방식을 말한다.[284] 이러한 방식은 주주의 이익을 보호하기 위한 차원으로 보이고, 강제적 전환은 전환이 공시되기 전의 트래킹주식의 시장가치를 기준으로 10~30%의 프리미엄을 주고 이루어지는 것이 보통이다.[285]

e. 발행 후 이익충돌의 문제

트래킹주식 발행회사는 트래킹주식의 보유자와 그 이외의 보통주식의 주주 간에 항상 이해의 충돌이 발생하게 된다. 경영자원을 연동 대상 사업부문에 집중적으로 투입하면, 트래킹주식의 주주에게 유리하지만 보통주식의 주주에게는 불리하게 된다. 따라서 회사를 경영하는 이사로서는 누구의 이익을 우선적으로 배려해야 하는지가 문제된다. 만약, 주주의 전체 이익이 되더라도 이해의 대립이 발생하게 된다면, 이를 조정하는 방법이 주요 과제로 대두된다.[286]

이러한 이익충돌을 조정하기 위해서 여러 가지의 방법들이 있다.

첫째, 계약에 의한 해결(정관규정)방법으로, 이해의 대립이 발생할 경우에 대비하여 이사의 행위기준을 미리 정관에 규정하면, 정관의

---

283) 이기욱, "트래킹주식과 이사의 의무 - 미국에서의 논의를 중심으로-", 『법과 정책연구』 제4집 제2호(2004), 225면.

284) Blaker & Mckenzie, supra note 281, p.3.

285) Erica H. Steinberger & Jeffrey J. Hass, supra note 267, p.533.

286) 김순석, 전게논문(주 232), 27~28면.

내용에 의해 주주 간 이해를 조정할 수 있을 것이다. 하지만 장래에 발생할 수 있는 모든 사정을 고려하여 이를 정관에 기재하기란 불가능하고, 정보 또한 불완전하고 언어의 불명확한 특성상 의무내용에 대한 불일치가 발생할 수밖에 없다.[287]

둘째, 종류주주총회의 승인으로 조정하는 방법이다. 미국 각 주의 회사법들은 주로 특정한 종류의 주식에 대해 불리한 결정을 할 때에는 당해 트래킹주식 주주들의 종류주주총회 승인을 얻어야 하는 것을 법정하고 있다. 예를 들어, 델라웨어 주 회사법은 특정한 종류주식에 대한 수권주식의 증감이나, 액면가의 증감 또는 당해 종류주식의 권리를 불리하게 변경하는 정관개정의 경우에는, 당해 종류주식의 주주들에 의한 별도의 종류주주총회가 필요하다고 규정하고 있다.[288]

셋째, 이사 후보자(nominess)를 회사의 이사로 선임할 수 있는 권한을 부여받는 방법이다. 이는 트래킹주주와 다른 주주와의 이해충돌을 해결할 수 있는 또 다른 해결책으로써, 트래킹주주들에게 자신들의 권리를 보장하는 이사 후보자를 회사의 이사로 선임할 권리를 부여하는 것이다. 이렇게 선임된 이사는 연동되는 사업부문과 관련한 트래킹주주들의 이익을 대변하게 될 것이다.[289]

넷째, 새로운 논의로서 공정의무(duty of fairness)[290]를 도입하는 것이다. 1996년 Jeffrey J. Hass 교수는 트래킹주식의 이해충돌의 문

---

287) 윤영신, 전게논문(주 271), 237면.

288) Del. Code Ann. tit, 8. §242(b)(2); 윤영신, 전게논문(주 271), 237면.

289) Blaker & Mckenzie, supra note 270, p.4; 문준우, 전게박사학위논문(주 260), 87면.

290) 공정의무에 대한 자세한 소개는 Jeffrey J. Hass, supra note 220, pp.2165~2166; 손성·김수경, "트래킹스톡 발행회사(TSC)에서의 법적문제-미국법상 이익충돌문제의 해결을 중심으로-", 『상장협』 제46호(2002), 216~220면; 이기욱, 전게논문(주 288), 644~647면; 윤영신, 전게논문 (주 271), 240면; 김순석, 전게논문(주 232), 29면 참조.

제를 해결하기 위하여 공정의무를 제시하였다. 이 기준에 의해, 이사회의 결의에 이의를 제기한 주주가 이사회의 결의가 합리적이라는 추정을 번복하기 위해서는 ① 이해관계 없는 이사의 과반수 또는 주식위원회의 이해관계 없는 위원의 과반수의 결의에 의하지 않았거나, ② 이러한 결의 전에 경영판단에 필요한 정보를 수령하여 검토하지 않았거나, ③ 결의 당시 당해 결의가 공정하고 합리적이라고 믿지 않았다는 사실을 증명하여야 한다. 추정번복이 성공한 경우라도 이사가 먼저, ① 각 종류주식의 과반수를 소유한 주주가 필요한 정보를 수령한 후 당해 이사회 결의를 승인한 경우, ② 당해 결의의 승인 시 그 결의가 공정하고 합리적인 경우를 증명하게 되면 면책된다.

나. 의결권 배제 및 제한에 관한 종류주식

가) 의결권제한주식

미국의 개정모범회사법(RMBCA) 제6.01(b)(1)[291]에 의하면 회사는 1종류 이상의 완전한 의결권이 있는 주식을 발행하여야 하는 것을 제외하고는 의결권에 제한이 없다. 또한 제6.01(c)[292]에 의하면 회사

---

291) § 6.01. Authorized Shares (b) The articles of incorporation must authorize
   (1) one or more classes of shares that together have unlimited voting rights, and

292) § 6.01. Authorized Shares (c) The articles of incorporation may authorize one or more classes or series of shares that:
   (1) have special, conditional, or limited voting rights, or no right to vote, except to the extent otherwise provided by this Act;
   (2) are redeemable or convertible as specified in the articles of incorporation: (i) at the option of the corporation, the shareholder, or another person or upon the occurrence of a specified event; (ii) for cash, indebtedness, securities, or other property; and (iii) at prices and in amounts specified, or determined in accordance with a formula;

는 다른 정함이 있는 한도를 제외하고 정관이 정하는 바에 따라 완전한 의결권이 있는 주식, 무의결권주식, 일부 무의결권주식, 조건부로 의결권을 제한할 수 있는 주식을 발행할 수 있다. 그리고 보통주와 우선주 모두에 대하여 의결권을 제한할 수도 있다. 회사가 무의결권보통주를 발행하는 경우에는 이를 일반인에게 부여하고, 의결권 있는 보통주는 창업자나 경영진에게 부여하고 있다. 그러나 의결권은 주주가 자신의 소유권 내지 재산적 권리를 보호하기 위한 권리로서 일반투자자가 보유하는 보통주에 대한 의결권을 배제하는 것은 투자자들의 권리보호수단을 제거하는 것이라는 점에서 타당성에 대한 의문점을 제기하고 있는 견해도 있다.[293]

나) 차등의결권주식

미국에서는 주식의 종류에 관한 법적인 제한을 하지 않고, 이를 회사의 자치에 맡기고 있다. 주식의 발행에 관하여 정관에 주식의 종류와 수권주식 수를 기재하도록 할 뿐이고 제한은 거의 없다.[294] 이러한 이유로 회사는 자본조달, 사업구조조정 혹은 적대적 M&A 방어 등 다양한 목적으로 주식을 발행할 수 있게 된다. 즉, 1주 1의결권이 항상 최적(optimal)의 의사결정 방식은 아니라고 하면서 기업공개 (Initial Public Offering; IPO)의 경우 의결권행사방식은 회사 가치를 극대화하기 위해 선택되고, 이러한 경우 1주 1의결권이 아닌 다른

---

(3) entitle the holders to distributions calculated in any manner, including dividends that may be cumulative, noncumulative, or partially cumulative;

(4) have preference over any other class of shares with respect to distributions, including dividends and distributions upon the dissolution of the corporation.

293) James D. Cox & Thomas Lee Hanzen, supra note 10, p.804.

294) RMBCA §6.01(c)(1).

행태의 의결권 행사방식이 채택될 수 있다고 주장한다.[295)296)] 또한 차등의결권 주식 중에서 많이 이용되는 것은 복수의결권주식이고, 의결권 있는 주식을 2종류로 발행하여 친족그룹이 소유하는 주식에 대하여는 1주에 대하여 다수의 의결권을 부여하고, 나머지 주식에 대하여는 1주 1의결권을 부여하도록 하고 있고, 복수의결권주식이 일반인에게 이전되는 경우에 1주 1의결권으로 전환되도록 하고 있다.[297)] 이처럼 개정모범회사법에 의하더라도 1주 1의결권원칙이 항상 지켜지는 것은 아니며, 정관의 정함에 의해 다양한 종류의 차등의결권주식을 발행할 수가 있다. 미국 델라웨어 주 회사법[298)]과 뉴욕

---

295) S. Grossman and O. Hart, *"One Share-One Vote and the Market for Corporate Control"*, Journal of Financial Economics 20(1988), pp.175~201.

296) 실례로 구글(Google)은 2004년 NASDAQ에 기업을 공개하면서 경영권유지를 위해 기업 내부자와 경영진에게는 1주 10표의 주식을 부여하고, 일반투자자에게는 1주 1표를 갖는 A클래스 주식 발행에 성공한 바 있고, 이것은 투자자들에게 구글(Google)의 경우가 차등의결권제도가 최적의 의사결정 방식이라고 판단했다는 것을 의미한다[김효신, "종류주식 다양화의 법적문제 – 복수의결권주식의 도입을 중심으로-", 『법학연구』 제51권 제1호 통권63호(2010), 170면].

297) 최준선, 전게논문(주 211), 437~438면.

298) § 151. Classes and series of stock; redemption; rights

(a) Every corporation may issue 1 or more classes of stock or 1 or more series of stock within any class thereof, any or all of which classes may be of stock with par value or stock without par value and which classes or series may have such voting powers, full or limited, or no voting powers, and such designations, preferences and relative, participating, optional or other special rights, and qualifications, limitations or restrictions thereof, as shall be stated and expressed in the certificate of incorporation or of any amendment thereto, or in the resolution or resolutions providing for the issue of such stock adopted by the board of directors pursuant to authority expressly vested in it by the provisions of its certificate of incorporation. Any of the voting powers, designations, preferences, rights and qualifications, limitations or restrictions of any such class or series of stock may be made dependent upon facts ascertainable outside the certificate of incorporation or of any amendment thereto, or outside the resolution or resolutions providing for the issue of such stock adopted by the board of directors pursuant to authority expressly vested in it by its certificate of incorporation, provided that the manner in which such facts shall operate upon the voting powers, designations, preferences, rights and qualifications, limitations or restrictions of such class or series of stock is clearly and expressly set forth in the certificate of incorporation or in the resolution or resolutions providing for the issue of such stock adopted by the board of directors. The term "facts" as used in this subsection, includes, but is not limited to, the occurrence of any event, including a determination or action by any person or body, including the corporation. The power to increase or decrease or otherwise adjust the capital stock as provided in this chapter shall apply to all or any such classes of stock.

주 회사법299)에서도 차등의결권주식의 발행을 인정하고 있다. 한편 회사는 정관의 규정에 의해 복수의결권주식, 보유기간에 따라 의결권이 연동하는 주식(tenure voting share), 부분의결권주식 등을 정할 수 있는데, 이러한 차등의결권주식은 대체로 폐쇄적인 벤처기업을 설립할 때 종종 이용되고 있다.300)

다. 이사선임에 관한 종류주식

가) 보통주의 이사선임권

개정모범회사법 및 대부분의 주회사법에서는 회사가 종류주식을 발행하는 경우 정관이 정하는 바에 따라, 종류주식마다 선임할 수 있는 이사의 수를 달리 정하여 각 종류주주총회에서 이사를 선임하는 것을 인정하고 있다.301)예컨대, 3명의 이사를 선임하여야 하는 회사의 경우 class A주식은 3명의 이사를, class B주식은 1명의 이사를 각각 선임하도록 할 수 있다. 각각의 종류주주들은 모여서 의결권을 행사하고, 이 종류투표로 선임되는 자가 이사가 된다. 이는 폐쇄회사에서 경영권 분배에 대한 주주 간 합의를 종류주식으로 구체화하는 것이기도 하고, 소수주주가 경영권에서 소외되지 않도록, 그들의 이익을 대변하는 이사를 선임할 수 있다는 것을 확실히 보장해 주는 역할도 한다.302) 이사 선임에 대한 종류주주총회는 원칙적으로 주식의

---

299) N. Y. Bus. Corp. Law §501(a).

300) ABA(American Bar Association), *Model Business Corporation Act Annotated* 4th Ed(2008), pp.7~8.

301) Del. Gen. Corp. Law §141(d); Cal. Corp. Code §194.5, 301(a), 303; N. Y. Bus. Corp. Law §703(a), 706(c).

302) Franklin A. Gevurtz, supra nate 220, p.496; 문준우, 전게박사학위논문(주 260), 96~97면.

종류별로 하나의 투표집단을 구성하는데, 여러 종류의 주식이 하나
의 투표집단을 구성할 수도 있다. 이러한 방법으로 종류주주에 의해
선임된 이사는 그 종류주주총회의 결의에 의해 해임되게 된다.[303]

나) 우선주의 이사선임권

조건부의결권(contingent voting right)은 통상적으로 우선배당이
이루어지지 않을 경우에 의결권을 부여하는 형태로 발행된다. 또한
무의결권우선주에 대하여 의결권을 부여하는 경우에는 우선주에게
일정한 수의 이사를 선임할 수 있는 권리를 부여한다.[304] 즉, 이사
선임에 관한 종류투표가 우선주에 대한 보호책으로 이용되는 것이
다. 이러한 조건부의결권은 우선주의 상장요건으로도 부과되고 있
다.[305] 한편, 공익사업지주회사법(Public Utility Holding Company
Act)에 의한 공익사업지주회사 및 그 자회사의 경우에는 무의결권우
선주에 대하여 이러한 조건부의결권을 부여할 것이 강제되고, 우선
주가 선임할 수 있는 이사의 수는 정관에서 정하는데, 이 경우에 이
사 전원으로 정할 수도 있고 과반수 또는 그 미만의 수로 정할 수도
있다. 경우에 따라서는 우선주주가 이사회에 대하여 지배권을 취득
할 수도 있다.[306]

---

303) RMBCA §8.08(d).

304) 박철영, 전게박사학위논문(주 273), 54면.

305) NYSE, Listied Company Manual, §313.00(c); American Stock Exchange, Guide Origianal Listing
    Requirement §124.

306) 대표적인 사례는 Baron v. Allied Artist Pictures Corporation, 337 A.2d 653(Del. Ch. 1975)이다.

라. 상환주식

개정모범회사법 §6.01(c)(2)에서는 상환 또는 전환할 수 있는 주식을 발행할 수 있고, 주식의 상환과 전환에 차이를 두지 않고 함께 규정하고 있다. 이처럼 개정모범회사법은 상환에 특별히 제한규정을 두고 있지 않고, 상환은 일반적으로 발행인인 회사가 선택권을 가지지만 주주나 제3자가 선택권을 가지는 경우고 있다.[307] 더욱이 이자율의 상승 등과 같은 특정사실의 발생을 상환사유로 규정하기도 한다.

상환가액은 미리 정관에 정하거나, 지정된 산식에 따라 정해질 수 있는데, 이러한 지정산식은 외부 데이터나 사건에 따라 정해진다. 즉, 다른 주식의 매입가격, 기준금리, 소비자가격지수 또는 지정된 통화의 환율 등이 이에 해당된다.[308] 그리고 미국의 많은 주의 회사법은 상환보통주가 아닌 상환우선주를 허용하였지만, 모범회사법은 이런 제한을 폐지하여 보통주도 상환주식으로 발행할 수 있게 되었고,[309] 델라웨어 주 회사법도 법을 개정하여 보통주식을 상환주식으로 할 수 있게 하였다.[310]

마. 전환주식

개정모범회사법 제6.01(c)(2)조에 의하면 회사는 정관이 정하는 바에 따라 주주 또는 제3자의 선택에 따라 또는 특정사실의 발생 시 일정한 전환비율 또는 전환가격으로 다른 종류의 주식, 증권, 채무 등

---

307) ABA(American Bar Association), supra note 305, pp.6~9.

308) ABA(American Bar Association), supra note 305, pp.6~10.

309) Robert W. Hamilton, *The Law of Corporation*, 5th Ed. West group(2000), p.597.

310) Del. Gen. Crop. Law §151(b).

으로 전환할 수 있는 전환주식을 발행할 수 있다.[311] 그리고 보통주를 우선주로 전환하거나 보통주나 우선주를 사채로 전환하는 것을 상향전환(upstream conversion)이라고 한다. 이와 반대의 경우를 하향전환(downstream conversion)이라고 한다.[312] 또한 우선주에 대해 전환조항과 상환조항이 동시에 부가되는 상황이 발생할 경우에는 전환주식의 전환에 의하여 얻을 수 있는 이익이 상환가액을 초과할 경우 상환대상주식의 주주는 상환보다는 전환권을 행사하게 된다.[313]

2. 일본

1) 개관

일본의 경우는 1899년 상법이 우선주를 도입하면서부터 종류주식 제도가 시작되었다. 이후 여러 차례 상법개정을 통하여 몇몇 종류주식을 도입하였지만 우리 상법과 거의 동일한 수준이었다. 그러나 2001년과 2002년 개정상법에서는 트래킹주식을 비롯한 무의결권 보통주식, 의결권 없는 의결권제한주식, 이사선임에 관한 종류주식, 강제전환조항부주식, 거부권부주식, 신주예약권 등을 명시적으로 도입

---

311) RMBCA §6.01(c)(2).
  (c) The articles of incorporation may authorize one or more classes or series of shares that:
  (2) are redeemable or convertible as specified in the articles of incorporation:
    (i) at the option of the corporation, the shareholder, or another person or upon the occurrence of a specified event;
    (ii) for cash, indebtedness, securities, or other property; and
    (iii) at prices and in amounts specified, or determined in accordance with a formula;

312) 문준우, 전게박사학위논문(주 260), 100면.

313) Robert W. Hamilton, supra note 314, p.207.

하였다.314) 특히, 2005년 일본회사법(이하 '신회사법'이라 함)에서는 양도제한주식, 취득청구권부주식, 취득조항부주식, 전부취득조항부주식 등 다양한 종류주식을 도입함으로써 자본조달뿐만 아니라 방어수단에 있어서도 매우 유연한 주식 설계가 가능하게 되었다.315)

2) 주식의 종류 및 내용

(1) 주식의 종류

신회사법 제107조 제1항316)에서는 주식회사가 발행한 주식전부에

---

314) 박철영, 전게박사학위논문(주 273), 76면.
315) 일본 회사법 제108조 1항 각 호.
　　(異なる種類の株式)
　　第108条 株式会社は゛次に掲げる事項について異なる定めをした内容の異なる二以上の種類の株式を発行することができる. ただし゛委員会設置会社及び公開会社は゛第九号に掲げる事項についての定めがある種類の株式を発行することができない.
　　1. 剰余金の配当
　　2. 残余財産の分配
　　3. 株主総会において議決権を行使することができる事項
　　4. 譲渡による当該種類の株式の取得について当該株式会社の承認を要するこ
　　5. 当該種類の株式について゛株主が当該株式会社に対してその取得を請求することができるこ と
　　6. 当該種類の株式について゛当該株式会社が一定の事由が生じたことを条件として これを取得することができること
　　7. 当該種類の株式について゛当該株式会社が株主総会の決議によってその全部を取得すること
　　8. 株主総会(取締役会設置会社にあっては株主総会又は取締役会゛清算人会設置会社(第四百七十八条第六項に規定する清算人会設置会社をいう゜以下この条において同じ゜)にあっては 株主総会又は清算人会)において決議すべき事項のうち゛当該決議のほか゛当該種類の株式の 種類株主を構成員とする種類株主総会の決議があることを必要とするもの
　　9. 当該種類の株式の種類株主を構成員とする種類株主総会において取締役又は監査役を選任する こと
316) 第107条 (株式の内容についての特別の定め)
　　株式会社は゛その発行する全部の株式の内容として次に掲げる事項を定める ことができる
　　1. 譲渡による当該株式の取得について当該株式会社の承認を要すること
　　2. 当該株式について゛株主が当該株式会社に対してその取得を請求することができること
　　3. 当該株式について゛当該株式会社が一定の事由が生じたことを条件としてこれを取得すること ができること

대한 내용으로 특별한 양도제한주식, 취득청구권부주식, 취득조항부 주식을 정할 수 있다. 이러한 주식은 전부에 대하여 동일한 내용이 규정되기 때문에 주식의 종류가 되지 않는다고 하는 견해도 있다.[317] 또한 신회사법 제108조 제1항 각 호에서는 권리의 내용이 서로 다른 2가지 이상의 종류주식을 발행하는 것을 인정하고 있다. 이러한 권리의 내용이 '다른 종류주식'으로는 이익배당에 관한 종류주식, 잔여재산분배에 관한 종류주식, 의결권제한주식, 양도제한 종류주식, 취득청구권부 종류주식, 취득조항부 종류주식, 전부취득조항부 종류주식, 거부권부주식, 이사 또는 감사 선임권부 종류주식에 관해 내용이 다른 9종의 종류주식을 인정하고 있다. 또한, 동조 단서 조항에서는 위원회 설치회사 및 공개회사는 이사 또는 감사 선임권부 종류주식에 정한 사항에 정함이 있는 종류주식을 발행할 수 없다고 규정하고 있다.

(2) 주식의 내용

가. 이익배당 및 잔여재산분배에 관한 종류주식

가) 배당우선주 및 잔여재산분배주식

배당우선주란 다른 주식보다 우선하여 배당을 받을 권리가 있는 주식을 말한다. 이런 우선주는 어떤 결산기에 우선 배당의 일부 또는 전부가 지급되지 않았을 경우에 다음 결산기에 그 부족분이 이월되

---

317) 河本一郞ほか, 『日本の会社法(新訂第9版)』, 商事法務, 2008, 281면.

어 지급되는 누적적 우선주와 그렇지 않은 비누적적 우선주가 있다. 그리고 어떤 결산기에 일정액의 우선배당을 지급받은 것 외에 추가로 이익이 생기면 보통주와 함께 이익배당에 참가할 수 있는 참가적 우선주와 그렇지 않은 비참가적 우선주가 있다.[318] 신회사법 제108조 2항 1호[319]에 의하면 ① 이익배당에 관한 종류주식의 주주에게 교부하는 배당재산 가액의 결정방법, ② 이익배당을 하는 조건 그 밖에 이익배당에 관한 취급 내용, ③ 발행 가능한 종류주식의 총수 등을 정관에 정하여야 이익배당에 관한 종류주식을 발행할 수 있다.

또한, 잔여재산분에 관한 종류주식을 주식회사가 발행하는 경우 ① 잔여재산분배에 대한 종류주식의 주주에게 교부하는 잔여재산의 가액의 결정방법, ② 당해 잔여재산의 종류 그 밖에 잔여재산의 분배에 관한 취급의 내용, ③ 발행 가능한 종류주식의 총수를 정관에 정할 경우에 발행이 가능하다.[320]

---

318) 龍田節, 『會社法 大要』, 有斐閣, 2007, 283면.

319) 일본 회사법 제108조 2항 1호
② 株式会社は゛次の各号に掲げる事項について内容の異なる二以上の種類の株式を発 行する場合には゛当該各号に定める事項及び発行可能種類株式総数を定款で定めなければならない゜1号. 剰余金の配当 当該種類の株主に交付する配当財産の価額の決定の方法゛剰余金の配当をする条件その他剰余金の配当に関する取扱いの内容.

320) 일본 회사법 제108조 2항 제2호.
2호. 残余財産の分配 当該種類の株主に交付する残余財産の価額の決定の方法゛当該残余財産の種類その他残余財産の分配に関する取扱いの内容.

나) 트래킹주식

(가) 개념 및 발행경과

a. 개념

회사가 경영하는 자회사의 실적에 그 가치가 연동하는 주식을 일본회사법상 트래킹주식이라고 하고, 이익배당에 따라 '내용이 다른' 주식을 발행할 경우에 정관에 산정기준요강을 정할 필요가 있는 주식을 말한다.[321] 또한, 신회사법에서 이익배당에 관한 내용이 다른 주식을 트래킹주식에 대해서 종래의 규정 및 내용을 대체로 유지하고 있다(신회사법 제108조 1항 제1호, 2항 제1호, 3항). 예컨대, 정관에 당해 종류의 주주에게 교부하는 배당재산의 가액결정방법 및 이익배당조건, 그 밖에 이익배당에 관한 취급 내용 및 발행 가능한 종류주식의 총수를 정하도록 규정하고 있다. 또한 그 세부사항을 당해 종류주식을 처음 발행할 때까지 주주총회의 결의에 의하도록 규정하였다.

b. 발행경과

일본에서는 미국의 트래킹주식을 본받아 2001년에 소니(SONY)사가 자회사(소니커뮤니케이션 네트워크)의 사업성과 연동되는 최초의 트래킹주식을 발행하였다. 소니사가 발행한 트래킹주식은 일본 증권시장이 그룹경영의 특징적인 면에서, 미국과 차이가 있다는 점을 감

---

321) 河本一郎ほか, 전게서(주 322), 123면.

안하여 미국과 다른 용도로 설계되었다. 즉, 회사 내의 사업부문을 대상으로 발행한 것이 아니라, 자회사 연동형으로 구성하였기 때문이다. 이러한 트래킹주식은 이익배당에 관하여 보통주보다 우선권이 인정되는 주식이 아니므로, 소니사는 일본상법상 '배당에 관한 내용이 다른 수종의 주식'으로서 이익배당의 내용이 다른(자회사의 실적에 연동하는) 보통주도 허용되는 것으로 보는 해석론에 기초하여 트래킹주식을 발행하게 되었다.[322] 그 결과 일본의 2001년 개정 상법에서는 정관에 종래의 우선주와 같은 '우선배당액의 상환'이 아니라 '배당액의 상한액 기타 산정기준의 요강'을 정하도록 함으로써(구 일본상법 제222조 3항) 트래킹주식과 같이 배당순위가 아니라, 배당기준과 배당액이 다른 보통주식의 발행을 할 수 있게 하였다(구 일본상법 제222조 3항 본문).

(나) 트래킹주식의 권리

a. 이익배당

일본의 트래킹주식은 이익배당의 연동대상인 자회사의 이익배당액과 직접 연동되고, 이익배당에 있어서도 자회사 보통주식에 대한 이익배당과 트래킹주식에 대한 이익배당을 실질적으로 일치시킬 것을 요구하고 있다. 예컨대, 자회사의 이사회가 결의한 금액이나 실제로 모회사가 자회사로부터 자회사주식의 배당금으로 수령한 금액을 모회사가 그대로 트래킹주식에 대한 이익배당으로 결의하여 그 주

---

322) 黑沼悅郎, "日本에 있어서의 Tracking Stock에 관한 論議", 한국증권법학회 (2001 추계특별세미나) 발표자료, 8면.

주에게 배당하게 된다.323) 문제는 자회사가 발행한 주식 수와 모회사가 발행한 트래킹주식 수가 일치하지 않기 때문에(폐쇄회사인 자회사는 자본금 및 주식 수가 매우 적은 경우가 많기 때문이다) 실제 자회사 보통주식과 트래킹주식에 대한 배당률을 일치시키기가 어렵다는 점이다. 이를 해결하기 위해 주가를 기준으로 자회사의 보통주식 1주에 대한 트래킹주식의 발행비율(이를 '기준비율')을 정하고, 이후 자회사주식이 증가하거나 분할 혹은 합병되는 경우에, 그에 따라 기준비율을 조정하여 실질적으로 등가관계가 유지되도록 하는 방법이 이용된다. 예컨대, 기준비율을 0.1로 하면 자회사의 보통주식 1주와 트래킹주식 10주가 동일한 가치를 지니게 되어서 자회사 보통주식에 대한 배당액과 트래킹주식에 대한 배당액이 10:1의 비율로 결정된다.324)

b. 잔여재산분배

잔여재산분배에 관한 일본의 경우는 트래킹주식의 시가 또는 자회사 보통주의 교환가치를 한도로 발행회사의 다른 보통주주에게 우선하여 트래킹주주에게 잔여재산을 분배하고 있다. 즉, 자회사연동형인 경우에 트래킹주식의 투자대상은 자회사이고, 트래킹주주는 경제적으로 자회사의 주주에 준하는 지위를 부여하여야 하기 때문이다. 따라서 모회사가 청산되더라도 잔여재산을 우선 자회사주식과 경제적 가치가 일치하는 트래킹주주에게 분배하는 것이 타당하다고

---

323) 安藤博之·關谷理記, "トラシンキング·ストシクとグルーブ戰略", 『月刊資本市場』 제194호 (2001), 71면.
324) 박철영, "트래킹주식에 관한 소고", 『증권예탁』 제55호 (2005), 27면.

보는 견해도 있다.325)

c. 상환 및 전환

일본의 트래킹주식은 자회사연동주식의 시가에 의해 현금으로 상환하거나, 시가비율에 의해 발행회사의 보통주식으로 전환할 수가 있다. 현금으로 상환하기보다는 발행회사의 보통주식으로 전환하는 편이 발행회사 입장에서는 현금의 사외유출을 막을 수 있을 수 있고, 주주의 입장에서도 과세이연의 혜택을 볼 수 있다는 장점이 있다. 하지만 상환의 경우에도 현금으로서가 아니라 자회사주식 등으로 상환하는 규정을 들 수 있고, 이러한 경우에 전환하는 것과 동일한 이점이 있다. 자회사연동주식이 시가로 상환 또는 전환된다면 상환 또는 전환시기 등 그 구체적인 내용은 이사회에 위임할 수 있을 것이다.326)

d. 이익충돌의 문제

경영자원을 연동대상부분에 중점적으로 투입하게 되면 트래킹주주에게는 유리하지만, 보통의 주주에게는 불리하게 된다. 회사를 경영하는 이사로서 누구의 이익을 최대로 할 것인가를 경영의 목표로 해야 하는 문제가 발생할 수 있듯이, 트래킹주식을 발행하는 회사에서 트래킹주주와 보통의 주주 간에 이익의 충돌문제가 자주 발생할 수 있다.327) 이러한 이익충돌의 문제를 해결하기 위한 조정방안은

---

325) 安藤博之・關谷理記, 전게논문(주 328), 71면; 박철영, 전게논문(주 329), 28면.
326) 김지환, "종류주식의 다양성 검토",『성균관법학』제14권 제2호 (2002), 281면.
327) 黑沼悅郎, 전게자료(주 327), 8면.

정관에 의한 해결과 이사의 신인의무에 의한 방안이 있다.

먼저, 정관에 의한 해결로는 트래킹주식의 권리내용을 정관에 기재하고, 이사가 정관에 위반한 행위를 하는 것을 방지하는 것이다. 즉, 트래킹주식에서 지급할 배당금이 없음에도 불구하고 배당금을 지급하게 되면, 이사는 신인의무위반으로 회사에 대해 책임을 부담하게 된다. 이해대립이 발생하는 경우에 대비에 어떻게 해야 하는가를 정관에 미리 정해둔다면 정관의 내용에 따라 주주 간의 이해를 조정할 수 있을 것이다. 하지만 장래에 일어날 수 있는 모든 사태를 예측하고, 그 대처방안을 정관에 기재한다는 것은 불가능하다고 보는 견해[328]가 있는데, 이에 찬동한다. 그리고 이사의 신인의무에 의한 해결방안으로는 절차의 공정성과 내용의 공정성으로 조정방법을 찾는 것이다. 따라서 이사의 신인의무를 통해 이해의 조정이 필요한데, 신인의무의 내용을 명확히 할 필요가 있다. 즉, 주주 간에 이해대립이 존재하는 경우에 회사가 충분한 정보를 공시하거나, 트래킹주식의 종류주주총회에서 승인을 얻는다면 희생되는 주주그룹 대신 다른 주주그룹을 이롭게 하는 결정을 내릴 수 있다고 하는 견해[329]가 있는데, 이 견해가 타당하다고 본다.

나. 의결권 제한 및 양도제한에 관한 종류주식

가) 의결권제한주식

의결권제한주식이란 법률에 의해서 특별히 인정되고 있는 경우를

---

328) 黑沼悅郎, 전게자료(주 327), 8~9면.
329) 黑沼悅郎, 전게자료(주 327), 9면.

제외하고 의결권행사를 일절 할 수 없는 '무의결권주식'과 법정의 사항 및 정관 소정의 일정한 사항에 대해 의결권이 주어지고 있는 '의결권일부제한주식'이 있다(신회사법 제108조 1항 제3호). 이러한 의결권제한주식은 회사의 경영에는 전혀 관심이 없고, 배당 수입 등의 자금적인 이윤에만 흥미 있는 투자자에게는 주식에 부대하는 의결권은 필요하지 않기 때문에 주주에게 인정되고 있는 경영권 방폐의 역할을 하는 담보로 설계된다. 또한 높은 배당을 요구하기 때문에 배당우선주와 조합하여 발행되는 경우가 많다. 경영자는 경영에 간섭하는 것이 없기 때문에, 부채와 같고 반면에 부채와 같은 변제의무가 없으므로 부채와 주식의 장점을 조합한 느낌이다.[330] 또한 종류주식을 발행한 회사가 공개회사인 경우에는 의결권제한주식의 수가 발행주식총수의 2분의 1을 초과한 경우에, 주식회사는 즉시 그 의결권제한주식의 수를 발행주식총수의 2분의 1 이하로 하기 위한 필요한 조치를 하여야 한다(신회사법 제115조).

이러한 의결권제한주식을 발행하기 위해서는 ① 주주총회에서 의결권을 행사할 수 있는 사항, ② 당해 종류주식에 관하여 의결권의 행사조건을 정한 때에는 그 조건 및 발행 가능한 종류주식의 총수를 정관에 정하여야 한다(신회사법 제108조 2항 3호). 만약 회사가 정관변경 등의 행위를 한 경우에 의결권제한주식의 주주에게 손해를 미칠 염려가 있을 때는 의결권제한주식의 주주도 당해 종류주주총회에서 의결권을 행사할 수 있다(신회사법 제322조 1항 1호). 의결권제한주식은 일반적인 자본다수결에 의한 경영권 분배를 하지 않을 때

---

330) シリーズ<4>種類株式の活用
　　②<http://www.ikpi.co.jp/topics/finance/finance_file004.html>(2011.7.12 방문).

(예를 들어, 지분비율은 6:4이더라도 의결권비율은 1:1로 하는 경우)
매우 유용한 제도이고, 특히 적대적 M&A의 위협을 근본적으로 차단
할 수 있는 이점이 있다.[331]

나) 양도제한 종류주식

신회사법 제108조 1항 4호에 규정된 양도제한 종류주식의 양도제
한이란 일부의 주식에 대한 양도를 제한하기 때문에 종류주식에 해
당된다. 일반적으로 종류주식은 그 특정의 투자가(종류주주)와 경영
자(혹은 다른 주주)가 서로의 이득이 되도록 주식을 설계하고 있기
때문에, 다른 투자가에게 양도되지 않게 제한을 가하고 있다. 또한
신회사법 제107조 1항의 양도제한(주식의 전부에 대한)과도 다르다
는 것도 유의할 필요가 있다. 이는 양도에 의한 해당 주식의 취득에
대해 회사의 승인을 필요로 하는 취지의 규정을 제정하고 있는 주식
을 말하고(신회사법 제2조 17호) 있고, 전부의 주식에 있는 종(class)
의 내용을 부가하는 것을 인정하기 때문이다.[332]

양도제한종류주식을 발행하기 위해서는 ① 당해 종류주식을 양도
에 의하여 취득하는 것에 관해 당해 주식회사의 승인을 요한다는 취
지, ② 일정한 경우에는 주식회사가 주주로부터의 승인청구 또는 주
식취득자로부터 승인청구의 승인을 한 것으로 간주한 때에는 그 취
지 및 당해 일정한 경우 및 발행 가능한 종류주식의 총수를 정관에
기재하여야 한다(신회사법 제108조 2항 4호).

---

331) 강성훈, 전게박사학위논문(주 250), 92면.
332) シリーズ<3>種類株式の活用
　　　①<http://www.ikpi.co.jp/topics/finance/finance_file004.html>(2011.7.12 방문).

다. 이사·감사 선임에 관한 종류주식

이사·감사 선임에 관한 종류주식이란 그 종류주주총회에서만 이사·감사에 대한 선임의 전부 또는 일부를 결의할 수 있는 취지가 정해진 주식을 말하고(신회사법 제108조 1항 9호), 공개회사나 이사회 설치회사에서는 이러한 주식을 발행할 수가 없다(동조 단서). 이러한 종류주식은 비공개회사의 경영자가 스스로의 입장을 유지하기 위해서 발행할 수 있고, 자금제공자가 이사를 여러 명 확보할 경우에 이런 종류주식을 발행할 가능성이 매우 크다. 즉, 주주총회뿐만 아니라 이사회에 참가하는 것이 가능해져 모니터링이나 견제를 실시하는 것이 가능하게 된다. 또한, 합작회사 등을 설립하는 경우에는 그 출자비율에 알맞은 비율의 임원결정권을 주기 위해서 이러한 종류주식을 발행할 수도 있을 것이다.[333] 이사·감사 선임에 관한 종류주식이 발행되었다면 각 단위의 종류주주총회에서 이사 또는 감사의 선임을 할 것이고, 전체 주주총회에서는 이사 또는 감사를 선임하지 않게 된다.[334]

라. 취득청구권부 종류주식

취득청구권부 종류주식은 종전의 '의무상환주식(구상법 제222조 1항)'이나 '전환예약권부주식(구상법 제222조의2)'을 정리한 것이고, 이런 종류주식에 관해 주주가 당해 주식회사에 대하여 그 취득을 청구할 수 있는 사항을 정하는 것을 말한다(신회사법 제108조 1항 5호).

---

333) シリーズ<4>種類株式の活用
    ②<http://www.ikpi.co.jp/topics/finance/finance_file004.html>(2011.7.12 방문).
334) 龍田節, 전게서(주 323), 288면.

주식회사가 취득청구권부 종류주식을 취득한 때에는 그 대가로 금전이나 사채, 보통주식 등 다양한 것을 지급할 수 있다. 그 대가를 금전으로 지급하면 현금을 회사가 준비해야 하기 때문에 보통주식으로 이용된다. 즉, 배당우선주의 취득대가로 보통주를 지급하기로 한다면, 배당우선주가 보통주로 바뀌기 때문에 회사로서는 배당에 대한 부담이 수월해진다. 또한 취득대가로 사채를 지급할 경우에는, 전환사채와 반대로 회사의 자본규모(즉, 주식 수)를 줄일 수 있고, 신주예약권이나 모회사나 자회사의 주식, 또는 현물 등도 그 대가로 할 수 있다.335) 이렇듯 대가를 다양하게 정할 경우에는 그 종류 및 수 또는 그 산정 방법을 정관에 정할 필요가 있다(신회사법 제108조 1항 5호). 따라서 회사가 취득대가로 현금(배당가능이익)을 지급하였다면, 개정 전 상법의 '상환주식'에 해당되고, 취득대가가 다른 종류주식이었다면 '전환주식'에 해당된다.336)

취득청구권부 종류주식은 신회사법 제107조 1항 2호의 취득청구권부주식과 내용에 있어서는 같지만, 취득청구권부 종류주식은 발행주식의 일부에 대한 권리내용을 정한 것이고, 취득청구권부주식은 발생주식의 전부에 대한 권리내용으로 정한 것이라는 점에서 차이가 있다. 또한 취득청구권부 종류주식은 회사가 내용이 다른 종류주식을 발행할 수 있기 때문에 그 회사의 다른 종류주식을 그 대가로 교부할 수 있다. 그러나 취득청구권부주식은 회사주식의 내용이 모두 균일하기 때문에 동일한 내용의 주식을 취득대가로 하는 것은 인정되지 않는다.337)

---

335) 龍田節, 전게서(주 323), 286면.
336) 한국증권법학회, 『상법개정연구보고서』, 2006, 114면.

이런 종류주식은 투자자 입장에서는 최종적으로 자금회수를 가능케 하는 수단이 되고, 회사의 입장에서는 고액의 자금을 일시적으로 조달할 수 있지만 그 취득청구권의 설정 조항에 따라 대폭적인 주가 하락이나 경영권의 탈취도 상정되므로 기존의 이해관계인과도 충분한 협의가 필요하다고 본다.338)

마. 취득조항부 종류주식

취득조항부 종류주식은 종래의 '강제상환주식(구상법 제213조 1항, 제222조 1항)'이나 '강제전환조항부주식(구상법 제222조의8, 제222조의10)' 등을 정리한 것이다. 취득조항부 종류주식은 회사 측으로부터 주주 측에 대해 해당 종류주식의 취득을 신청할 수 있으므로, 이 종류주주는 스스로의 의도와 관계없이 그 지위를 잃게 된다. 또한, 그 취득의 대가가 현금일 경우는 주주로서의 지위는 완전하게 없어지고(신회사법 제108조 2항 6호), 현금이 아닌 그 외의 주식이 대가인 경우는 그 종류주주로서 지위로 전환하게 된다(신회사법 제108조 2항 6호, 제170조 2항 4호). 예컨대, 공개준비회사가 비공개 시에는 배당우선주식 등으로 자금조달을 실시하여 주식을 상장할 경우 강제적으로 보통주식으로 전환하도록 설계할 수 있다. 공개준비 중일 때는 양도제한주식이기 때문에 벤처자본가로부터 그 담보로 인해 높은 배당을 받을 수 있다.339)

---

337) 河本一郎ほか, 전게서(주 322), 123면; 龍田節, 전게서(주 323), 125면.
338) シリーズ<4>種類株式の活用
　　②<http://www.ikpi.co.jp/topics/finance/finance_file004.html>(2011.7.12 방문).
339) シリーズ<4>種類株式の活用
　　②<http://www.ikpi.co.jp/topics/finance/finance_file004.html>(2011.7.12 방문).

따라서 취득조항부 종류주식의 취득대가가 현금일 경우에는 취득조항부 종류주식의 실질은 구상법상 임의상환주식에 해당하게 되고, 대가가 다른 종류의 주식일 경우에는 강제전환조항부주식이 된다. 취득대가를 사채로 할 경우에는 취득조항부 종류주식은 사채로의 전환권이 회사에 있게 되는 주식이 된다. 이는 주식회사가 내용을 어떻게 설계하느냐에 따라 자금조달의 수단뿐만 아니라 방어수단으로도 활용이 가능하다.[340]

바. 전부취득조항부 종류주식

전부취득조항부 종류주식은 둘 이상의 종류를 발행하는 주식회사에서 그중 하나의 종류주식 전부를 주주총회의 특별결의에 의해 취득할 수 있는 뜻을 정관에 규정한 종류주식을 말한다. 이 종류주식은 취득조항부주식(신회사법 제107조 2항 3호)처럼 모든 주식에 대하여 취득조항을 첨부하는 것은 같지만, 전부취득조항부 종류주식은 해당 종류주식만을 전부 취득할 수 있는 것이 다르다는 점을 주의하여야 한다.

---

340) 河本一郎ほか, 전게서(주 322), 123면; 龍田節, 전게서(주 323), 125면, 286~287면.

<표 10> 취득조항부주식과 전부취득조항부 종류주식의 차이점

해당 조문	취득조항부 종류주식 제107조 1항 3호 경우	전부취득조항부 종류주식 제108조 1항 7호 경우
대상	전주식	일부의 주식(종류주식)
설정조건	총주주의 동의 (신회사법 제111조)	주주총회 특별결의
반대주주 취급	반대주주가 있는 경우 부결	반대주주의 주식매수청구권이 인정 (신회사법 제116조, 제117조)

출처: I.K.P, 유용정보(자금조달방법, 시리즈<4> 종류주식의 활용방안②);
 http://www.ikpi.co.jp./topics/finance/finance_file004.html(2001.7.12. 방문).

표에서도 알 수 있듯이 제107조 1항 3호의 취득조항부주식의 설정
에는 총주주의 동의(신회사법 제111조)를 필요로 하기 때문에, 공개
회사 등에서는 현실적으로 불가능하다고 생각되고, 전부취득조항부
종류주식은 주주총회의 특별결의에 의해서 설정되기 때문에, 현실적
으로도 이용이 가능하다. 다만 전부취득조항부 종류주식의 설정에
반대하는 주주는 그 주식의 매수청구권이 인정되고 있기 때문에, 반
대주주의 매수청구 등의 절차를 실시해야 하는 점에서 어려운 면이
존재한다(신회사법 제116조, 제117조).

한편 회사의 재건목적을 위해 100% 자본감소를 할 경우, 전부취
득조항부 종류주식을 발행회사가 취득할 경우에 취득대가는 당연히
무상일 것이지만, 유상취득(금전·다른 종류주식·사채·신주예약
권 등)도 가능하다(신회사법 제171조 1항 1호). 이러한 전부취득조항
부 종류주식도 취득대가로 다른 종류주식이나 사채 등을 교부할 수
있기 때문에 취득대가의 여하에 따라 특정종류주식 전부를 사채 등
으로 바꿀 수 있다. 이러한 점에서 전부취득조항부 종류주식은 적대
적 M&A에 대한 방어수단으로 활용될 수 있다.[341]

사. 거부권부주식

거부권부주식이란 주주총회 또는 이사회의 결의사항 가운데 당해 결의 외에 거부권부주식을 보유하고 있는 종류주주에 의한 종류주주총회의 결의를 요하는 주식을 말한다(신회사법 제108조 1항 8호). 예컨대, 거부권부주식의 종류주주총회의 결의를 필요로 하는 사항이라면, 비록 주주총회나 이사회결의에서 가결된 사항일지라도 종류주주총회에서 부결된 것으로 할 수 있기 때문에 그 결의 사항을 무효로 할 수 있다. 이러한 거부권부주식을 보유한 주주는 매우 큰 권한을 가지므로 '황금주'라고도 불리기도 한다.[342]

또한, 이러한 거부권부식을 발행하려면 ① 당해 종류주주총회의 결의가 있을 것을 요하는 사항, ② 당해 종류주주총회의 결의를 요하는 조건을 정하는 때에는 그 조건 및 당해 종류주식의 발행 가능한 종류주식의 총수를 정관에 정해야 한다(신회사법 제108조 2항 8호).

---

341) 권종호, "주요국가의 기업규제 개혁법제에 관한 비교법적 연구[Ⅳ]-일본-, 『한국법제연구원』 (2008.6), 39면.

342) I.K.P, 유용정보(자금조달 방법, 시리즈<4> 종류주식의 활용 ②);http://www.ikpi.co.jp/topics/finance/finance_file004.html(2011.7.12 방문).

3. 독일

1) 개관

독일의 경우는 1701년 회계감독관을 신설하였고 이는 1870년에 첫 활동을 하였다. 이후 1884년 주식법(Aktienrecht)에 대한 새로운 작업에 들어갔다. 이에 따라 우선주의 발행을 인정하면서 주식이 다양화되었다. 1897년 상법에서는 수종의 주식이 존재하는 경우 어느 종류주식에 대해 복수의결권(Mehrstimmrech)을 부여하는 것을 인정하게 되었다. 1920년 후반에는 스스로 복수의결권을 폐지하는 회사도 있었고, 결국 1937년 주식법(Aktiengesetz, 이하 'AktG'라 한다) 개정 시 원칙적으로 복수의결권주식의 발행이 원칙적으로 금지되었다. 1966년 주식법(AktG)은 종류주식을 일반적으로 인정하고 종류주주총회도 인정하였다.

한편, 1998년 콘트라법(Gesetz zur Kontrolle und Transparenz im Unternehmensbereich; KonTraG)에 의해 개정된 주식법(AktG)은 그동안 예외적으로 인정되었던 복수의결권을 금지하였고(AktG 제12조 2항), 1주 1의결권원칙의 법정화 및 의결권제한(voting cap)의 금지 등 그 규제를 강화하였다.[343] 이후 2000년대 들어서는 많은 회사들이 주주를 확대하고 새로운 주주가치의 창출을 추구하는 차원에서 트래킹주식(Spartenakien)과 같은 새로운 종류주식의 도입을 논의하고 있었다.[344]

---

343) 최문희, 『21세기 회사법 개정의 논리-독일의 주식회사법 관련 동향-』, 서울대학교 금융법센타 (2007), 12면.

2) 주식의 종류 및 내용

(1) 주식의 종류

주주평등의 원칙을 규정하고 있는 독일주식법 제53a조(주주평등의 원칙, 주주는 동등한 조건하에서는 동등하게 취급되어야 한다)[345]는 1978년 EU회사법 제2지침의 영향을 받아 신설되었다. 이러한 주주평등의 원칙이 존재하지만, 종류주식에 대하여는 예외를 인정하고 있다(AktG 제11조, 제60조 3항, 제271조 3항).[346] 예외는 다음과 같다. ① 주식은 특히 이익 및 잔여재산분배에 관하여 다른 권리를 가질 수 있고, 동일한 권리를 갖는 주식은 하나의 종류를 형성하게 된다(AktG 제11조). ② 정관은 이익배당방법에 관해 다른 방법을 정할 수 있다(AktG 제60조 3항). ③ 자본에 대한 출자를 모든 주식에 관하여 동일한 비율로 지급하지 않을 경우에, 지급한 출자를 상환하고 잔액을 주식권면액에 따라 분배하고, 재산이 출자를 상환하기에 부족한 때에는 주주가 주식권면액에 따라 그 손실을 부담하며, 미납입된 출자는 필요한 한도에서 수령하여야 한다(AktG 제271조 3항). 이와 같이 독일의 경우에 주식법이 명시적으로 허용한 경우

---

344) 박철영, 전게박사학위논문(주 273), 65~66면.

345) Aktionäre sind unter gleichen Voraussetzungen gleich zu behandeln (AktG §53a).

346) Die Aktien können verschiedene Rechte gewähren, namentlich bei der Verteilung des Gewinns und des Gesellschaftsvermögens. Aktien mit gleichen Rechten bilden eine Gattung (AktG §11), Die Satzung kann eine andere Art der Gewinnverteilung bestimmen (AktG §60 Abs. 3), Sind die Einlagen auf das Grundkapital nicht auf alle Aktien in demselben Verhältnis geleistet, so werden die geleisteten Einlagen erstattet und ein Überschuß nach den Anteilen am Grundkapital verteilt. Reicht das Vermögen zur Erstattung der Einlagen nicht aus, so haben die Aktionäre den Verlust nach ihren Anteilen am Grundkapital zu tragen; die noch ausstehenden Einlagen sind, soweit nötig, einzuziehen (AktG §271 Abs. 3).

에 한하여, 동법에서 규정하지 않은 사항만을 회사의 정관에 규정할 수 있고(AktG 제23조 5항), 주식법상 주주평등의 원칙을 강하게 요구하기 때문에 영·미에서와 같이 다양한 주식을 발행하지 못하고 있다.

특히 주식은 이익이나 잔여재산의 분배에 관하여 다른 권리를 가질 수 있고, 주식법의 규정상 종류주식이 반드시 우선주에 한정되지는 않는다. 독일의 종류주식은 일반적으로 이익이나 잔여재산의 분배에 관하여 다른 권리를 갖는 주식, 즉 우선주의 형태로 발행된다. 여기서 말하는 우선주란 '이익 및 잔여재산의 분배에 관해 보통주보다 우선하는 주식'을 의미한다.[347] 독일의 주식법이 비록 다양한 종류주식의 발행을 인정하지는 않지만, 의결권 없이 이익배당에만 참가할 수 있는 권리인 '향익권'을 유가증권화한 수익증권으로 발행하는 것을 인정하면서 주식의 다양화하는 효과를 얻고 있다.

(2) 주식의 내용

가. 이익배당에 관한 종류주식

가) 우선주

이익배당우선주는 누적적·참가적 우선주로 발행되고, 누적적 우선주로 발행할 경우 무의결권주로 발행할 수 있다(AktG 제139조 1항). 이러한 무의결권주식은 자본의 2분의 1까지만 발행할 수 있고

---

347) 문준우, 전게박사학위논문(주 260), 132~133면.

(AktG 제139조 2항), 1주 1의결권 원칙에 대한 예외로서 1937년 주식법에서 도입되었다. 무의결권주식은 의결권이 없는 것을 제외하고는 다른 주주가 갖는 동일한 권리가 부여된다(AktG 제140조 1항). 또한 이익배당우선주는 참가적 우선주로 발행되고, 정관에 우선배당액에 관한 정함이 없으면 참가적 우선주로 간주된다.

한편, 무의결권주식에 대한 소정의 우선배당이 어느 연도에 전부 또는 일부 지급되지 않고, 그다음 연도에 또는 전년도의 우선배당액의 전액 외에 미지급액이 추가 지급되지 않는 경우에는, 우선주의 주주는 미지급액을 추가지급 받을 때까지 의결권을 갖는다(AktG 제140조 2항). 또한 우선권을 폐지 또는 제한하는 결의가 유효하기 위해서는 우선주의 주주가 동의하여야 한다(AktG 제141조 1항). 이익배당 또는 잔여재산분배에 있어서도 마찬가지이고(AktG 제141조 2항), 이러한 동의는 종류주주총회의 특별결의를 요하게 되며(AktG 제141조 3항), 우선권이 폐지된 경우에는 그 주식의 의결권은 부활하게 된다(AktG 제141조 4항).

나) 트래킹주식

AktG 제60조 1항에서는 주식회사의 주주는 자기의 출자액에 비례하여 이익배당에 관한 권리를 가진다고 규정하고 있다. 또한 정관의 규정으로 이와 달리 정할 수 있는 예외도 인정하고 있다(AktG 제60조 3항). 이로 인해 사업부문의 실적에 따라 달리 이익배당을 할 수 있다. 또한 주식회사는 주주평등원칙의 예외로서 우선주 이외에 다른 주식을 발행할 수 있는데(AktG 제11조), 주식법상 특별한 규정은 없으나 정관의 정함에 의하여 미국의 트래킹주식과 같은 주식을 발행할 수 있다는 견해도 있다.[348] 하지만 주식법에서는 회사의 정관에서 동법이 명시적으로 허용하는 경우에 한하여, 동법이 규정하고 있지 않은 사항만을 규정할 수 있도록 하고 있기 때문에(AktG 제23조 5항) 트래킹주식은 발행되고 있지 않다. 주식회사의 이익배당 등 자본적 거래에 대하여 자본유지원칙이 강하게 적용되기 때문에 트래킹주식의 발행이 저지되는 면도 있다. 왜냐하면 주식회사의 배당가능이익이 존재하는 경우, 수익이 작은 사업부문에서 수익이 큰 사업부문으로 이전할 수 있지만, 배당가능이익이 존재하지 않으면 설령 트래킹주식의 사업부문에서 큰 이익이 발생하였다 하더라도, 트래킹주식의 주주에게 배당금을 지급할 수 없기 때문이다.[349]

나. 무의결권주식

이익배당우선주에 한하여 무의결권주를 발행할 수 있고 이는 누적적 우선주이어야 한다(AktG 제139조 1항). 무의결권주식은 전술한 바와 같이 자본의 2분의 1 이내에서 발행할 수 있고, 주식법에서는 무의결권주주도 지분권자(Anteilseigner)로 보호하기 위하여 의결권 이외 모든 권리를 부여하고 있다. 즉, 주주총회의 참석권, 주주총회 소집권, 주주총회 결의 무효·취소의 소권 등 의결권을 전제로 하는 권리를 행사할 수 있다. 또한 우선권이 폐지되면 의결권이 부활되고, 배당채권의 이행기가 유예되어도 그 도래 시까지 의결권의 부활은

---

348) Theodor Baums, *"Spartenorganisation, 'Tracking Stock' und deutsches Aktienrecht"*, Verantwortung und gestaltung, Festschrft fur Karlheinz Boujong (1996), s. 29.

349) York Schnorbus, *"Tracking Stock in Germany: Is German Corporate Law Flexible Enough to Adopt American Financial Innovation?"*, 22 University of Pennsylvania Journal of International Economic Law 571(2001), p.587; 박철영, 전게박사학위논문(주 273), 70면.

연기된다. 이러한 의결권이 부활되는 시기는 우선배당액의 미지급이 확정될 때이다. 이사회 및 감사회가 우선배당을 하는 데 충분한 이익이 없는 것으로 대차대조표를 확정하게 되면, 주주총회의 결의를 기다리지 않고 바로 의결권이 부활하게 된다.

한편 회사가 수종의 주식을 발행한 상황에서 증자를 할 경우, 그 증자에 의해 영향을 받을 주주의 종류주주총회에 의한 동의를 요하는데(AktG 제182조 2항), 무의결권주의 주주도 이러한 종류주주총회에 참석하여 그들의 의결권을 당연히 행사할 수 있다.

다. 상환주식

주식법상으로는 상환주식에 관한 규정도 없고, 감자를 위한 강제소각(Zwangseinziehung)[350]을 제외하고는 주식의 상환에 관한 특별한 제한도 없다. 즉, 회사는 정관의 규정에 의해 종류주식에 상환조건을 부가하는 방식으로 상환주식을 발행할 수는 있지만, 주주의 선택에 따라 주식을 상환할 수 있다. 주식법상 종류주식이 사실상 우선주에 한정되기 때문에, 사실상 상환우선주를 발행하는 결과가 되므로, 상환의 재원은 대차대조표상 이익과 이익준비금으로 한정된다.[351]

---

350) Aktien können zwangsweise oder nach Erwerb durch die Gesellschaft eingezogen werden. Eine Zwangseinziehung ist nur zulässig, wenn sie in der ursprünglichen Satzung oder durch eine Satzungsänderung vor Übernahme oder Zeichnung der Aktien angeordnet oder gestattet war (AktG §237 Abs. 1).

351) AktG §237 Abs. 3.

라. 향익증권(Genußschein)[352]

독일에는 다른 국가에는 없는 특수한 증권인 향익증권이 있다. 이는 의결권 없이 이익배당이나 잔여재산분배에 참가할 수 있는 권리를 유가증권화한 것이다. 향익증권을 발행하는 경우 무의결권주식에 관한 규정을 회피하는 결과가 발생할 수 있으나(AktG 제139조 이하), 이를 법률상 금지하는 규정이 없으므로 계약자유의 원칙에 따라 허용되고 있다.[353] 또한 향익권은 향익증권에 의해 화체될 수 있고, 향익증권의 개념은 오로지 증서에 화체된 향익권에서만 사용된다. 이러한 향익권은 의결권이 없는 점에서 무의결권과 유사하지만 다음과 같은 차이점이 있다. ① 향익권자는 무의결권주주가 갖는 주주총회소집청구권, 소제기권, 취소권, 신주인수권 등은 인정되지 않고 의결권이 부활되는 경우도 없다. ② 무의결권주식과 달리 향익자본의 발행범위에 제한이 없다. ③ 향익권은 원금 상환 가능성이 있다.[354]

향익권은 일반적으로 향익증권으로 표창되어 있지만, 증권으로 표창하는 것이 반드시 향익증권의 유효성 요건은 아니고, 향익증권은 대부분 기명증권이고 간헐적으로 지시증권으로도 발행될 수 있

---

352) 수익증권(受益證券), 수익권(受益權), 향익증권(享益證券), 향익권(享益券)으로 부르기도 하지만 [권기훈, "향익증권", 『법학연구』 제6권 (1997), 경상대 법학연구소, 109면; 이형규, 『독일회사법』, 한국조세연구소, 1996, 131면], 향익권은 법적으로 향익권자(향익권 소지자)의 회사에 대한 채권이다. 즉, 향익권은 주주 고유의 재산권을 회사와 향익권자 간의 향익권계약에 따라 향익권자에게 부여하지만, 향익권자는 의결권, 주주총회소집청구권, 소제기권, 취소권, 신주인수권 등은 보유할 수 없다. 이러한 향익권은 향익증권에 의해 화체될 수 있고, 향익증권의 개념은 오로지 증서에 화체된 향익권에서만 사용된다. 이와 같이 향익권과 향익증권의 개념이 다르지만, 양자의 개념을 혼용하여 사용되고 있다.

353) 최준선·김순석, 전게연구보고서(주 123), 46면.

354) Gerald Spindler & Eberhard Stilz, *Kommentar Zum Aktiengesetz*, Band 2 §§179~410, München: Verlag C. H. Beck (2007), S.330.

다.355) 또한 향익권자는 회사에 대하여 금전납부의무만 부담하고, 회사는 합의한 이익배당의무와 그 밖의 납부에 관한 의무를 부담한다. 이러한 주된 납부의무 외에 다른 모든 계속적 채무관계에 있어서도 계약이행의 범위 내에서 양 당사자 간에 추진의무(Förderpflicht)와 배려의무(Rücksichtnahmepflicht)가 발생한다. 즉, 향익권계약에도 신의성실의 원칙이 적용되고 회사와 향익권자 사이에 상호성실의무가 인정되며, 회사는 향익권자의 이익을 보호하고 손해가 발생하지 않도록 해야 한다.356)

4. 영국

1) 개관

영국의 경우 1948년 회사법(Companies Act 1948)이 이익배당우선주를 도입하면서부터 종류주식의 이용이 시작되었고, 1970년대는 EU의 회사법지침(Companies Law Directive)을 수용하는 등 다른 회원국들과 조화를 꾀하게 되었다. 1985년에는 새로운 회사법(Companies Act 1985)이 제정되면서 회사법상 주식제도의 대부분을, 즉 1948년부터 1981년까지의 회사법을 계수하였기 때문에 큰 변화는 없었다. 이때 회사법은 기본정관(Memorandum)과 다르게 부속정관(article)357)에 대하여 법정 사항의 규정을 요구하지 않았기 때문에 회사마

---

355) 增田政章, "西ドイツにおける享益証券について", 『私法』 第50号(1988), 日本私法學會, 40면.
356) 권기훈, 전게논문(주 358), 119면; 문준우, 전게박사학위논문(주 260), 141~144면.
357) 1985년 회사법에서 기본정관(memorandum)은 회사의 상호와 영업명칭, 목적과 권한, 본점, 책

다 경영상 필요한 주식의 발행 등 각종 업무집행에 관해 스스로 규정할 수 있었다.358)

2006년에는 개정된 영국회사법(이하 'CA 2006'라 함)이 시행되었고, 발행할 수 있는 종류주식을 분리하여 규정하고 있지 않고, 주주의 권리를 명시적으로도 규정하고 있지 않다. 특히 영국 회사법은 자본회사의 주식의 종류에 부착된 권리를 변경하기 위해 특별한 절차를 규정하고 있다(CA 2006, s.630). 또한 주식의 종류에 부착된 권리들은 이러한 권리들의 변경을 위한 정관규정에 따라서만, 또는 정관의 규정이 없을 때에는 그런 종류주식의 소유자들이 이 조항에 따른 변경에 동의하는 경우에만 변경이 가능하다[CA 2006, s.630(2)].

2) 주식의 종류 및 내용

(1) 주식의 종류

영국의 회사법은 발행할 수 있는 주식의 종류를 분리하여 규정하고 있지 않고, '주식에 부착된 권리들이 모든 면에서 동일한 경우에는 그 주식을 한 종류의 주식이다'라고 규정하고 있다[CA 2006, s.629(1)].359) 즉, 회사가 정관에 정하는 바에 따라 또는 주식의 내용을 결정하는 결의(resolution)에 따라 주주의 권리(의결권·이익배당권·

임제한, 자본 등을 정하였고, 부속정관(article)은 회사가 그 권한을 행사하여 목적을 달성하는 방법(각종 업무를 집행하는 방법)을 정한다[박철영, 전게박사학위논문(주 273), 58면].

358) Robert R. Pennington, *Company Law*, Butterrorths, 2001, p.27.

359) For the purposes of the Companies Acts shares are of one class if the rights attached to them are in all respects uniform[CA 2006, s. 629(1)].

잔여재산분배권)를 달리 정할 수 있는 여러 종류의 주식을 발행할 수 있다.360) 이처럼 영국 회사법에서는 주주들의 권리를 명시적으로 규정하고 있지 않으나 많은 회사들이 그들의 주식을 여러 종류의 주식으로 구분하고 있다.361) 따라서 주식의 종류는 각각의 주식에 부착된 권리에 따라 보통주·우선주·상환우선주로 분류된다.362)

또한 이러한 결의(resolution)에 있어서 폐쇄회사는 서면결의 또는 실제 주주총회의 결의 중에서 어느 방식을 채택하든 문제가 되지 않지만[CA 2006, s.281(1)], 공개회사의 경우에는 정기주주총회에서 결의하는 것을 의미한다(CA 2006, s.336 참조).363)

---

360) Len Sealy & Sarah Worthington, *Cases and Materials in Company Law 8th Ed*, New York: Oxford University Press(2008), p.426; Alan Dignam & John Lowry, *Company Law 5th Ed*, New York: Oxford University Press(2009), p.163.

361) Stephen Judge, *Company Law 1st Ed*, New York: Oxford University Press(2008), p.92.

362) Eilis Ferran, *Principles of Corporate Finance Law*, New York: Oxford University Press(2008), p.49; 문준우, 전게박사학위논문(주 260), 120~121면.

363) 1. CA 2006, s. 281(1)
A resolution of the members (or of a class of members) of a private company must be passed─. (a) as a written resolution in accordance with Chapter 2, or (b) at a meeting of the members (to which the provisions of Chapter 3 apply).
2. CA 2006, s.336 (Public companies: annual general meeting)
(1) Every public company must hold a general meeting as its annual general meeting in each period of 6 months beginning with the day following its accounting reference date (in addition to any other meetings held during that period).
(2) A company that fails to comply with subsection (1) as a result of giving notice under section 392 (alteration of accounting reference date)─. (a) specifying a new accounting reference date, and (b) stating that the current accounting reference period or the previous accounting reference period is to be shortened, shall be treated as if it had complied with subsection (1) if it holds a general meeting as its annual general meeting within 3 months of giving that notice.
(3) If a company fails to comply with subsection (1), an offence is committed by every officer of the company who is in default.
(4) A person guilty of an offence under this section is liable─. (a) on conviction on indictment, to a fine; (b) on summary conviction, to a fine not exceeding the statutory maximum.

(2) 주식의 내용

가. 이익분배 및 잔여재산분배에 관한 종류주식

가) 보통주

일반적인 권리를 갖는 주식을 보통주라 한다. 회사가 모든 주식들을 차별 없이 발행하게 되면, 그 주식들이 보통주가 된다. 이러한 보통주를 equity, equity share 또는 ordinary share라고 하고, 보통주의 전형적인 특징으로는 이익배당이나 잔여재산분배, 회사지배권에 참여할 수 있는 의결권이 있다.[364] 보통주는 이익배당이 회사의 수익에 따라 변하게 되고, 이러한 이익배당은 비누적적이다. 즉, 회사의 이윤이 남을 경우에는 지급될 수 있는 배당금에 제한이 없지만, 이윤이 없을 경우 주주는 당해 회계연도에 이익배당을 받지 못할 수도 있다. 일반적으로 보통주주들은 잔여재산분배에 있어서도 우선주주보다 후순위에 서게 되고, 주주총회에서 의결권은 있기 때문에 의사결정에 참여할 수 있게 된다.[365]

나) 우선주

이익배당이나 잔여재산분배에 있어서 보통주보다 우선하거나 또는 둘 다에 있어서 보통주보다 우선하는 주식을 우선주라 한다. 우선주는 보통주보다 이익배당에 앞서 미리 정해진 비율(예를 들어, 액면가의 10%의 비율)로 이익배당을 받게 된다. 물론 배당가능이익이 있

---

364) Eilis Ferran, supra note 368, p.53.
365) Stephen Judge, supra note 367, p.94.

을 때만 배당이 선언366)되고, 다른 정함이 없을 경우에 이러한 우선
주는 누적적이 된다. 그리고 회사와 주주 간의 약정에서 다른 정함이
없는 경우 우선주는 '비참가적 우선주'가 된다.

한편, 우선주주들은 대개 잔여재산분배에 관하여 보통주주에 비해
우선권을 갖는다. 특히 의결권에 대해서는 우선주주들은 다른 주주
들과 함께 동등한 의결권을 보유한 것으로 본다. 그러나 우선주주들
은 실제로 특정한 경우에만 주주총회에서 의결권을 행사할 수
있다.367)

나. 의결권에 관한 종류주식

영국의 회사법에서는 의결권에 대한 제한을 하지 않고 있다. 따라
서 무의결권주식, 복수의결권주식, 의결권상환주식 등을 모두 인정
하고 있다. 그러나 시장의 관행상 지배권확대의 수단으로 실제로 채
택하고 있는 회사는 많지 않다. 무의결권주식은 이익배당이나 잔여
재산분배에 있어서 보통주와 같은 권리를 가지고 있는 의결권이 없
는 주식을 말하고, 가족지배기업이 추가 자금을 조달하기 위해 외부
투자자를 모집하고자 하는 경우에 발행된다.

또한 영국회사법상 의결권에 대한 제한을 두지 않으므로 복수의
결권 및 의결권상환주식을 발행할 수 있는데, 영국의 20대 회사 중
단지 1개사만이 복수의결권을 발행하였다.368) 여기서 말하는 의결권
상환주식이란 '의결권에 상한을 둠으로써 주주들의 의결권을 제한하

---

366) Len Sealy & Sarah Worthington, supra note 366, p.427.

367) 문준우, 전게박사학위논문(주 260), 122~123면.

368) 윤영신, "1주 1의결권원칙과 차등의결권원칙에 대한 검토", 『상사법연구』 제28권 제1호 (2009), 215면.

는 주식을 말한다. 즉, 100주 이상의 주식을 가진 주주에게는 10주당 1의결권을 주는 방법으로, 회사는 100주 이상의 주식을 가진 주주의 의결권을 제한할 수 있게 된다. 그러나 반대로 강화된 의결권을 갖는 주식도 있는데, 이러한 주식 중 대표적인 것이 바로 거부권부주식(황금주, golden share)이다.[369]

다. 상환주식

영국의 경우 상환주식의 발행에 대하여 제한이 없기 때문에 보통주와 우선주 모두를 상환주식으로 발행할 수 있다. 특히 영국의 회사법상 회사의 유형[370]에 따라 발행조건이 상이하다. 예컨대, 자본이 존재하는 유한책임회사(a limited company having a share capital)는 회사나 주주의 선택으로 상환주식을 발행할 수 있다.[371] 그리

---

369) 문준우, 전게박사학위논문(주 260), 124면.
370) 영국회사법상 회사의 유형을 정리하면 다음의 도표와 같다.

<표 11> 영국회사법상 회사의 유형

	폐쇄회사(Private Company)		공개회사 (Public Company)
	무한책임회사 (Unlimited Company)	유한책임회사 (Limited Company)	유한책임회사 (Limited Company)
Share Capital 존재	Private Unlimited Company with Share Capital	Private Limited Company with Share Capital	Private Limited Company with Share Capital(PLC)
Share Capital 부존재	Private Unlimited Company without Share Capital	Private Limited Company without Share Capital	×

자료: 노혁준, "주요국가의 기업규제 개혁법제에 관한 비교법적 연구Ⅲ", 현안분석 08-02, 한국법제연구원(2008), 45면 참조.

371) A limited company having a share capital may issue shares that are to be redeemed or are liable to be redeemed at the option of the company or the shareholder ("redeemable shares"), subject to the following provisions[CA 2006, s.684(1)].

고 폐쇄유한책임회사(a private limited company)는 정관에서 상환주식의 발행을 제한하거나 배제할 수 있고,[372] 공개유한책임회사 (a public limited company)는 정관의 정함이 있는 경우에만 상환주식을 발행할 수 있다.[373] 이러한 상환주식은 회사가 상환 가능한 주식이 발행되었을 때 발행할 수 있다.[374] 유한책임회사의 상환주식이 상환되는 경우에 그 주식은 취소된 것으로 간주되고, 회사의 발행된 자본액은 상환된 주식의 액면가만큼 감소하게 된다.[375]

이러한 상환주식의 효용으로는 상환주식의 발행으로 인하여 회사의 단기자금 조달에 유용하다. 예컨대 자본금이 적은 회사의 경우(소규모 회사), 투자자들은 주식거래가 활발하지 않거나, 시장이 형성되지 않는 회사의 비상환보통주나 우선주에 투자하기보다는, 오히려 상환주식에 더 투자할 것이다.[376] 왜냐하면 투자자들에게 상환주식을 발행하여도 회사의 지배권 상실이 일시적이기 때문이다.

---

372) The articles of a private limited company may exclude or restrict the issue of redeemable shares[CA 2006, s.684(2)].

373) A public limited company may only issue redeemable shares if it is authorised to do so by its articles[CA 2006, s.684(3)].

374) No redeemable shares may be issued at a time when there are no issued shares of the company that are not redeemable[CA 2006, s.684(4)].

375) Where shares in a limited company are redeemed—(a) the shares are treated as cancelled, and (b) the amount of the company's issued share capital is diminished accordingly by the nominal value of the shares redeemed(CA 2006, s.688).

376) Eilis Ferran, supra note 368, p.156.

Ⅲ. 종류주식 활용에 따른 주주평등원칙에 대한 재검토

1. 서설

  적대적 M&A에 대한 방어수단으로 종류주식의 활용과 관련된 논의는 회사법상 종류주식제도가 각 주식의 내용의 상이함에 따라 다르게 나타난다. 따라서 종류주식의 주주들을 서로 다르게 취급하는 것은 주주평등의 원칙에 반하지 않는다고 한다. 왜냐하면 적대적 매수자에게 의결권 제한 이외에는 다른 부담을 주지 않기 때문이다. 또한 일반주주에 대한 영향도 적기 때문에 주주평등의 원칙에 대하여 적절하다는 판단이 작용한 것이라는 견해도 있다.[377] 그러나 주식의 내용에 정함 자체가 주주평등의 원칙에 위반되지 않는 경우라도 구체적 운용에 있어서 주주에 대한 취급이 주주평등의 원칙에 반할 가능성이 있기에 검토의 여지가 남을 것이다. 물론, 주주평등의 원칙에 대한 예외로서 합리성이 인정된다고 하더라도 주주평등원칙을 형해화할 가능성을 배제할 수 없는 한, 그러한 예외의 인정에 신중을 기해야 한다고 본다.[378]

  한편, 현대사회에서 주식회사의 존재감은 매우 중요한 지위를 차지하고, 사회의 일익을 담당하고 있는 실정은 부인할 수 없을 것이다. 이러한 주식회사에 있어서의 주주는 다양한 법률관계 중에서 회사법 전체를 통해 관철되고 있는 중심축의 하나가 '주주평등의 원칙'

---

377) 森本滋, "株主平等原則と株式社員權論" 『商事法務』 1401号(1995), 6면; 강영기, "기업매수방위책과 주주평등의 원칙", 한국경영법률학회 (2011년 하계학술대회) 발표자료, 12면.
378) 강영기, 전게발표자료(주 383), 13~14면.

이라고 본다. 우리 상법상 '주주평등의 원칙'에 관한 일반규정은 존재하지 않지만, '주주평등의 원칙'에 관한 개별규정들이 존재하고 있기 때문에, '주주평등의 원칙'을 회사법상의 일반원리로 이해하는 데 거의 이견은 없다고 본다. 또한 현재의 기업 분위기는 기업경영의 효율화, 기업가치의 향상을 위한 기업경영권시장의 활성화를 도모하기 위하여 모든 초점을 맞추고 있다고 해도 과언은 아닐 것이다. 특히 방어수단 도입 시에 발생할 수 있는 기업매수자에 대한 차별적 취급과 관련된 '주주평등의 원칙'이 문제가 될 수 있고, 종류주식이 적대적 M&A 방어수단으로 기대되고 있는 상황에서 종류주식과 주주평등의 원칙에 대해 검토할 필요성도 제기된다. 따라서 이하에서는 방어적 종류주식의 활용에 따른 주주평등의 원칙에 대한 재검토가 필요하다고 보고, 이에 대하여 살펴보고자 한다.

2. 주주평등의 원칙 약화

일반적으로 주주평등의 원칙이란, 회사는 동일한 사정하에서 모든 주주를 주주로서의 자격에 기초한 법률관계에 있어서 해당 주주가 보유하는 주식 수에 비례하여 주주를 평등하게 취급해야만 한다는 원칙을 말한다.[379] 즉, 동종의 주식은 동등한 권리내용을 가진다고 볼 수 있으므로, 회사는 동일한 사정하에서 모든 주주를 동등하게 대우하고 자의적인 차별행위를 하지 말 것을 주된 내용으로 하고 있다.[380] 이러한 주주평등의 원칙은 대주주나 경영진의 전횡으로 인한

---

379) 정찬형, 전게서(주 244), 644~646면; 정동윤, 전게서(주 10), 184~186면; 최완진, 『상법학강의』, 법문사, 2010, 252~253면.

다수결의 남용으로부터 소수주주로 대변되는 일반주주를 보호하는 기능을 특색으로 한다.381) 또한 주주평등원칙의 근거에 대하여 정의와 형평의 이념에 토대를 두고 있다. 이러한 고차원적인 이념에 합치하는 범위 내에서 행해지는 불평등은 허용된다는 해석보다는 주주평등의 원칙이 절대적인 것이 아니며 합리적인 이유가 있는 경우에는 불평등을 인정할 수 있다고 본다. 사회의 기능적 측면에서는 주주에 대한 평등한 취급을 통해 주식투자의 수익의 예측 가능성을 높일수 있다. 또한 주식투자를 촉진하는 역할과 보유하는 주식의 수에 따른 주주의 재산권 내지는 경제적 이익을 보호한다거나,382) 보유주식수에 따른 주주의 재산권 내지는 경제적 이익을 보호하는383) 것을 주주평등의 원칙이 존재하는 의의로 파악하는 것이 합리적이라고 보는 견해도 있다.384) 이러한 관점에서 다양한 형태의 종류주식을 새롭게 인정할 수 있는지가 문제이다. 주주평등원칙을 강행법규로 인정하고 있는 종래의 입장에서 보면 다양한 형태의 종류주식은 형식적으로 주주평등의 원칙에 반하게 되고, 결국 이를 허용할 수 없다는 결론에 도달하게 된다. 그러나 권리내용을 달리하는 다양한 종류주식을 발행하는 것을 제한하는 것이 오히려 회사의 자금조달을 막고 있고, 적대적 M&A에 대한 방어수단이 다양하게 구비되어 있는 다른 나라와 비교할 때, 방어수단의 개발을 차단하고 있지 않은지 문

---

380) 김재범, "주주평등의 원칙을 개관함" 『안암법학』 제4권(1996.8), 680면; 김태진, "주주평등의 원칙에 관한 소고", 『기업법연구』 제22권 제3호(2008), 9면; 강영기, 전게발표자료(주 383), 4면.

381) 鈴木竹雄, 『会社法』, 弘文堂, 1998, 83면.

382) 伊藤靖史ほか, 『会社法』, 有斐閣, 2010, 85면.

383) 森本滋, 전게논문(주 383), 6면.

384) 강영기, 전게발표자료(주 383), 10면.

제가 될 수 있다. 또한 회사가 자사주를 특정주주에게만 처분한 것이 주주평등의 원칙에 반하는 것인지의 여부도 또한 문제가 될 수 있을 것이다.

한편 주주총회의 결의를 통해 특정 주주에게 불리한 결의를 하는 것은 주주평등원칙의 관점에서 허용될 수 있는지, 그렇다면 그 특정 주주가 회사경영진과 견해를 달리하는 적대적 매수자인 경우라면 어떻게 되는지에 대해서도 문제가 될 수 있을 것이다.[385] 이렇듯 다양한 종류주식의 도입은 주주평등의 원칙의 일반적인 입장에서 보면 동 원칙이 약화되는 문제가 있다. 즉, 이러한 문제는 주주 간 불평등이 발생한다거나 또는 발생하지 않다고 보는 견해의 대립이 존재할 수 있다. 특히 종류주식과 주주평등원칙 간의 상관관계를 어떻게 파악하는가에 귀결된다. 먼저, ①설은 종류주식에 대하여 본래적으로 다른 유형의 종류주식과 주식의 내용이 다르기 때문에 보유주식의 종류가 다른 주주 간의 불평등은 허용되고, 그 자체는 주주평등원칙에 반하는 것이 아니라고 보는 입장이다.[386] ①설에 의해도 종류주주에 관해서는 동일한 유형의 종류주식 주주들 사이에 주주평등의 원칙이 확보되어야 한다.[387] 또 다른 ②설은 주주평등의 원칙이 동 주주들 사이에만 적용되기 때문에, 다른 종류의 주주들 사이에는 적용되지 않는다고 하고, 이러한 견해는 주주평등의 원칙이 동일한

---

385) 김태진, 전게논문(주 386), 10면.

386) 김지환, "종류주식의 이해조정에 관한 연구", 『상사판례연구』 제22집 제2권(2009.6), 95면; 박철영, 전게박사학위논문(주 273), 213면.

387) 참고로, 일본 신회사법은 비공개회사는 동일한 유형의 종류주식 주주들 사이에 주주평등의 예외로서 잉여금의 배당이나 잔여재산의 분배, 의결권에 관하여 달리 취급을 하는 것을 인정하고 있다. 이것은 일본의 구유한회사법에서 인정하고 있던 주주에 대한 속인적 취급을 인정한 것이다[김지환, 전게논문(주 392), 96면].

종류의 주식 중에서 차별적 취급을 규제하는 원칙이라는 측면에서 주주평등의 원칙과 종류주식 간에는 직접적인 관계가 없다고 보는 견해이다.388) 따라서 ②설에 의하면 종류주식 간에는 주주평등의 원칙이 전혀 기능하지 않게 된다. 그러나 다양한 종류주식이 발행되고 종류주주 간의 이해조정이 중요하게 대두하는 것에 비추어 종류주주 간의 이해조정을 담당하는 법원칙의 필요성이 제기될 수 있을 것이다.

결국, 적대적 M&A에 대한 방어수단으로서 종류주식의 활용과 관련하여 회사법상의 종류주식제도가 각 주식의 내용의 상이함에 따라 종류주주 간에 있어서 다른 취급을 하는 것은 주주평등의 원칙에 반하지 않으며,389) 적대적 매수자에 대해 의결권행사의 제한 이외에는 다른 부담을 주지 아니하고 일반주주에 대한 영향도 적기 때문에 적절한 판단이 작용한 것이라고 본다.390) 따라서 주주의 평등한 취급이 전제가 되는 주주평등의 원칙은 다양한 종류주식에 관한 규정들이 실정법에 도입된 이후에도 사실상 해석론에 의해 기능할 여지가 줄어들 것이다. 또한 주주평등의 원칙에 관한 규정이 명문화를 통해 실정법상의 원리가 되는 경우에는 주주평등의 원칙이 회사법상의 원리로서 존재가치가 인정되기 때문에 종전과 같은 불문의 강행규범에 기초한 주주평등원칙의 기능이 줄어들 가능성을 완전해 배제할 수는 없을 것이다.391)

---

388) 神田秀樹, 『会社法』, 弘文堂, 2006, 63면.

389) 森本滋, "会社法における株主平等原則", 『商事法務』 第1825号(2008), 11면.

390) 강영기, 전게발표자료(주 383), 12면.

391) 高橋英治, "わが国会社法學の課題としての株主平等原則", 『商事法務』 第1860号(2009), 7면.

3. 주주평등의 원칙 적용범위

주주평등의 원칙이란 그가 가진 주식의 내용 및 수에 따라 평등하게 취급받는 것을 말한다. 종래 주식의 내용이 동일하다는 것을 전제로 주식 수에 비례한 취급이 이루어지는 것을 의미하며, 종류주식제도는 주주평등의 원칙에 대한 예외적인 제도로 해석되었다.[392] 한편, 우리나라 현행 상법상 주주평등의 원칙은 주주가 가지는 주식 수에 비례한 평등인 주식평등의 원칙을 의미한다. 이러한 주식평등의 원칙은 모든 주식에 대하여 평등하게 취급되는 것이 아니라, 같은 종류의 주식에 대하여 동일하게 취급하는 상대적 평등을 의미한다.[393]

주식평등의 원칙은 민법의 신의성실의 원칙처럼 상법의 기본이념 중 하나로 이를 위반한 정관 변경, 주주총회 결의, 이사회의 결의, 이사의 업무집행 등은 원칙적으로 무효로 보는 등 엄격한 강행규범의 하나로 보고 있다. 그리고 주주평등의 원칙의 결과 종류주식 등 법률에 규정이 있는 경우를 제외 하고는 주식 수에 비례하지 않고 주주의 권리를 차별화하는 것은 인정되지 않는다. 반면, 권리내용의 차별화를 엄격하게 제약하는 해석이 기업의 창의적인 자금조달에 장애요인으로 작용할 수 있다는 우려가 제기될 수 있는 등, 여러 가지관점에서 주주평등원칙의 타당한 범위에 대하여 검토가 필요하다고 본다.[394]

자본조달의 유연성과 적대적 M&A의 방어수단으로 다양한 종류주

---

392) 森本滋, 전게논문(주 383), 8면.
393) 김순석, 전게논문(주 232), 42면.
394) 前出庸, 전게서(주 209), 89~90면.

식을 도입할 경우, 종류주식을 주주평등의 예외로 보아야 할 것인지, 주주평등의 원칙에 포함하여 주식의 내용에 따라 평등하게 취급해야 할지도 문제가 된다. 예컨대, 일본의 경우에 회사법하에 종류주식제도는 신회사법 제109조 제1항[395]이 정한 주주평등원칙의 예외가 아니라, 주식의 내용에 따라 평등하게 취급하는 것으로 해석하는 것이 일반적이다.[396] 우리나라의 경우에도 주주평등의 원칙을 명문으로 규정하고 있지 않지만, 회사법의 기본원칙으로 인정하고 있으므로 일본과 같이 해석할 수 있을 것이다.[397] 그러나 우리나라 정부가 도입하고자 입법예고했던 종류주식, 즉 '2006년 개정안'과 '2008년 개정안' 및 일본 회사법에서는 '주식의 내용'을 법정하고 있으며, 법정의 종류내용 이외의 새로운 종류주식을 창출하는 것은 인정하지 않고 있고, 결국 이러한 다양한 종류주식제도가 주주평등의 원칙의 예외인지 여부는 표현의 문제에 불과하다고 본다.[398]

결국 우리나라의 위의 개정안이나 일본 회사법은 '주식의 내용' 그 자체를 어떻게 정하여야 하는가에 대하여 특별히 규정하고 있지 않지만, 주식의 내용이 회사법상의 규제를 잠탈하는 경우에는 일정한 제한이 가해지는 것으로 이해된다.[399] 따라서 종류주식제도하에서도 주주의 이익을 부당하게 침해하는 차별적 조항은 주주평등의

---

395) 일본 회사법 제109조(株主の平等)
　　株式会社は´株主を゙その有する株式の内容及び数に応じて´平等に取り扱わなければならない.라고 규정하고 있다.

396) 森本滋, 전게논문(주 383), 8면; 前出庸, 전게서(주 209), 89면.

397) 김순석, 전게논문(주 232), 43면.

398) 森本滋, 전게논문(주 383), 8면.

399) 弥永眞生ほか,"新会社法相談', 商事法務(2006), 59면; 葉玉匡美, "議決權制限株式を利用した買收防衛策", 『商事法務』 第1743号(2005), 30면.

원칙에 근거하여 위법무효라고 볼 수 있다. 또한 의결권제한주식에 관한 행사조건은 종류주식의 '내용'이며, 주주가 가지는 주식 수가 일정비율 미만인 것을 당해 주주의 의결권행사의 '조건'으로 할 수 있다는 견해도 있다.400) 앞에서 살펴보았듯이 종류주식의 도입에 따라 다양한 주주평등의 원칙에 관한 견해들과 해석들이 존재하고 있지만, 우리나라도 '2011년 개정상법'상 도입된 일부 종류주식에 대하여 주주평등의 원칙에 대한 예외가 아니라 주주평등의 원칙에 포함되어 '주식의 내용'에 따라 평등하게 취급되어야 한다고 본다.

4. 종류주식과 주주평등의 원칙의 관계 재조정

　다양한 종류주식 도입으로 대두되는 문제는 종류주주 간 이해조정이라고 본다. 이러한 주주 간의 이해조정을 위해 동일한 주식 내의 주주평등의 원칙과 상이한 종류주식 간의 주주평등의 원칙의 기능을 살펴볼 필요성이 있다고 본다. 먼저, ① 그 권리와 내용이 동일한 동종의 주식을 가진 주주는 회사와의 법률관계에서 그가 가진 주식 수에 비례하여 취급받게 된다는 것이 주주평등의 원칙인 것은 앞에서 살펴보았다. 따라서 주주평등의 원칙에 위반된 정관규정 등은 회사의 선의나 악의에 관계없이 무효이나, 불평등한 취급을 받아 손해를 입은 주주가 동의하면,401) 예외적으로 그 효력이 인정된다고 한

---

400) 葉玉匡美, 전게논문(주 405), 30면. 또한 이러한 경우에 주주평등원칙의 이념으로부터 제약이 가해지게 되고, 합리적인 이유가 존재하는 경우에만 예외적으로 인정되는 데 불과하다고 해석해야 할 것이다.

401) 高橋英治, 전게논문(주 397), 6면; 주주 간의 차별취급을 할 경우라도 필요성과 상당성이 인정된다면 주주평등원칙의 위반이 생기지 않는다고 한다.

다.[402) 예컨대, 미국의 모범사업회사법 제6.01조 (a)항에서는 "정관에 규정이 있으면 동일 종류라 할지라도 시리즈 주식(series of shares)의 내용을 달리할 수 있다"고 규정하고 있고,[403) 일본 회사법 제109조 제2항에서는 "공개회사가 아닌 주식회사의 경우 잉여금 분배권, 잔여재산분배권, 주주총회의 의결권에 관하여 주주마다 다르게 취급하다는 뜻을 정관에서 정할 수 있도록 규정하고 있다."[404) 따라서 동일종류주식의 주주라도 기존의 주주평등의 원칙을 기계적으로 적용하고 있지는 않고 있다. 또한 현행 상법상 동일한 종류주주 간의 경우에도 이와 같은 주주평등의 원칙이 엄격히 적용된다고 해석되지는 않는다.[405) 즉, 상당한 범위를 초과하지 않는 합리적인 차별은 가능하다고 보아야 할 것이다.[406)

② 상이한 종류주식과 주주평등의 원칙의 기능은 상이한 종류주식 간에 주주평등의 원칙이 기능하지 않는다고 하지만, 일본의 경우에는 다른 종류주식의 성질과 무관하게 자의적으로 차별 취급하는 것은 주주평등의 원칙에 위반한다는 견해도 있다.[407) 또한 미국의

---

402) 神田秀樹, 전게서(주 394), 63면; 김지환, 전게논문(주 392), 97면.

403) § 6.01. AUTHORIZED SHARES (a) The articles of incorporation must set forth any classes of shares and series of shares within a class, and the number of shares of each class and series, that the corporation is authorized to issue. If more than one class or series of shares is authorized, the articles of incorporation must prescribe a distinguishing designation for each class or series and must describe, prior to the issuance of shares of a class or series, the terms, including the preferences, rights, and limitations, of that class or series. Except to the extent varied as permitted by this section, all shares of a class or series must have terms, including preferences, rights, and limitations that are identical with those of other shares of the same class or series라고 규정하고 있다.

404) 일본 회사법 제109조 株式会社ば 株主を゙ その有する株式の内容及び数に応じで 平等に取り扱わなければならない. 2 前項の規定にかかわらず゙ 公開会社でない株式会社ば 第百五条第一項各号に掲げる権利に関する事項についで 株主ごとに異なる取扱いを行う旨を定款で定めることができる라고 규정하고 있다.

405) 김지환, 전게논문(주 392), 97면.

406) 龍田節, 전게서(주 323), 201면.

경우에는 주주평등의 원칙이 존재하고 있지 않지만, 두 종류 이상의 종류주식이 발행되고 이러한 종류주주 간의 이익충돌이 발생하거나 발생할 염려가 있는 사항에 대하여 어느 이사는 어느 종류주식의 이익을 희생시키고 다른 종류주식의 이익을 도모하는 경영상의 의사결정을 하여서는 아니 되고, 종류주주 간의 이익충돌을 조정할 수 있는 적절한 조치를 강구하도록 하고 있다.[408] 결국 주주평등의 원칙 대신에 이사 또는 지배주주의 신인의무 내지 충실의무로 종류주주 간의 이익충돌을 해결하고 있다.[409] 이러한 종류주식의 주주 간의 이해의 조정을 하는 이념들이 '2008년 개정안'에는 들어 있지 않다. 향후 더욱 다양한 종류주식이 세분화된 권리와 내용을 가진 상태로 발행되고, 이러한 경우에 상이한 종류주주에게 상호 불이익을 입힐 가능성을 배제할 수 없는 실정이고, 동일한 종류주식의 주주이든, 상이한 종류주식의 주주이든, 그들 사이의 합리적인 이해조정을 도모하는 회사법 전체 질서로서의 법원칙이 존재할 적절한 시기라고 본다.

한편 종류주주 간의 이해조정의 원칙과 함께 다양한 종류주식의 인정 여부도 중요한 문제라고 본다. 예컨대, 다양한 종류주식 중에서도 거부권부주식을 새로운 주주평등의 원칙 아래에서 어떻게 수용할 것인가도 문제될 수 있다. 다양한 종류주식은 일반 주주를 다수결의 전횡으로부터 보호한다는 측면보다는 기업의 자금조달의 성격이 더 강하기 때문에 유연하게 볼 필요성도 있다.[410] 이러한 해석 아래

---

407) 龍田節, 전게서(주 323), 201~202면.
408) 김지환, 전게논문(주 392), 98면.
409) Jeffrey J. Schick, supra note 274, p.1366.

에서는 주주평등의 원칙이 보다 완화될 수 있으므로 회사의 이익을 최대화하고, 자금조달을 용이하게 하기 위한 실질적인 필요성이 인정된다면 다양한 형태의 종류주식을 인정하는 것은 가능하다고 본다.

결국 발행회사는 주주에 대하여 주주로서의 자격에 기초되는 법률관계로부터 주식의 내용 또는 수에 응해서 평등하게 취급해야 하는 것이 중요한 과제라고 본다. 이러한 관점에서 종류주식은 본래적으로 다른 유형의 종류주식과 주식의 내용이 다르기 때문에 보유주식의 종류가 다른 주주 간의 불평등을 허용하고 있고 그 자체가 주주평등원칙 위반이 되는 것은 아니다. 단, 종류주식에 대해서도 같은 유형의 종류주식을 보유하는 주주들 사이에서의 평등은 확보해야 한다는 주의가 필요하다. 또한 같은 유형의 종류주식을 보유하는 주주 사이라 하더라도, 비공개회사(주식양도제한 회사)에서는 주주평등원칙의 예외로 잉여금의 배당과 잔여재산의 분배, 주주총회의 의결권에 대해서, 다른 취급을 할 수 있다고 본다. 이러한 예외를 인정하기 위해 입법적으로 주주총회의 특별결의가 필요하다고 본다.

---

410) 김태진, 전게논문(주 386), 41면.

CHAPTER
04

적대적 M&A 방어수단으로서
종류주식의 활용 방안

I. 총설

종류주식의 도입에 관한 그간의 경위를 살펴보면, 먼저 2006년 10월에 법무부가 입법예고한 상법개정안(이하 '2006년 개정안'이라 함)에서는 이른바 종류주식의 개념을 도입하여 현행 상법이 규정하고 있는 수종의 주식과 의결권 없는 주식, 상환주식, 전환주식 등의 특수한 주식제도를 개편하고자 하였다. 이러한 '2006년 개정안' 중 방어수단으로서 종류주식은 거부권부주식(개정안 제344조의4)과 임원임면권부주식(개정안 제344조의5)이 있었다. 또한 '2006년 개정안'의 다양한 종류주식들은 자본조달의 기능을 가지고 있고, 일정한 조건을 변경함으로써 경영권의 방어목적에 적합하게 활용될 수도 있었다. 이러한 의미에서 새로 도입하고자 하는 주식을 '방어적 주식'[411]

---

411) '2006년 개정안'은 방어적 주식을 도입함에 있어서 실제적인 활용에 경영권 방어를 위하여 남용될 수 있는 주식은 그 발행을 엄격히 제한하였고, 자본조달의 기능보다 오히려 경영권 방어만을 위해 남용의 소지가 매우 큰 주식제도는 아예 도입하지 않았다. 예컨대 전자에 해당하는 경우가 거부권부주식과 임원임면권부주식이고, 후자에 해당하는 경우가 복수의결권주식 또는 차등의결권주식과 같은 황금주, 신주예약선택권(포이즌 필)이 해당된다[송종준, 전게논문(주 3), 92면]. 또한 이러한 주식들을 '방어적 주식'이라고 한다.

이라고 할 수 있다. 결국 '2006년 개정안'도 매년 국회에 상정되었으나 통과되지 못하였다.

이어 2008년 5월 7일에 입법예고한 법무부의 상법개정안(이하 '2008년 개정안'이라 함)에서는 '2006년 개정안'의 종류주식 중 거부권부주식과 임원임면권부주식은 방어수단으로서 활용 가능성이 크다는 이유에서 '2008년 개정안'에서는 삭제되었다. 따라서 '2008년 개정안'에서는 종류주식의 근거에 관한 총론적 규정(개정안 제344조), 이익배당 및 잔여재산분배에 관한 종류주식(개정안 제344조의2), 주주총회에서의 의결권행사에 관한 종류주식(개정안 제344조의3), 주식의 양도제한에 관한 종류주식(개정안 제344조의4), 주식의 상환에 관한 종류주식(개정안 제345조), 주식의 전환에 관한 종류주식(개정안 제346조) 등에 관한 내용을 담고 있었다. 그러나 이익배당 및 잔여재산분배에 관한 종류주식은 현행법에서 인정하고 있는 제도이고, 주식의 상환 및 주식의 전환에 관한 종류주식도 현행 상법의 상환주식과 전환주식을 기초로 하였기 때문에 실질적으로 새로이 도입되는 종류주식은 의결권행사에 관한 종류주식과 주식의 양도제한에 관한 종류주식만이 해당된다.

즉, '2008년 개정안'에 의하면 6종류의 종류주식이 인정되는 셈인데, 방어수단의 관점에서 본다면 그다지 의미 있는 개정안은 아니라고 본다. 예컨대, 일본의 경우 전술한 바와 같이 총 9종류의 종류주식을 인정하고 있는데, 우리나라의 경우 의결권제한주식과 양도제한주식 정도만이 경영권 방어수단으로 활용 가능하기 때문이다.[412]

---

412) 권종호, 전게논문(주 4), 55~56면.

'2008년 개정안'은 2008년 10월 21일에 국회에 제출되었고, 2009년 2월과 5월에 걸쳐 두 차례의 개정이 있었지만, 주식제도에 관한 개정은 이루어지지 않았다.

정부의 이러한 노력으로 말미암아, 국회는 2011년 3월 11일에 「상법 회사 편」을 6년 만에 통과시켰고, 본 개정안(법률 제10600호)은 2012년 4월 15일부터 시행하게 되었다. 그러나 종류주식에 관한 개정사항은 총 5종류의 종류주식에 한정되어 있고, '2008년 개정안'에서 주식양도제한에 관한 종류주식만 삭제되고 나머지는 개정상법에 도입되었다. 이번 개정은 방어수단으로서 획기적인 개정이라고는 할 수 없고, 자본조달의 편의성에 초점이 맞추어진 개정으로 보인다. 이하에서는 개정상법상 방어수단으로 활용 가능한 종류주식과 도입이 가능한 종류주식, 향후 중소기업의 이익을 위한 종류주식 활용 방안에 대하여 살펴보고자 한다.

II. 적대적 M&A 방어수단으로서의 종류주식 활용

1. 2011년 개정상법에 도입된 종류주식 활용

2011년 3월 11일 「상법 회사편」(이하 '개정상법'이라 함) 법률 제10600호가 6년 만에 국회를 통과하였고, 이후 국무회의를 마치고 4월 14일에 공포되었다. 개정상법은 공포 후 1년이 경과한 날인 2012년 4월 15일부터 시행된다. 이번 개정상법의 취지는 자유롭고 창의로운 기업경영 지원, 투명한 기업경영으로 공정사회 구현, 국제기준에 맞게 회사 제도를 선진화하여 글로벌 경쟁력을 강화하는 등에 있다.[413] 특히 개정상법의 주요 내용은 ① 지배구조제도와 관련된 내용, ② 재무관리제도와 관련된 내용으로 구분되는데, 먼저 지배구조제도에 관한 주요 내용으로는 이사의 자기거래대상 확대, 회사 사업기회 유용금지, 집행임원제도 도입, 이사의 책임 감경, 주주총회 소수주주권 강화, 이사회 결의방법 확대이다. 그리고 재무관리제도에 관한 주요 내용으로는 다양한 종류주식 도입, 주금납입에 대한 상계 허용, 회계규정 정비, 법정준비금제도 개선, 배당제도 개선, 합병제도 개선, 사채제도 개선 등을 들 수 있다.[414]

한편 종류주식이 도입되기 전에는 방어수단으로 활용한 사례가 없었다. 앞에서 살펴보았듯이, 적대적 M&A 상황에서 대상회사의 이사회가 방어행위를 할 수 있는지 여부는 우호적인 세력에게 신주나 전환사채 또는 신주인수권부사채의 발행을 허용하는 경우 상법 제418조 제2항 단서상 '경영상의 목적'이 인정되는지 또는 신주발행무효의 소송에서 '불공정한 방법에 의한 발행으로 무효'에 해당하는지 여부의 문제로 다루어져 왔다. 비록 개정상법에 종류주식을 도입하였지만, 아직 방어수단으로 활용된 사례가 없는 상황에서, 향후 종류주식을 활용한 적대적 M&A 방어수단이 빈번히 활용될 것으로 기대된다. 이하에서는 개정상법에 새로이 도입된 종류주식 중 특히 적대적 M&A 방어수단으로 활용 가능한 의결권제한주식과 상환주식 및

---

413) 법무부, "2011년 개정상법(회사편)의 주요내용", 『선진상사법률』통권 제54호 별책부록 (2011.4), 1면.

414) 김윤상, "2011년 상법개정의 입법과정과 향후과제", 한국상사법학회(2011년 하계학술대회) 발표자료, 6면.

전환사유부주식에 대하여 살펴보겠다.

1) 의결권제한 종류주식

(1) 의의 및 특징

개정상법 이전에는 의결권이 없다는 점을 우선주식에 부착된 별
개의 특약으로 보고 주식의 종류로 보지 않았으나, 개정상법은 의결
권의 행사에 관하여 종류주식을 발행할 수 있다고 하고 있다(개정상
법 제344조 1항). 또한 이익배당의 우선 여부와 관계없이 의결권을
제한할 수 있고, 의결권을 부분적으로 제한할 수 있게 한 것이
개정상법에서의 특징이라고 하겠다.[415] 특히 의결권을 부분적으
로 제한하여 발행할 경우에 적대적 M&A 방어수단으로 활용될 때 회
사의 합병이나 임원선임 등에 관하여 오히려 그 목적달성을 위해 필
요한 경우에만 의결권을 일부 제한하는 것이 합리적일 수 있다. 이러
한 관점에서 의결권의 일부 제한은 주주의 권리침해를 최소화하고
경영권을 확보하고자 하는 주주와 투자수익을 위하여 자본참가를
하는 투자주주 간에 투하자본에 대한 회수불능의 위험을 감소시키
는 등 이해관계를 조정하는 차원에서도 투자주주에게 이익처분안
등 일정한 사항에 대해서만 의결권을 부여하는 것이다.[416]

또한 회사가 의결권제한주식을 우선배당권도 없고 의결권도 없는

---

415) 이철송, 전게서(주 34), 103~104면.

416) 박철영, "종류주식의 활용과 법적과제-의결권제한주식을 중심으로-", 2011년 추계 공동학술대
회(한국경영법률학회·한국기업법학회) 발표자료, 98면.

주식으로 발행할 경우, 이러한 주식에 대하여 투자자의 수요가 존재하는가이다. 하지만 이러한 주식은 의결권 있는 주식에 비해 발행가액이 낮게 형성되기 때문에 통상의 배당수준에 있어서도 높은 투자수익을 기대할 수 있게 된다. 따라서 상환조항이나 전환조항을 부가한다면 투자자의 수요가 존재할 수 있다고 본다.417) 그리고 개정상법 이전의 의결권제한주식은 의결권이 없는 우선주일 경우라도 우선배당을 받지 못하면 의결권이 부활되는 규정(상법 제370조 1항 단서)이 있었다. 개정상법에서도 이와 같은 방법으로 조건을 붙여서 의결권을 부활시킬 수 있도록 규정하였다(개정상법 제344조의3 1항).

(2) 방어수단으로서 활용

이러한 의결권제한주식은 방어수단으로 활용될 수 있는데, 개정상법상 의결권제한주식에서 구체적으로 발행되는 종류주식으로 거부권부주식, 복수의결권주식은 발행이 불가능하고, 실질적인 발행은 의결권 없는 주식(보통주와 우선주 모두 발행가능)과 의결권 제한주식(수량적 제한 종류주식 아님)이다.418) 이러한 의결권 없는 주식(무의결권주식)과 의결권이 제한되는 주식을 총칭하여 의결권제한주식이라고 한다. 따라서 의결권제한주식은 그 용도가 주주 간 계약의 회사법상 유효화419)와 방어수단으로서 활용된다.

---

417) 박철영, 전게발표자료(주 422), 99면.

418) 이철송, 전게서(주 34), 105면.

419) 예컨대, 중소기업의 공동경영자 간 혹은 합자회사의 파트너 간에 출자비율은 다르지만(6:4) 의결권비율을 같게 하려고 하는 경우(1:1)와 같이 지배권의 분배를 자본다수결에 의하지 않을 때 유용하게 사용될 수 있다. 이러한 경우에 다수파가 소유하고 있는 주식의 일부를 의결권제한주식으로 하면 간단하게 해결될 수 있다[江頭憲治郎, 전게서(주 212), 139~140면].

의결권제한주식을 방어수단으로 활용할 경우에 두 가지 경우의 수가 나타날 수 있다. 먼저 정관에 정한 사유에 해당하는 자가 보유한 주식 전부를 의결권제한주식으로 하는 방법과, 일정비율을 초과하는 주식에 대해서만 의결권제한주식으로 하는 방법[420]을 생각할 수 있다. 예컨대, 개정상법상 의결권제한주식을 발행할 경우, 정관에 주식 수 및 그 내용을 기재해야 하고, 전면 배제할 경우에 그 취지를 기재하면 되지만, 일부 의결권을 제한할 경우에는 제한되는 의안을 구체적으로 규정해야 한다(개정상법 제344조 2항, 제344조의3 1항). 이처럼 정관에 정한 사유에 해당하는 자가 보유한 주식 전부를 의결권제한주식으로 하는 방법은, 예컨대, 정관에 정한 사유가 A종류주식을 보유하는 주주는 법령에 특별한 정함이 없는 경우를 제외하고는 주주총회에서 전혀 의결권이 없다고 정하거나, A종류주식을 보유하고 있는 주주는 다음에 언급하는 사항을 제외하고 주주총회에서 의결권이 없다고 정하여야 한다. 이러한 경우 적대적 매수자가 위의 의결권 없는 주식의 A종류주주인 경우에, 대상회사는 적대적 M&A로부터 경영권을 방어하기 위한 수단으로서 그 활용가치가 있을 것이다. 그리고 후자인 일정비율의 초과 주식에 관해 의결권을 제한하는 방법은 예컨대 '발행주식총수의 ○○% 미만일 것'을 정하면 적대적 매수자가 아무리 많은 주식을 취득하더라도 행사할 수 있는 의결권이 ○○%로 제한되기 때문에 강력한 방어수단으로 활용될 수 있을 것이다. 결국 적대적 매수자에게 의결권의 행사를 저지하겠다는 발상은 미국 각 주의 회사법이 인정하고 있고, 그중에서

---

420) 권종호, 전게논문(주 4), 57~58면.

도 지배주식취득조항(control share acquisition provision)[421]이 대표적 예이다.

하지만 이러한 의결권을 지주비율의 기준으로 차별화하는 것은 주주평등의 원칙과의 관계에서 논란의 여지가 존재하고 있는데, 특히 일본에서는 법이 허용하는 불평등으로서 유효하다는 견해[422]와 위법하지만 강한 합리성과 필요성이 있는 경우에 유효하다는 견해[423]가 대립하고 있지만, 어느 입장에 있더라도 절대무효로되지 않는다는 점에서 공통점을 찾을 수 있다.[424] 이처럼 일본에서는 보유주식 수를 기준으로 차별적인 취급을 하는 의결권제한 주식에 대해서 합리성과 필요성이 인정되는 경우에는 방어수단으로 사용하는 것이 가능하다고 보는 것이 다수설이고, 우리나라는 일본과 달리 주주평등의 원칙에 대해 엄격히 해석하는 경향이 있다.[425] 이렇게 개정상법에 의결권제한주식이 도입됨에 따라 방어수단으로 활용될 수 있게 되었고, 개정상법 제344조의3 2항에서는 이러한 종류주식의 발행한도를 발행주식총수의 4분의 1을 초과하지 못하도록 규정하고 있다. 이러한 제한 규정을 두지 않았을 경우에, 과소한지분

---

421) 대상회사의 일정한 비율 이상 의결권총수를 취득한 자는 이해관계 없는 주주의 다수결에 의한 승인이 없으면 의결권을 행사할 수 없다고 규정한 것인데, 이러한 규정은 적대적 M&A의 성패를 대상회사의 주주의 집단적 결정에 맡김으로써, 강압적 매수에 대한 방어수단으로 이해되고 있다[Booth, *"The Promise of state Takeover Statutes"*, 86 Mich. L. Rev. 1671(1988), p.1674]. 우리나라의 경우에는 주주평등의 원칙의 예외인 감사의 선임에 있어서 3% 이상의 주식을 소유한 소수주주에게 그 초과분에 한하여 의결권을 배제하는 것(상법 제409조 2항)도 취지는 다르지만 이와 비슷하다고 본다.

422) 葉玉匡美, 전게논문(주 405), 28면.

423) 강한 필요성이나 합리성이 있는 경우란 의결권제한 주식이 기업의 가치나 주주의 공동이익을 해할 가능성이 있는 적대적 M&A를 저지하거나 경영자 측에 일정의 교섭기회를 제공하기 위해 이용되는 경우를 의미하고, 의결권제한 주식이 모든 적대적 M&A를 거의 확실하게 저지하는 내용이라면 무효라고 한다[江頭憲治郎, 전게서(주 212), 126면].

424) 권종호, 전게논문(주 4), 58면.

425) 권재열, 전게보고서(주 12), 136면.

(의결권 있는 주식)으로 회사를 지배하는 폐단이 발생하는 것을 사전에 방지하기 위한 것으로 보인다.[426]

지금까지 이러한 의결권제한 종류주식을 활용한 적대적 M&A 방어수단 사례는 없지만, 개정상법이 시행되면 향후 우리나라 기업에서도 적대적 M&A에 방어수단으로 활용될 것으로 보인다. 또한 의결권 없는 보통주식을 발행할 경우 적대적 매수자의 공격의지를 미리 감소시키는 사전예방적 형태의 방어수단으로서 활용될 수 있다고 본다.

2) 주식상환에 관한 종류주식

(1) 의의 및 특징

개정상법 이전에도 상환주식은 인정되었다(상법 제345조). 그러나 개정상법에서는 상환주식에 관한 내용이 변경되었다. 즉, 기존의 상환권은 우선주식에 상환조항이 부가된 것으로 보아 종류주식으로 다루지 않았지만 개정상법에서는 이를 하나의 종류주식으로 하여 상환주주만의 종류주주총회도 가능하게 되었다(개정상법 제344조 1항). 또한 기존의 우선주에 한해 상환주식으로 발행하였던 것을 개정상법에서는 모든 종류주식(상환주식과 전환주식 제외)에 대하여 발

---

426) 한편, 개정상법에서는 이를 위반한 경우 "회사는 지체 없이 그 제한을 초과하지 아니하도록 필요한 조치를 하여야 한다"라고 규정하고 있지만, 이미 한도를 초과한 상태를 두고 '초과하지 아니하도록' 필요한 조치를 취하라는 것은 논리적 모순이지만, 발행주식 총수의 4분의 1 이하가 되도록 필요한 조치를 취하라는 취지로 보아야 한다[이철송, 전게서(주 34), 107면]. 그러나 기발행주식에 대해서는 기취득자의 기대를 고려하여 사후적으로 그 의결권을 배제하거나 제한할 수 없다.

행할 수 있게 되었다(개정상법 동조 5항). 그리고 상환할 권리는 회사(상환사유부주식)와 주주(상환청구권부주식)가 함께 가질 수 있다는 점(개정상법 동조 1항 및 3항)과 그 상환의 대가를 다양화하고 유연화(개정상법 동조 4항)하고 있다는 것이 특징이다.

특히 회사의 상환대가로 지급할 수 있는 것은 기존에는 현금에 국한되었다. 그러나 개정상법 제345조 제4항에서는 "회사는 주식의 취득대가로 현금 외에 유가증권(다른 종류주식은 제외한다)이나 그 밖의 자산을 교수할 수 있다"라고 규정하고 있다. 다른 종류주식을 제외한 것은 전환주식이 되는 것을 방지하기 위해서이다. 또한 상환의 대가를 다른 유가증권으로 할 수 있도록 다양화하는 것은 전환주식과 별다른 차이가 없어지게 된다. 즉, 다른 종류주식으로 상환하는 주식이 전환주식으로 될 수 있기 때문이다.

따라서 상환대가의 형태가 무엇이든 회사를 둘러싼 이해관계자에게 별다른 영향이 없기 때문에 상환주식과 전환주식을 구분하는 것은 이론적으로 의미가 없다고 하는 입장[427]이 있다. 이러한 입장이 타당하다고 본다. 참고로 일본의 경우에는 기존의 상환주식과 전환주식의 구분을 없애고 회사가 옵션을 가지는 취득조항부주식(일본 회사법 제108조 2항)과 주주가 옵션을 가지는 취득청구권부주식으로 구분하였다(동법 동조 1항).

---

427) 송옥렬, 전게발표자료(주 112), 13면.

(2) 방어수단으로서 활용

개정상법 제345조 제5항에서는 "상환주식은 종류주식(상환과 전환에 관한 것은 제외한다)에 한정하여 발행할 수 있다"고 규정하고 있다. 문제는 "상환과 전환에 것은 제외한다"라는 표현에 있다. 즉, 이러한 취지에 대하여 아무런 설명이 없다는 것이다. 따라서 이 법문은 해석상의 쟁점이 될 수 있고 다양한 해석이 가능할 것이다. 먼저 "상환에 관한 것은 제외한다"라는 문구는 상환주식을 상환주식으로 발행하는 것은 아무런 의미가 없기 때문에 당연한 해석이라고 본다. 그러나 전환주식을 상환주식으로 발행할 수 없다는 것은 문제가 있어 보인다. 예컨대, 실무상 우선주에 상환권과 전환권을 모두 부가하여 발행되고 있다. 이는 주주가 우선주를 보통주로 전환할 수 있고 회사가 필요한 경우에 상환할 수 있기 때문이다. 따라서 전환주식에 상환권을 부가하는 것은 논리적으로 아무런 문제가 발생하지 않기 때문에 이를 금지하고 있는 '개정상법 제345조 제5항의 조문'은 입법의 실수로 보인다.

결국 개정상법 제345조 제5항에 의해 발행할 수 있는 상환주식의 유형으로는 ① 상환사유부주식인 이익배당 또는 잔여재산분에 관한 종류주식, ② 상환사유부주식인 의결권제한종류주식, ③ 상환청구권부주식인 이익배당 또는 잔여재산에 관한 종류주식, ④ 상환청구권부주식인 의결권제한종류주식 등이다. 이러한 유형들 가운데 회사의 입장에서 실제로 발행 가능한 유형은 ①의 종류주식 중 우선주인 상환주식이 될 것이다. 또한 상환가액에 따라 주주의 입장에서 투자가치가 있는 것은 ③유형과 ④유형이 될 것이다. ②유형은 회사가 의결

권이 없고 배당부담이 없는 주식을 상환할 필요성이 없기 때문에 발행 가능성은 없을 것이다.[428]

이러한 상환주식의 발행유형에 따라 적대적 M&A에 대하여 방어수단으로서 기능을 할 수 있다. 즉, 상환사유부주식은 기존과 같이 이익배당우선주의 소멸수단으로 활용하는 외에 경영권 방어수단으로 활용될 수 있다. 그러나 상법에서는 포이즌 필과 같은 경영권 방어수단으로서 종류주식은 허용하지 않는다는 방침에 따라 이익배당 보통주의 상환을 허용하지 않았기 때문에 그 가능성은 희박하게 되었다. 또한 이익배당우선주를 의결권 있는 주식으로 발행하게 되면 같은 효과가 되지만, 적대적 M&A 방어수단으로 활용하기에는 재무적인 측면에서도 부담이 크므로 그 활용성은 현실성이 없게 된다는 입장[429]이 있다. 이러한 입장이 타당하다고 본다.

한편 개정상법상 보통주식은 상환주식으로 발행할 수 없고,[430] 대가로는 종류주식을 발행할 수 없다고 규정하고 있다. 방어수단으로서 적대적 매수자의 주식(보통주)을 강제로 상환하는 것이다. 이럴 경우에 보통주식을 상환주식으로 발행할 수 없기 때문에 방어수단으로 활용되지 못하게 된다. 또 다른 방법은 주주에게 우선주를 상환주로 발행하여 무상으로 배정하고 유사시에 적대적 매수자를 제외한 일반주로부터 우선주를 강제상환하면서 그 대가로 보통주를 교부하는 것이다. 이러한 방어방법도 개정법상 상환주식은 대가로 종

---

428) 이철송, 전게서(주 34), 109면.

429) 박철영, 전게발표자료(주 422), 104면.

430) 이러한 이유는 보통주식을 상환주식으로 발행함으로써 사실상 경영권 방어를 위한 포이즌 필로 활용하는 것을 방지하기 위한 것이라 한다[권종호, "종류주식의 다양화를 위한 법적 연구", 『상사법연구』 제51호(2006), 322면; 김순석, "주식제도의 개선-종류주식을 중심으로-", 『상사법연구』 제28호 제3호(2009), 152면; 송종준, 전게논문(주 3), 113면].

류주식을 발행할 수 없기 때문에 이러한 상환주식은 방어수단으로 한계가 있어 보인다.431) 그러나 상환주식에 관하여 우선주를 상환주식으로 발행해 두었다가 적대적 M&A가 시도되면 대상기업이 상환주식을 상환하여(우선주의 고가매입을 통해) 일시적으로 막대한 현금을 유출시켜 M&A의 실효성을 감소시켜(회사보유자산을 고갈시키는 형태) 적대적 M&A의 방어수단으로 활용하는 방안도 있을 수 있다는 견해432)도 있다.

3) 전환사유부 종류주식

(1) 의의 및 특징

전환주식은 개정상법 이전에는 주주의 청구에 의해 전환하는 것뿐이었으나, 개정상법에서는 회사가 전환을 결정할 수 있는 전환주식도 허용하고 있지만(전환사유부주식), 회사가 전환하는 것은 정관에 정한 일정한 사유가 발생할 것을 조건으로 하고 있다(개정상법 제346조). 개정상법 이전의 전환주식은 특정 종류의 주식에 대하여 부가적으로 전환권이 부여되었기 때문에, 종류주식으로 다루지 않았으나, 개정상법에서는 이를 종류주식으로 다루고 있다(개정상법 제344조 2항). 또한 종전의 종류주식은 이익배당과 잔여재산분에 관해서만 인정하였기 때문에, 사실상 보통주와 우선주에 한하여 인정되었다(예컨대, 우선주를 보통주로, 보통주를 우선주로 전환). 그러나

---

431) 권종호, 전게논문(주 4), 63면.
432) 권재열, 전게보고서(주 12), 93면.

개정상법에서는 이러한 이익배당과 잔여재산분배 이외에 의결권제한주식, 상환주식, 전환주식 등으로 확대하여 전환하게 하였기에, 전환되는 주식도 다양화되었다고 볼 수 있다.

따라서 전환주식의 활용도는 개정상법 이전과 달리 범위가 확대되었고, 더욱이 회사가 전환권을 갖는 주식도 발행이 가능해졌으므로, 전환주식과 전환으로 인해 발행하는 주식의 조합이 매우 넓어졌다고 볼 수 있다. 즉, 주주의 입장에서 보면, 다양한 상품을 제공할 수 있게 되어 주주의 모집이 용이해졌고, 회사의 입장에서 보면, 회사가 전환권을 보유한 경우에 재무관리를 탄력적으로 운영할 수 있게 되었다. 따라서 여러 종류주식에 대하여 전환주식으로 발행이 가능하기 때문에, 무엇보다 경영권의 방어수단으로도 활용할 수 있는 점이 특징이라고 하겠다. 예컨대, 의결권 있는 우선주를 무의결권주식으로 전환할 수 있는 권리를 회사가 보유한다면, 그러한 주식을 적대적 매수자가 취득할 경우에, 무의결권주식으로 전환하면 매수세력은 무력화될 것이고, 우호적인 주주들에게는 무의결권주식을 발행해 두었다가 경영권 다툼이 발생할 경우에, 이를 의결권 있는 주식으로 전환하는 방법[433]을 생각할 수 있을 것이다. 즉, 전환사유부 종류주식에 관하여 일정 비율 이상의 주식을 매입하려는 매수자가 출현한 것을 '일정한 사유'로 하는 점, 해당 사유가 발행한 날에 해당 주주가 보유한 주식을 취득하는 점, 취득대가를 다른 종류주식(의결권제한주식)을 교부하는 것 등은 정관에 정하면 된다.[434]

---

433) 이철송, 전게서(주 34), 116면.
434) 양만식, 전게논문(주 236), 51면.

(2) 방어수단으로서 활용

경영권의 방어수단의 측면에서 전환주식에 대하여 살펴보면, 먼저 회사 측에 전환권을 부여하는 것은 종류주식의 활용에 있어서 회사 측이 전환권을 보유하고 보다 유연하게 대체할 수 있도록 하기 위해서이다. 또한 방어수단이라는 측면에서는 전환이 종류주식 간에만 인정되기 때문에 특별한 성과는 없다고 본다. 그러나 종류주식이 다양화되면서 전환대상주식의 범위가 확대됨에 따라[435] 종류주식 간의 조합에 있어서 전환주식의 촉매제로서의 기능이 확대되었다고 볼 수 있다.[436] 반면, 개정상법 이전에 배당우선주만이 전환주식으로 발행할 수 있었던 경우에는 방어수단으로서의 역할을 기대하기가 어려웠다.

개정상법에 의결권제한주식이 종류주식으로 도입되면서 사정은 많이 다르게 되었다. 예컨대, 종전과 달리 주주가 아닌 회사에 전환권이 있을 경우(전환사유부주식), 보통주식을 이러한 전환사유부주식으로 발행하면서 전환대상주식을 의결권제한주식으로 정하게 되면 강력한 방어수단이 될 수 있기 때문이다. 또한 전환사유부주식을 의결권제한주식(무의결권주식)으로 하여 사전에 주주에게 무상으로

---

435) 개정상법상 보통주식을 전환주식으로 발행할 수 있는 경우는 이익배당 또는 잔여재산분배에 관한 종류주식을 우선주와 열후주만 있다고 가정할 경우에, 주식의 종류는 11가지이다[예컨대, 보통주, 우선주식(이익배당, 잔여재산분배), 열후주식(이익배당, 잔여재산분배), 의결권배제주식, 의결권제한주식, 주주상환주식, 회사상환주식, 주주전환주식, 주주전환주식]. 따라서 전환주식의 전환으로 발행할 수 주식의 경우는 10가지가 되므로, 보통주식으로 전환할 수 있는 주식은 10×11=110가지이며, 이는 회사가 전환할 경우와 주주가 전환할 경우로 나누어 본다면, 총 110×2=220가지의 경우가 발생하게 된다[이철송, 전게서(주 34), 116~117면]. 이러한 경우, 발생할 수 있는 전환주식은 많지만, 실용성이 문제가 되고, 가장 방어수단으로 활용도가 높은 것은 전환사유부 종류주식(보통주식)을 의결권제한주식으로 발행하는 것이 적절한 방안이라고 본다.

436) 권종호, 전게논문(주 4), 64면.

배정해 두었다가(이른바 수반성의 문제를 해결하기 위해서는 주식양도 시 의결권제한주식도 동시에 양도되는 것으로 하는 것이 필요), 정관에서 정한 '일정한 사유[437](즉, 이사회의 승인이 없어도 일정 수 이상의 주식취득)'가 발행한 경우에 적대적 매수자 이외의 주주가 소유한 의결권제한주식을 보통주식으로 강제 전환하는 방식도 있다.[438] 이러한 방식은 적대적 매수자의 지분비율을 획기적으로 낮출 수 있어 적대적 M&A의 방어수단으로서 그 효율성이 크다고 본다.

한편 개정상법에서 전환주식의 전환대상을 종류주식으로 한정하지 않고, 상환주식과 같이 현금이나 유가증권 기타 재산으로까지 그 범위를 확대하였다면, 전환사유부 종류주식은 적대적 M&A에 대한 기업 경영권 방어수단으로 보다 강력한 장치로 활용될 수 있었을 것이다.[439] 이러한 점은 향후 입법론적 관점에서 논의가 전개되어야 할 것이다. 예컨대, 상환주식처럼 전환주식도 그 대가의 다양화를 통해 그 범위가 확대된다면 상환주식이나 전환주식의 구분이 없어지게 된다. 그러나 개정상법은 기존의 틀을 유지하고 있다. 이것은 우리나라도 일본의 경우와 같이(예컨대, 취득청구권부주식과 취득조항부주식의 구분) 상환주식과 전환주식의 구분을 버리는 데 있어서 과도적 과정을 거치고 있는 것 같다. 이러한 구분을 위해 법무부 상법개정위원회에서의 논의가 있었지만 기존의 틀을 유지하자는 견해가 많았다.[440] 또한 전환사유부 종류주식도 개정상법 이전에는 적대적

---

437) 전환사유로서 '일정한 사유'에 확정성, 즉 자의적이지 않을 것이 요구된다고 볼 수 있다.

438) 권종호, 전게논문(주 4), 64~65면.

439) 이러한 경우, 회사가 적대적 매수자가 취득한 주식을 현금이나 기타 유가증권 등으로 아주 쉽게 전환할 수 있게 되기 때문이다. 예컨대, 보통주식을 전환사유부 종류주식으로 발행하면서 발행주식 총수의 20% 이상을 이사회의 승인 없이 취득할 경우 당해 주식을 현금이나 사채를 대가로 강제 전환하는 경우이다[권종호, 전게논문(주 4), 65면].

M&A 방어수단으로 활용된 예가 없다. 그러나 개정상법이 시행된 후 사정은 많이 달라질 것으로 보인다.

2. 방어수단 활용에 따른 문제점

개정상법 이전에는 매우 제한적인 수종의 주식이 있었지만, 개정상법에서는 5종의 종류주식이 도입되었다. 당초 '2006년 개정안' 및 '2008년 개정안'과 달리 '2011년 개정상법'에 도입된 종류주식에는 당시 개정안에 있었던 종류주식 중 일부는 삭제되거나 도입이 되지 않았다. 현시점에서 적대적 M&A 방어수단으로 활용될 수 있는 방안을 개정상법에 도입된 종류주식을 중심으로 연구하는 것이 중요하다고 본다. 또한 향후 적대적 M&A 방어수단으로 활용 시 제기될 수 있는 문제점을 적시한 후 이에 대한 대비책도 강구해야할 필요성이 있다.

먼저 의결권제한주식은 방어수단으로서 그 활용도가 매우 높지만, 주식의 상환에 관한 종류주식은 그 활용도가 매우 불완전하다고 볼 수 있다. 즉, 방어수단으로 다양한 종류주식을 조합할 수 있어야 하지만 개정상법상 주식의 상환에 관한 종류주식의 경우 앞에서 언급했듯이 여러 가지 제약들이 따르고 있기 때문이다. 따라서 개정상법상 주식의 상환에 관한 종류주식은 상환될 종류주식의 경우의 수는 한정되어 있고, 방어수단으로 활용될 경우는 극히 적다고 본다.[441]

또한 의결권제한주식에 대하여 자금조달의 효율성 제고의 취지와

---

440) 법무부 법무실, 상법(회사편)개정 특별분과위원회 회의록(2006), 585~580면 참조.

441) 각주 435, 각주 436 참조.

상이하게 법령이 아닌 정관의 정함에 의한 것은 경영권 방어수단으로 남용될 소지가 있다고 하여 의결권제한주식의 도입을 반대하는 의견도 있었다.[442] 즉, 기존 지배주주가 향후 신주를 임원임면권에 관해서만 의결권을 제한하는 종류주식을 발행하는 것은 경영권의 고착화를 낳을 수 있다고 보았다.[443] 하지만 의결권제한주식은 경영권 방어수단으로서 남용의 문제는 당해 조치가 기업가치 향상을 위한 것인지 여부에 따라 효력이 달라질 수 있으므로 시장의 감시나 제도적 보완을 통해 해결될 수 있다고 본다.[444]

이러한 의결권제한주식의 경우 특히 주주평등의 원칙이 문제가 될 수 있다. 즉, 의결권행사조건에 대하여 조건을 정할 수 있기 때문에, 이처럼 주주의 주식 수에 따라 권리내용이 다르게 되는 것을 정관에 정하게 되면 일반론적으로 주주평등의 원칙에 반하게 된다. 따라서 자본다수결의 원칙을 수정하는 것이 되기 때문에 그 유효성에 관한 엄격한 심사가 이루어져야 하는 것이 과제라고 본다.[445]

그리고 전환사유부주식에 있어서, 정관에 '일정한 사유'가 발생한 때라고 규정하고 있는데, 이러한 조항은 남용의 소지가 다분하다. 그 때문에 남용의 소지가 큰 전환조건은 제외하고 원칙적으로 어떠한 전환조건의 정함도 유효하다고 본다면, 실질적으로 구체적 폐해가 발생한 경우에 개별적으로 대응해야 할 것으로 본다. 따라서 이러한 점들을 향후 논의할 과제로 남게 되었다.

---

442) 경제개혁연대, "상법 일부개정법률안(의안번호 1566)에 대한 의견서", 2008, 2~4면.
443) 참여연대, "상법(회사편) 개정 법무부안에 대한 참여연대 의견서", 2008, 5면.
444) 김순석, 전게논문(주 436), 146면.
445) 森本滋, 전게논문(주 395), 9면; 김순석, 전게논문(주 436), 146면.

Ⅲ. 기타 '방어적 주식제도'[446]로 도입이 가능한 종류주식

1. 거부권부주식(황금주)

거부권부주식[447](또는 '황금주'[448]라 함)은 저비용으로 방어수단의 역할을 할 수 있기 때문에, 우리나라의 기업실무에서 자주 사용되는 적대적 M&A 방어수단인 신주의 제3자 배정, 자기주식의 취득 또는 우호적인 지분확보보다 더 활용도가 있을 것으로 보인다. 이와 관련하여 유럽의 경우, EU법원(European Court of Justice)은 2002년 6월 4일 3개의 판결을 통해 황금주가 EC조약상 자본이동의 원칙이나 기업설립의 자유에 반한다는 이유에서 위법판결[449]을 함에 따라, 유럽에서는 제한적으로 도입이 가능해졌다. 미국이나 일본의 경우에는 황금주를 도입하여 기업들이 적절하게 활용할 수 있게 되었다.[450]

---

446) 본 논문에서 '방어적 주식제도'라 함은 거부권부주식, 복수(차등)의결권부주식, 임원임면권부주식 등을 의미함을 밝혀 둔다.

447) 황금주(Golden Shares)를 복수(차등)의결권주식(Dual Class Shares)과 거부권부주식으로 분류되기도 하지만, 유럽의 황금주의 개념과 달리 종류주식의 개념으로, 본 논문에서는 복수(차등)의 결권주식을 제외한 거부권부부식을 황금주(Golden Shares)라 함을 밝혀 둔다.

448) 황금주(Golden Shares)제도는 정부가 공기업을 민영화한 후에도, 자산처분, 경영권 변동, 합병 등 중요한 의사결정에 대한 거부권이나 승인권 행사를 통해 계속적인 영향력을 갖기 위해 도입된 제도로서, 1984년 영국정부가 공기업인 브리티시텔레콤(BT)의 민영화 시 처음 도입한 것이 그 효시이다. 그 후 유럽의 여러 나라에서 정유·가스·통신·항공·은행 등 자국의 중요한 공기업을 민영화하는 과정에서, 국가의 이익보호를 위해 법률이나 정관을 통해 황금주(Golden Shares)를 보유하여 왔다[허항진, "황금주(Golden Shares)제도에 대한 입법론적 소고", 『기업법연구』 제23권 제2호(2009), 96면].

449) ECJ 4. 6. 2002-Case C-503/99 *Commission v Belgium*, ECR 2002, I-4809; ECJ 4. 6. 2002-Case C-483/99 *Commission v France*, ECR 2002, I-4781; ECJ 4. 6. 2002-Case C-367/98 *Commission v Portugal*, ECR 2002, I-4731.

그러나 미국의 방어적 주식제도는 주로 폐쇄회사에서 이용되는 것이 일반적이고, 이들 주식을 이용한 경영권 방어에 있어서는 판결에 의해 그 남용이 엄격히 제한되고 있는 실정이다. 일본 역시 다양한 종류주식을 도입하였으나, 남용의 여지가 큰 방어적 주식제도는 정부의 방어지침이나 판결에 의하여 그 적법성이 엄격히 심사되고 있다. 즉, 방어적 주식제도는 외국의 입법례상 폐쇄회사 등으로 그 범위가 제한되거나 점차 역할이 축소되는 추세이다. 우리의 경우에는 적대적 M&A 또는 경영권 방어가 갖는 기능들을 장기적 견지에서 살펴보고, 국가가 개입하여 기업의 경영권의 안정화 도모를 필요할 경우(예컨대, 공공적 법인의 경우와 외국인이 적대적 M&A의 경우)에 예외적으로 해당 기업의 자치적 의사에 의한 방어수단으로 활용할 수 있는 방어법제의 구축은 필요하다고 본다.[451]

전술한 바와 같이 '2006년 개정안'에서 거부권부주식은 임원임면권부주식과 더불어 강력한 방어수단으로 남용의 이유로 개정안에서 삭제되었지만, 적대적 M&A의 방어수단으로서 그 활용도가 있기에 아래에서 구체적으로 살펴보겠다.

1) 의의 및 특징

(1) 의의

황금주(Golden Shares)란 영국의 국영기업의 민영화 과정에서 도

---

450) 김순석, "黃金株(Golden Shares) 制度에 관한 研究", 『비교사법』 제16권 1호(2009), 268면.
451) 송종준, 전게논문(주 3), 93면.

입된 제도로서, 통상 소수지분으로 회사의 주요 결정에 거부권을 행사할 수 있는 특별한 권리를 부여한 주식을 말한다.[452] 극단적인 경우 1주에 대해서도 이러한 권리를 부여하는 경우도 있다. 황금주는 그 자체가 주식이 아니라 통상의 일반주식에 비해 특별한 권리를 보유하고 있기 때문에, 일반주주의 입장에서 마치 황금으로 보이는 것을 비유한 표현에서 황금주라고 부르게 되었다.[453] 이러한 황금주는 회사의 정관상 특정한 권한을 변경할 수 있는 권한으로 정의되기도 하고, 정부가 소유하였다가 민영화된 기업들에 대하여 회사에 중대한 영향을 미치는 결정에 관해 정부가 계속적인 영향을 행사하도록 특정 종류주식이나 규제시스템을 말한다.[454] 특정한 회사를 통제하고 기업인수로부터 보호하기 위하여 회사에 충분한 의결권을 부여하는 주식을 의미하기도 한다.[455] 또한 황금주에 대해 과거의 국유기업이 민영화된 후에도 국가나 공공단체의 주식보유에 관계없이 그 기업이 자본구조에 영향력이나 통제력을 행사할 수 있도록 특별한 권리를 부여한 주식이라고도 한다.[456][457]

---

452) 또한, 이러한 황금주를 광의의 의미로 보면 정부가 민영화된 기업의 주식을 보유하지 않은 경우에도 법에 특별한 규정을 두어 황금주의 권한을 부여하는 경우까지 포함하는 것으로 사용되기도 한다[Alice Pezard, *"The Golden Share of Privatized Companies"*, 21 Brook. J. Int'l L. 85(1995), pp.85~86; Ivan Kuznetsov, *"The Legality of Golden Shares under EC Law"*, Hanse L. Rev (2005), p.22].

453) 한국증권법학회, 전게연구보고서(주 341), 120면; 허항진, 전게논문(주 454), 97면.

454) Larry C. Backer, *"The Private Law of Public Law: Public Authorities As Shareholders, Golden Shares, Sovereign Wealth Funds, and the Public Law Element in Private Choice of Law"*, 82 Tul. L. Rev. 1801(2008), p,12; 김순석, 전게논문(주 456), 268면.

455) <http://glossary.reuters.com/index.php/Golden_Share>(2011.8.20 방문)

456) Ivan Kuznetsov, supra note 458, p.22; 이형규, "상법개정안상 거부권부주식의 도입에 관한 검토", 『상사법연구』 제25권 제4호(2007), 124~125면.

457) 황금주는 각국의 법에 따라 보호하려는 이익이 다양하지만 대체로 다음과 같은 기능을 지닌다. ① 국가적 차원에서 중요한 전략산업을 보호하는 기능, ② 정치적으로는 민감한 경제적 이익을 보호하는 기능, ③ 상징적으로는 국가산업을 보호하는 기능 등이다[허항진, 전게논문(주

(2) 특징

황금주의 특징은 도입방식이나 유형에 따라 국가마다 상이하나
그 특수한 성질은, 일반보통주식이나 우선주식과의 비교에 의해 잘
나타나고 있으며, 그 특징은 다음과 같다. ① 일반주주는 통상의 회
사 비즈니스에 직접 경영이나 통제할 수 없으나, 황금주의 경우 회사
전반의 일에 관여하는 것을 허용할 뿐만 아니라 회사의 비즈니스라
인 결정에 개입할 수도 있다. ② 황금주에 대해서는 반대할 수 있는
권한과 승인할 수 있는 권한이 주어진다. 반대할 수 있는 권한은 거
부권을 들 수 있고, 승인할 수 있는 권한은 이사임명권이 대표적이
다. ③ 일반주주들은 주주총회에 참석해 의결권을 행사할 수 있지만,
황금주의 경우는 모든 주주총회에 대한 통지를 받을 권한은 있지만
의결권을 행사할 수가 없다. ④ 일반주주는 회사의 자본이나 이익에
참가하지만, 황금주는 참가할 자격이 부여되지 않는다. ⑤ 회사의 정
관변경은 주주총회의 특별결의로 가능하지만, 황금주를 발행한 경우
에는 이러한 주주의 동의가 없으면 정관변경이 불가능하다. ⑥ 일반
주주들에게는 통상의 1주 1의결권의 원칙이 적용되지만, 황금주를
보유한 경우에는 주식의 보유비율에 비례하지 않는 압도적인 통제
권이 부여된다. ⑦ 이러한 황금주는 일반적으로 정부가 보유하게 된다.[458]

---

454), 101~102면].

458) 김순석, 전게논문(주 456), 270면; 허항진, 전게논문(주 454), 98~99면.

2) 입법방향

(1) '2006년 개정안'의 내용

'2006년 개정안'에 도입되었던 거부권부주식은 회사가 주주총회, 이사회 등 결의를 해야 하는 사항에 대하여, 그 결의 이외에 특정한 종류주식의 종류주주총회가 필요로 하는 점에서 내용이 다른 주식(개정안 제344조의4 1항), 즉 주주총회나 이사회결의 등 특정종류주주총회의 종류주주에게 인정된 거부권(동의권)이 있는 주식을 말한다. 그 결의를 필요로 하는 사항이나 결의의 요건 및 조건을 정관에서 정하도록 규정하고 있었다(개정안 제344조의4). 이러한 거부권부주식의 도입은 원시정관이나 총주주의 동의에 의한 변경정관만으로도 가능한데(개정안 제344조의4 2항), 이는 상장기업에서 거부권부식을 방어수단으로 이용하는 것을 사전에 방지하기 위한 것이었다.[459]

이러한 거부부권부주식은 적대적 M&A의 방어수단으로서 그 방어효과가 너무 강력하기에(예컨대, 특정한 종류주주에게 거부권부주식을 발행하면서 그 주식을 양도제한을 하는 경우, 거부권부주식은 단 1주만을 보유하고 있어도 회사의 중요한 의사결정에 중대한 역할을 하는 황금주로 그 기능을 하기 때문이다), 기업인수를 통한 외부통제가 제 기능을 할 수 없게 되는 문제점[460] 등이 지적되어 '2008년 개정안'에서는 삭제되었다. 또한 지배주주의 경영권고착화와 종류주주와 회사 또는 경영진 간에 의견충돌이 발생하여 경영이 교착상태에

---

459) 권종호, 전게논문(주 4), 67~68면.
460) 김순석, 전게논문(주 436), 163면.

빠져드는 부작용도 있다. 그러나 거부권부주식의 적용범위, 적용대상 등을 정관변경 등으로 발행할 수 있도록 하고, 우리나라 기업현실에 맞게 새로이 도입되어야 한다고 본다.

(2) 방어수단으로서 활용

거부권부주식은 회사의 사정에 따라 다양한 용도461)로 사용이 가능하지만, 대체로 방어수단이라는 인식이 강하다. 즉, 특정의 주주에게 출자비율(위험감수비율)과는 상관없이 회사의 의사결정권한을 유지시키는 것을 목적으로 하는 제도이기 때문에 방어수단의 역할은 강력하다고 할 수 있다. 특히 거부권부주식을 우호적인 제3자에게 발행하고 그것을 양도제한주식으로 보유한다면 방어수단으로서는 완벽하다고 하겠다. 이러한 강력한 방어수단이 된다는 점을 인식하여 외국에서는 거부권부주식을 방어수단으로 이용하는 것에 대해 엄격히 제한하는 것이 일반적이다.462)

'2006년 개정안' 당시의 거부권부주식은 원시정관이나 총주주의 동의에 의한 정관변경으로만 도입할 수 있도록 한 것은 상장회사에

---

461) 거부권부주식은 회사의 사정에 따라 유연한 '주주 간 계약'을 인정할 필요성이 상대적으로 큰 합작회사나 벤처기업의 경우에 '출자는 하되 경영에 참가하지 않는' 동업자나 사업파트너가 회사의 중요한 의사결정에 자신의 의사를 반영하고자 하는 경우에도 거부권부주식이 매우 유용한 수단이 될 수 있다[권종호, 전게논문(주 109), 157~158면].

462) 특히 일본의 동경증권거래소는 상장회사가 상당한 이유 없이 거부권부주식을 발행한 경우에는 원칙적으로 상장폐지요건에 해당한다는 입장을 취하였고, 이에 재계와 정부는 강한 비판을 하자 상장회사도 발행할 수 있다는 입장으로 후퇴하였다. 그 후 조건을 더욱 완화하여 이사의 과반수의 선해임 기타 중요한 사항에 관해 거부권이 있는 종류주식을 발행한 경우에 한해 상장폐지의 대상으로 하고, 그 이외의 거부권부주식의 발행은 원칙적으로 허용하는 것으로 하였다[東京證券取引所, 『買收防衛策の導入に係る整備等に伴う株券上場審査基準等の一部の改正について』(2006.2.21); 『買收防衛策の導入に係る整備等について』(2006.1.24); 酒井太郎, "株式の內容と種類", 『新しい會社法制の理論と實務』 別冊金融商事判例(2006), 59면].

서는 방어수단으로 이용하는 것을 제약하고, 벤처기업이나 중소기업 등 폐쇄회사에서는 경영상의 목적을 위해 이용할 수 있도록 하기 위해서였다. 이러한 의미에서 당시 개정안은 매우 합리적인 입법이라고 할 수 있으나, 방어수단의 남용 가능성을 이유로 거부권부주식의 도입을 포기한 것은 마치 벤처기업이나 중소기업 등 폐쇄회사가 이러한 제도를 향유할 수 없게 된 것은 문제가 있다고 본다.463) 다양한 기업의 실정에 맞는 방어수단으로서 역할을 할 수 있는 거부권부주식을 도입 자체를 막는 것이 아니라, 회사유형별에 맞게 수정해서 우리 상법에 도입되어야 할 것이다.

3) 회사유형별 도입과제

전술한 바와 같이 거부권부주식이 '2008년 개정안'에서 삭제된 것은 강력한 방어수단이기 때문이라고 한다. 외국의 경우 비록 폐지하는 경향이 있다고 하지만 다양한 기업형태에 맞는 거부권부주식의 도입이 필요하다고 본다. 이하에서는 회사유형별 도입과제에 대하여 검토해 보겠다.

(1) 국영기업

공공 법인이라 하여도 국가가 개입하여 경영권을 보호해 주어야 할 합목적성이 있을 때에는 폐쇄회사의 경우와 같이 다양한 방어수

---

463) 권종호, 전게논문(주 109), 159면.

단이 제공되어야 한다. 일반적으로 공공적 법인의 개념을 에너지산업, 운수산업, 통신산업 등 국민경제에 중요한 국가기간산업을 영위하는 법인으로 정하고 있다.[464] 따라서 국가기간산업에 종사하는 회사의 경우에도 거부권부주식을 도입할 경우, 특별법을 제정하여 그 적용대상 및 적용범위에 관한 내용을 이러한 특별법에 규정하는 것이 바람직하다고 본다. 왜냐하면 국가안보, 공공성 등 이 중시되는 공공적 법인 또는 국가기간산업의 경우에는 특히, 외국인에 의한 적대적 M&A로부터 경영권을 보호할 정당성이 있기 때문이다. 즉, 이러한 특별법에 의해 거부권부주식의 발행을 허용하더라도, 상장문제는 국가정책적인 측면에서 일반적인 상장회사나 폐쇄회사와는 별도의 문제로 검토되어야 한다.

(2) 상장기업

'2008년 경영권방어법제개선위원회'에서는 상장기업의 경우 거부권부주식의 도입 자체를 금지하고 있었다(경영권방어법제개선위원회의 개정안 제344조의5 5항 참조). 이는 상장기업에서 거부권부주식을 방어수단으로 이용하는 것을 방지하는 한편, 거부권부주식을 발행하고 있던 비상장회사가 상장 시 동 주식을 소멸시키기 위한 것이라고 판단하였기 때문이다. 또한 우리나라에서도 상법상에 종류주주총회를 활용한 변형된 황금주제도[465](종류주주총회에 의한 거부

---

464) 송종준, 전게논문(주 3), 120면.

465) 논의의 편의를 위해 '변형적 황금주제도'란 주주총회 및 이사회의 중요한 결의사항에 관해 종류주주총회의 결의로서 거부권을 행사할 수 있는 제도라 하고, '전통적 황금주제도'란 정부가 공기업을 민영화한 후에도(단 1주라도 보유한 경우 포함) 특정기업의 중요한 의사결정을 참여

권)를 도입한다면 이러한 거부권부주식제도를 상장기업까지 확대할 것인가에 대하여 첨예한 찬반론이 대두될 것이다. 즉, 상장기업에서 이러한 주식을 도입하게 되면 해당 기업의 매수대상기업으로서 매력이 떨어져 주가가 하락하기 때문이다. 또한 해당 회사가 주주의 이익을 해칠 우려도 있다는 의견도 제시되고 있지만, 현실적으로 비상장회사보다는 상장기업들이 훨씬 활용할 요인이 크다고 본다. 그리고 상장 이전에는 종류주주총회의 결의를 통한 변형된 황금주제도를 도입하거나, 상장 이후에는 상법상 특별결의요건보다 강화된 결의요건을 규정하여 도입하게 되면, 주주평등의 원칙에 대한 위배에 대한 논란의 소지도 적을 것이다.[466] 다른 관점에서는 이 제도를 일부 남용할 우려가 있는데, 이는 엄격한 조건을 규정하고 그 남용을 사전에 미리 차단할 수 있는 제도가 강구된다면, 상장기업에도 이러한 제도를 도입할 수 있다고 본다.

(3) 폐쇄기업

일반적인 비상장주식회사의 경우에는 사실상 적대적 M&A가 발생할 개연성은 그다지 크지 않다고 본다. 그러나 벤처기업의 경우에는 주식소유구조상 경영권대립이 예상되기 때문에, 이러한 기업 스스로가 경영권을 보호할 수 있는 법적 기반을 조성해 주어야 할 필요성은 존재한다. 한편 현행 상법(회사법)에는 일반주식회사와 상장회사를 구별하지 않고 있으므로, 다양한 경영권 방어수단을 상법(회사법)

할 수 있는 제도라 하겠다.
466) 허항진, 전게논문(주 454), 129면.

을 통해 모두 제공하는 데 한계가 있어 보인다. 즉, 이러한 문제를 해결하는 차원에서도 현행 상법(회사법)상 폐쇄회사와 공개회사의 분리가 필요하다고 본다.[467]

한편 '2006년 개정안'상 거부권부주식의 도입취지는 방어수단이기보다는 폐쇄기업인 벤처기업이나 중소기업 등 기업 실무에서 종종 이루어지는 '주주 간 계약'을 회사법에 수용하기 위한 것으로 보인다. 그러나 이러한 거부권부주식의 도입이 경영권의 고착상태에 빠지게 하는 부작용도 발생할 수 있는 점[468] 등이 현행법으로 도입하는 과정에 장애로 작용한 것으로 보인다. 그러나 벤처기업의 경우 특히 경영권의 쟁탈이 쉽게 발생할 수 있기 때문에, 현행 상법상 종류주주총회를 활용한 변형된 황금주를 도입하되, 원시정관이나 상법상 특별결의요건보다 엄격한 총주주의 4분의 3 이상의 동의에 의한 정관변경으로 거부권부주식을 채택할 수 있는 방안[469]이 바람직하다고 본다.

2. 복수(차등)의결권주식[470]

우리나라에서도 의결권에 관한 다양한 종류주식의 발행을 허용하는 것이 검토되고 있다. 쟁점은 1개의 주식에 대해 수개의 의결권을

---

467) 송종준, 전게논문(주 3), 118~119면.
468) 권종호, "2006년 회사법 개정시안의 주요 내용—자금조달관련 사항을 중심으로-", 『상사법연구』 제25권 제2호(2006), 319~320면.
469) 허항진, 전게논문(주 454), 127~128면.
470) 논의의 편의를 위해 본 논문에서는 2개 이상의 의결권이 부여되는 복수의결권주식에 의결권에 차등을 두는 차등의결권주식을 포함하여 설명함을 밝혀 둔다.

인정하는 '복수의결권주식'의 발행을 인정할 것인가이다. 이러한 복수의결권주식의 발행을 회사법상 허용할 경우 주로 적대적 M&A에 대한 방어수단으로 활용될 가능성이 많지만, 기업인수와 관련된 일반적 경영상황을 배경으로 그 효율성을 배제할 수 없을 것이다. 미국의 경우에는 주회사법에서 주주 간의 의결권분배에 대해 강행법적인 규제를 하고 있지 않지만,[471] 상장회사에 대해서는 증권거래소의 상장규정으로 일정한 제한을 가하고 있다. 즉, 비상장회사에서는 복수의결권제도를 채택하는 데 제한이 없고 상장회사인 경우에만 일정한 조건하에서 복수의결권주식의 발행이 가능하다.[472] 영국에서는 회사법상 의결권에 대한 제한을 하고 있지 않기 때문에 복수의결권주식의 발행이 허용되고 있다. 하지만 시장의 관행상 지배권 확대수단으로서 실제로 발행하고 있는 회사는 많지 않다. 예컨대, 20대 회사 중 1개사만이 복수의결권을 발행하고 있는 실정이고, 지배권 확대수단으로 이용하는 회사는 최근 상장된 20개 회사 중 단 1곳도 없었다.[473] 한편 일본의 경우에는 2001년 상법개정에 의해 다양한 의결권배분이 가능해진 가운데, 2005년 제정된 회사법에서 이러한 규율을 그대로 수용하게 되었다.

이러한 복수의결권주식제도는 경영권 방어와 기업공개, 신규투자 유치, 전략적 제휴 등 기업이 직면한 다양한 상황에서 이해관계 있는 당사자들의 복잡한 이해관계를 조절하는 데 유용하게 사용될 수 있

---

471) Del Gen. Cor. Law §151(a); RMBCA §6.01(a); N.Y Bus. Cor. Law §501(a).

472) 현재 미국에서는 S&P 500대 기업의 7%가 복수의결권구조를 채택하고, 전체적으로 600개사가 도입한 것으로 추정된다[상장자료실, "차등의결권제도의 각국 사례와 검토과제", 『상장』(2008.5), 58면; 전국경제인연합회, 전게자료(주 234), 7면].

473) 윤영신, 전게논문(주 374), 215면.

지만, 복수의결권주식을 도입하게 된다면, 다음과 같이 제고해야 할 다양한 문제들도 존재하게 된다. 즉, ① 의결권에 차등을 두는 경우에 1주 1의결권원칙에 위반한 주주평등의 원칙에 위배된다는 근본적인 문제, ② 경제현실과 자본시장의 발전단계와 현황, 정책목표 등을 감안하여 우리 자본시장에 복수의결권주식을 도입하는 것이 자본시장발전과 기업경쟁력 제고를 위해 과연 도움이 될 것인가의 문제, ③ 복수의결권주식의 도입으로 대상회사는 어떻게 할 것인지, 발행방법이나 상장회사에 대한 적용문제 등474)이 존재한다. 이러한 문제들을 먼저 제고해야 할 필요성이 있다고 본다.

1) 의의 및 특징

(1) 의의

　복수의결권주식은 1주 1의결권원칙에 대한 예외를 인정하여, 특정의 주식에 대하여 다수의 의결권이 부여된 주식을 말한다. 차등의결권주식이라고도 하며, 대체로 지배주주의 회사에 대한 지배권을 유지하거나 강화하는 데 이용된다. 이러한 복수의결권주식은 주식별 차등의결권을 배정하는 방법이 매우 다양하다. 즉, 특정의 주식에 대하여 다수의 의결권을 배분하는 방식, 보유기간별로 의결권을 차등화하는 방식, 의결권 수의 상한을 설정하는 방식, 주식의 일정 수를 1단원으로 1개의 의결권을 부여하는 방식 등이다.475)

---

474) 김효신, 전게논문(주 301), 166~167면.
475) 송종준, 전게논문(주 3), 94~95면.

또한 차등의결권주식은 주식회사가 2종류 이상의 주식을 발행하고, 발행된 주식 간 의결권에 차등을 두는 것을 말하는데, 1주에 2개 이상의 의결권을 부여하는 주식(복수의결권주식: supervoting stock), 반대로 1개 미만의 의결권을 부여하는 주식(무의결권주식: non-voting stock)으로 나누는 견해도 있고,[476] 좁은 의미로 의결권 있는 보통주식을 2종류 이상으로 분류하여 발행하고 종류마다 다른 수의 의결권을 인정하는 제도로 보는 견해도 있다.[477] 반면, 새로운 종류의 주식을 만들지 않고 한 종류의 주식에 의결권 수의 차등을 두는 방법으로 주식보유기간이나 보유주식 수에 따라 주주가 행사할 수 있는 의결권 수에 차등을 두는 경우이다. 예컨대 보유기간이 많을수록 의결권 수가 많은 주식(time phased voting plan), 보유주식 수가 일정한도를 초과할 경우 의결권 수를 제한할 수 있는 주식(capped voting plan, scaled voting plan) 등이 이에 속한다.[478]

(2) 특징

복수의결권주식의 주요한 특징으로는 다음과 같다. ① 복수의결권주식이 발행되면 기업들로 하여금 자본조달이 보다 용이해지고, 경영진은 1주당 다수의 의결권을 가진 주식을 소유하게 되어, 회사의 지배권강화에 따른 경영권을 안정시킬 수 있다. 즉, 이러한 주식의 도입으로 경영진은 자금조달 방법을 다양화할 수 있을 것이고, 자본

---

476) 유영일, "차등의결권주에 관한 연구", 『상사판례연구』 제21권 제4권(2008), 96~97면.
477) 김화진·송옥렬, 『기업인수합병』, 박영사, 2007, 306면.
478) 김효신, 전게논문(주 301), 167면.

조달의 성공 여부는 투자자들이 선택하게 될 것이다.[479] ② 1주 1의 결권인 보통주가 발행된 경우 현재의 경영진과 지배주주는 그 소유의 지분을 감소할 때 경영권이 위협받을 수 있다. 이러한 경우에 복수의결권주식을 이용한 자본재구성은 설계하는 방법에 따라 추가적 출자가 없어도 새로운 지배권을 창출할 수 있게 되고,[480] 기업의 재무구조에 직접적인 왜곡을 발생시키지 않는 저비용의 방어수단이 된다. 특히 복수의결권주식에 의한 경영권 방어수단의 도입은 적대적 M&A를 방어할 수 있을 뿐만 아니라 매수자들과의 교섭을 통일시킬 수 있어 회사가 지나치게 싼 가격에 매도되는 것을 방지할 수 있다.[481] 또한 이러한 주식을 인정함으로써 경영권안정을 유지할 수 있는 법적 수단을 제공하게 된다면, 우량기업의 신규상장 등 자본시장 활성화에도 도움이 될 것이다.[482] ③ 복수의결권주식의 도입 시 소유구조가 보다 명확해질 수 있고, 자본시장에서 개별기업의 소유구조에 대한 평가도 용이해질 수 있다. 즉, 기업공개(IPO)를 통해 새로이 증권시장에 진출하는 기업들의 지배구조가 피라미드나 순환출자형으로 가는 것을 방지해 주는 효과도 기대할 수 있다.[483][484] ④ 복수의결권주식은 기업공개 시 공개기업으로 하여금 대주주나 벤처

---

479) 박양균, "차등의결권제도의 경제학적 분석", 『규제연구』 제18권 제1호(2009.6), 155~156면.

480) Jeffrey N. Gordon, "Ties That Bond: Dual Class Common Stock and The Problem of Shareholder Choice", 76 Cal. L. Rev. 1(1988), pp.40~42.

481) 김화진, "글로벌 M&A시장 동향과 경영권 방어", 『상장협연구』 제53호 (2006), 137~138면.

482) 김효신, 전게논문(주 301), 175면.

483) 유영일, 전게논문(주 482), 102면.

484) 한편 이러한 견해에 대해 우리나라는 순환출자나 피라미드형 주식소유구조가 혼합된 재벌이 존재하고, 신규 공개된 회사가 이러한 기업집단의 일원인 경우도 있고, 이러한 상황에서 당해 신규공개기업에서 복수의결권주식이 가장 효율적인 의결권배분구조라 하더라도, 기업집단 내의 다른 회사에서의 이익충돌에 영향을 미쳐 대리인 비용증가를 가져올 수 있다는 비판적 입장도 있다[윤영신, 전게논문(주 374), 233면].

캐피탈, 종업원 등 이러한 이해관계인들이 원하는 형태의 지배구조와 경영권 방어를 가능하게 해주는 기업공개촉진 효능도 가지고 있다.[485]

2) 입법방향

(1) '경영권방어법제 개선위원회'의 개정안[486]

복수의결권주식은 적대적 M&A에 대한 경영권 방어효과가 강하고, 경영권의 고착화가 우려되는 문제, 1주 1의결권원칙에 위배되는 문제 등을 이유로 '2006년 개정안'과 '2008년 개정안'에서 모두 배제되었다. 하지만 2008년 4월에 발족한 '경영권방어법제개선위원회'에서는 다시 개정초안을 만들어 복수의결권주식의 입법을 추진하였다. 그 내용을 보면 먼저, 개정초안상 도입하기로 한 복수의결권주식은 일반적인 보통주에 비해 의결권이 3배까지 많은 복수의결권주식을 채택하고 있었다(개정초안 제344조의5 2항). 이러한 복수의결권주식은 원시정관이나 총주주의 동의로 변경된 정관에 규정이 있는 경우에만 도입할 수 있게 규정하고 있었다(개정초안 제344조의5 1항 본문). 이러한 규정의 취지는 직접적인 소수주주의 보호를 위한 것이지만, 간접적으로는 상장회사가 복수의결권주식을 방어수단으로 이용하는 것을 방지하기 위해서였다. 또한 복수의결권주식이 발행된 경우에는 의결권제한주식을 발행할 수 없고, 의결권제한주식을 도입한

---

485) 김건식 외, 『21세기 회사법 개정의 논리(제2판)』, 소화, 2008, 288면.
486) 경영권방어법제위원회의 입법초안에서는 복수의결권주식과 관련한 자세한 규정을 두고 있다. 이에 대하여는 권종호, 전게논문(주 228), 274~275면 참조.

회사에서는 복수의결권주식을 발행할 수 없도록 규정하고 있었다(개정초안 제344조의5 1항 단서). 이러한 규정의 취지는 복수의결권주식과 의결권제한주식제도를 동시에 시행하는 것을 금지하도록 함으로써, 소액의 투자로 회사를 지배하는 것을 사전에 방지하기 위해서였고, 동 초안에서는 예측 가능성을 부여하기 위해서 복수의결권주식을 발행함에 있어서는 상환에 관한 내용을 정관에 미리 정하도록 요구하고 있었다.[487]

3) 방어수단으로서 활용

경영권분쟁에 대한 다툼이 있는 경우에 회사가 저렴한 비용으로 이용할 수 있는 방어수단이, 우리나라에 특별히 존재하고 있지 않은 상황에서 복수의결권주식과 같이, 다른 의사결정을 왜곡시키지 않는 범위에서 단순히 방어적 역할로서만 기능하는 순수한 방어수단의 역할은 중요하다고 본다. 따라서 이러한 주식제도를 인정하더라도 공개회사의 경우에는 상법상 무의결권 보통주 및 차등의결권에 관한 규정을 적용하고 이를 자본시장법에는 적용하지 않는 것이 필요하다고 보는 견해[488]도 있다. 또한 복수의결권주식은 회사에 대한 지배권을 유지함과 동시에 자본조달에 있어서 효과를 발휘할 수 있지만, 무엇보다 효과적인 경영권의 방어수단으로서 경영자 측의 이사선임에 필요한 충분한 수의 의결권을 보유하는 경우에는 적대적 M&A는 사실상 어렵게 된다.[489] 이러한 복수의결권주식을 적대적

---

487) 이선화, 전게박사학위논문(주 214), 131~132면.
488) 김건식 외, 전게서(주 491), 289면.

M&A의 방어수단으로 도입할 경우에 불필요한 자금조달(예컨대 신주발행이나 전환사채의 발행 등)이나 자기주식을 취득하는 등 자본을 낭비할 필요가 없기 때문에, 방어비용에 대한 지출이 과다해지는 것을 막을 수 있을 것이다. 예를 들어, 미국의 경우에 복수의결권주를 이용한 경영권의 방어적 전략은 일반적으로 주식교환(exchange offers)이나 주식배당(special distributions), 그리고 의결권변경(alteration of voting right)을 통하여 지배주주나 경영진 등 회사내부자에게 복수의결권주식을 보유하게 하는 방법을 활용함으로써 이루어졌다.[490] 이처럼 우리나라에서도 막연히 경영권의 강력한 방어수단이라는 점만 부각시켜 그 남용이 우려되기에 도입하지 않는 것보다는, 기업들이 복수의결권주식을 도입함에 있어서 구체적 내용들은 기업의 재량에 맡기고, 상법(회사법)에는 이러한 규정을 두지 않는 것이 타당하다고 본다. 그리고 이러한 주식을 도입할 경우에는 원시정관 또는 총주주의 동의로 변경된 정관의 규정이 있을 때보다는, 어느 정도 실효성이 있는 주주총회의 특별결의를 거치게 하여 기존 주주들의 의사를 충분히 반영하고, 주식의 보유기간에 따라 주주를 몇 개의 그룹 단위로 나누는 방안도 고려할 필요가 있다고 본다.

4) 회사유형별 도입과제

전술한 바와 같이 경영권방어법제위원회의 개정초안 제344조의5 제1항에서는 복수의결권주의 도입요건을 원시정관이나 총주주의 동

---

489) Jeffrey N. Gordon, supra note 486, p.4.
490) 유영일, 전게논문(주 482), 99~100면.

의를 거쳐야 한다고 규정하고 있었는데, 이러한 개정초안은 공개회사에서의 복수의결권주식의 이용을 제한하려는 취지로 보이고, 공개회사와 폐쇄회사를 구분하여 폐쇄회사에만 적용하자는 견해[491]도 있다. 이하에서는 회사유형별 도입과제에 대하여 살펴보겠다.

(1) 상장기업

기존 상장회사에서 새로이 복수의결권주식을 도입하게 되면 주주평등의 원칙에 위배될 수 있지만(예컨대, 상장하기 전에 계약당사자들이 복수의결권주식을 원하지 않을 경우), 주식매수청구권을 인정함으로써 이러한 문제는 해결될 수 있을 것이다.[492] 또한 복수의결권주식은 적대적 M&A에 대한 방어수단으로 작용할 수 있는데, 현재 상장회사의 대다수가 대기업이나 기업집단에 속하는 기업일 경우에는 적대적 M&A의 위협이 거의 존재하지 않기 때문에 추가적인 경영권 방어수단이 불필요하다고 한다.

하지만 다음과 같은 경우에 이러한 주식이용에 대한 대응방안이 될 수 있다. 첫째, 기존 주주의 의결권을 강하게 희석하거나 제한하는 것에 관해서는 상장회사의 경우 한국거래소의 상장규정을 제한함으로써 이를 해결할 수 있다.[493] 또한 기업공개를 통하여 복수의결권주식을 발행하게 되면 의결권이 희석되는 문제도 발생하지 않게 되므로, 이러한 주식의 도입사실이 주가에 반영되어서 주주의 이

---

491) 윤영신, 전게논문(주 374), 235면; 유영일, 전게논문(주 482), 125면; 김두식, 전게논문(주 119), 52~53면; 송종준, 전게논문(주 3), 119면 등 참조.

492) 박양균, 전게논문(주 485), 162면.

493) 이선화, 전게박사학위논문(주 214), 134~135면.

익에 미치는 영향은 거의 없을 것이다.494)

참고로 일본 동경증권거래소는 상장 후 복수의결권주식을 도입하는 경우에 일반주주가 예상치 못한 피해를 볼 수 있기 때문에 원칙적으로 시장의 투자자 모두가 동의하고, 주식을 취득하는 신규공개일 경우에만 허용해야 한다고 한다.495) 둘째, 복수의결권주식이 대기업이나 기업집단에 속하는 기업에 경영권의 방어수단으로 불필요하다고는 하지만, 이런 기업들을 제외한 기업들에는 경우에 따라 필요할 수 있다고 본다. 따라서 이러한 복수의결권주식을 상장회사에 도입할 경우, 그 도입요건을 주주총회의 특별결의로 완화한다면 공개회사인 상장회사도 이용 가능하다고 판단된다.

(2) 폐쇄기업

앞에서 살펴보았듯이, 지배구조에 대한 사회적 문제가 발생할 가능성이 적은 폐쇄회사에 대하여 복수의결권주식의 도입에 대하여는 대체로 긍정적인 견해들이 많이 있었다.496) 또한 폐쇄회사에 대하여 복수의결권주식의 도입을 반대할 근거가 약해 보이며, 경영권의 방어수단으로 도입할 경우에 폐해가 발생하지 않는다면 그 효용가치는 크다고 본다. 또한 벤처기업가나 창업주들이 경영권을 유지하기 위해 회사에 과도하게 자본을 투자하여 개인적인 경영자원을 소진

---

494) 김화진·송옥렬, 전게서(주 483), 368면.

495) 東京證券去來所, 議決權種類株式の上場制度に關する報告書(2008.1.16), 6면.

496) 윤영신, 전게논문(주 374), 235면; 유영일, 전게논문(주 482), 125면; 김두식, 전게논문(주 119), 52~53면; 송종준, 전게논문(주 3), 119면 등 참조; Martha Steward 社의 경우 Martha Steward는 1주에 10 의결권을 다른 주주는 1주에 1의결권을 갖게 함으로써 창업자의 경영권유지가 용이하였다.

하게 하거나, 무리한 경영권 방어수단을 도입하여 오히려 회사의 가치를 낮추는 부작용은 상당부분에서 해소될 수 있을 것이다. 자본시장을 통한 자본조달의 필요성을 가장 많이 느끼는 벤처기업이나 성장유망 중소기업들이 경영권 상실에 대한 불안 때문에 IOP를 하지 못하는 것이 현실이고, 복수의결권주식은 이러한 문제를 해결할 수 있는 유리한 방안이 될 수 있을 것이다.[497] 따라서 복수의결권주식을 도입하더라도 여러 가지 법적으로나 기술적으로 문제가 발생할 수 있다. 즉, 1주 1의결권원칙의 예외를 인정하는 회사 및 주주의 범위를 어떻게 정할 것인가, 복수의결권주식의 장내 유통에 제한을 둘 것인가, 유효기간과 소멸시효를 정할 것인가 또는 의결권 개수를 어느 정도까지 인정할 것인가[498] 등의 구체적인 사항에 대한 합의가 우선시된다면 복수의결권주식의 발행이 가능하다고 판단된다. 따라서 이러한 문제점들에 대한 구체적인 검토가 이루어진다면, 폐쇄회사나 벤처기업 등에서 주주 간 계약을 회사법적으로 효력을 갖도록 하는 수단으로서 복수의결권주식이 유용하게 사용될 수 있을 것이다.

3. 임원임면권부주식

주식회사의 경영은 자본다수결의 원칙에 의해 이루어지고, 창업자 등은 이러한 경영권을 계속 유지하기를 원한다. 그러나 벤처기업과 같은 폐쇄회사의 의사결정은 이사회에서 이루어지고 있으며, 각 이

---

497) 김두식, 전게논문(주 119), 52~53면.
498) 유영일, 전게논문(주 482), 125면.

해관계자의 관심사는 주주총회의 의결이 아니라 자기의 의사에 힘을 실을 수 있는 이사를 많이 선임하는 것이다. 이러한 관점에서 종류주주총회에서 선임 또는 해임할 수 있는 이사 및 감사의 수에 있어서 내용이 다른 주식을 발생할 수 있도록 하는 제도가 임원임면권부주식제도이다. 우리나라의 경우에도 임원임면권부주식이 '2006년 개정안'에는 도입하기로 규정하고 있었지만, 거부권부주식과 함께 강력한 방어수단으로서 남용이 우려되어서 '2008년 개정안'에서 삭제되었다. 이러한 주식제도는 미국, 일본 등 주요국에서도 도입하고 있다. 미국의 경우 정관에서 주식을 종류로 분할할 것을 허용하는 경우에, 이사의 일부나 전부의 선임을 종류주주에 의하도록 할 수 있다. 이러한 이사를 선임할 권한이 있는 종류주식은 이사의 선임에 대해 독립적인 의결권그룹을 형성하게 된다.499) 이러한 종류주주에 의한 이사선임은 폐쇄회사에서 소수주주가 일정한 이사의 선임권을 확보할 수 있도록 하기 위해 널리 이용되고,500) 미국의 45개 주회사법이 채택하고 있다.501) 한편, 일본 회사법에서는 종류주주총회에서

---

499) RMBCA §8.04. ELECTION OF DIRECTORS BY CERTAIN CLASSES OF SHAREHOLDERS
If the articles of incorporation authorize dividing the shares into classes, the articles may also authorize the election of all or a specified number of directors by the holders of one or more authorized classes of shares. A class (or classes) of shares entitled to elect one or more directors is a separate voting group for purposes of the election of directors라고 규정하고 있다.

500) 또한, 미국의 경우 합작법인, 벤처기업 등에서 주주 간 계약으로 합의한 수의 이사 또는 감사를 이사회의 각파가 선임하는 것을 보장하는 방안으로서 이사회 계파별(class voting for classified board of director)로 널리 이용되고 있다[江頭憲治郎, 전게서(주 212), 155면]. 예컨대 A가 90%의 주식(90주)을 소유하고, B가 10% 주식(10주)을 소유하고 있는 회사에서 3명의 이사를 선임하면서 그중 1명에 대해 B가 선임권을 갖는 것으로 A와 B가 약정한 경우에 임원임면권부주식을 이용하게 되면 아주 간단하게 그 약정을 실현할 수 있다. 먼저 정관으로 A 소유의 주식은 A종류주식으로 하고 B 소유주식은 B종류주식으로 한 다음에 A종류주식에는 이사 2명에 대한 선임권을, B종류주식에는 이사 1명에 대한 선임권을 각각 부여하고, 각 종류주주총회에서 해당 이사를 선임하도록 하면 되기 때문이다[권종호, 전게논문(주 4), 71면].

501) 김순석, 전게논문(주 436), 165면.

이사나 감사를 선임할 수 있는 주식(예컨대, 임원의 선·해임권부 종류주식이라는 용어도 사용되고 있다), 즉 이러한 주식이 발행되면 이사 및 감사의 선임은 각 종류주주총회의 단위로 이루어지고, 전체적인 주주총회는 개최되지 않는다. 또한 이 종류주식은 위원회설치회사와 공개회사를 제외한 회사(신회사법 제108조 1항 단서)에 한하여 발행할 수 있다.[502] 이하에서는 '2006년 개정안'에 규정되었던 임원임면권부주식의 내용과 도입에 따른 입법사항과 도입 시 고려사항에 대해 검토해 보겠다.

1) 의의 및 특징

임원임면권부주식(class voting stock)[503]은 종류주주총회에서 선임 또는 해임할 수 있는 이사 및 감사[504]의 수에 있어서 내용이 다른 주식을 의미한다(2006년 개정안 제344조의5). 이러한 주식의 발행으로 원칙적으로 이사 및 감사의 선·해임은 각 종류주주총회 단위로 이루어지고 전체 주주총회는 개최되지 않게 된다. 그러나 정관의 정함

---

502) 일본 회사법 제108조 제1항 제9호
   株式会社は゛次に掲げる事項について異なる定めをした内容の異なる二以上の種類の株式を発行することができる゜ただし゛委員会設置会社及び公開会社は゛第九号に掲げる事項についての定めがある種類の株式を発行することができない゜」
   九. 当該種類の株式の種類株主を構成員とする種類株主総会において取締役又は監査 役を選任すること라고 규정하고 있다.

503) 일본의 경우에는 이를 '종류투표주식'이라고 하며, 이는 종류주주총회별로 이사, 감사를 선임하는 것을 공개회사까지 허용하게 되면 경영자지배현상을 심화시킬 우려가 있어 주식양도제한회사로 적용대상을 제한하였다[권종호, "자본조달수단의 다양화와 일본의 주식법제 개선", 『증권예탁』 제52호(2006.6), 11면].

504) 이사뿐만 아니라 감사도 종류주주별로 선임할 수 있으나, 감사위원회제도의 도입 등으로 인하여 2인 이상의 감사를 선임하는 경우가 별로 없기 때문에 감사를 대상으로 할 실익은 없다고 보는 입장도 있다[박철영, 전게논문(주 208), 66면].

이 있는 경우에 이사 및 감사의 전부 또는 일부를 종류주주총회에서 공동으로 선·해임할 수 있다(개정안 제344조의5 1항). 또한, 이사 또는 감사의 임기만료 전에 그를 선임한 종류주주총회에서 의결권을 행사할 수 없게 된 경우에는 이사 또는 감사의 해임은 보통의 주주총회의 해임결의에 의한다(개정안 제344조의5 3항). 임원임면권부주식은 거부권부주식과 함께 원시정관이나 총주주의 동의하에 변경된 정관에서 정하는 경우에 한하여 도입할 수 있다고 한 규정(개정안 제344조의5 2항)은 공개회사에서 이를 인정하면 경영자지배나 경영권 강화수단으로 남용될 우려가 있다고 보았다. 그러나 임원임면권부주식은 회사의 임원진과 그 선·해임권을 갖는 종류주주 간에 의견불일치에 있어서 이해관계를 일치시키고 종류주주의 의사를 업무집행에 효과적으로 반영할 수 있다는 점에서 그 의의를 평가하는 자도 있다.[505]

2) 입법방향

(1) '2006년 개정안'의 내용

전술한 바와 같이 '2006년 개정안'에 도입되었던 임원임면권부주식과 거부권부주식은 기업의 경영권 방어수단으로는 너무 강력하다는 의견이 제기되어 '2008년 개정안'에서 삭제되었다. 이후 2008년 신정부의 출범 이후 적대적 M&A에 대한 방어수단을 확충한다는 취

---

505) 酒井太郎, 전게논문(주 468), 59면.

지로 옵션부여형 잠재주식인 신주인수선택권(포이즌 필)에 대한 논의도 있었지만 의견통일에 대하여 합의점을 찾지 못하였다. 임원임면권부주식이 비록 새로운 방어주식으로 도입은 되지 못하였지만, '2006년 개정안'의 몇 가지 중요한 내용을 살펴보면 다음과 같다. ① 이사 또는 감사의 선·해임권에 대해 주주 간 계약에서 정하였던 일부 주주의 이익보호를 제도적으로 보장하려고 하였다. 하지만 일본 회사법에서는 주식양도제한회사 이외의 회사의 경우에는 특별한 합리적 근거도 없이 일부주주에게 이사를 선임하도록 하는 등 남용의 우려가 있고, 일반투자가에게 예상치 못한 불이익이 생길 우려도 있다는 문제점을 들어 주식양도제한회사에 한정하였다. 그 결과 양도제한이 없는 벤처기업까지 임원임면권부주식의 발행을 제한하는 결과가 되어 이에 대한 비판이 제기될 수 있다.[506] ② 임원임면권부주식의 도입은 적대적 M&A에 방어수단으로서보다는 벤처기업에 대한 주주 간 계약을 수용하기 위한 것이었다. 또한 발행요건도 원시정관이나 총주주의 동의를 요하기 때문에 이러한 제도를 활용할 기업은 매우 제한적일 것이다. 따라서 그 활용도를 높이기 위해서는 원시정관이나 초다수결의(출석의결권주식 수의 3분의 2 이상과 발행주식총수의 과반수)에 의한 정관변경으로도 가능하도록 그 요건을 완화할 필요성이 있다.[507] ③ 임원임면권부주식에 의해 이사나 감사를 선임하는 경우 현행 상법의 집중투표제도에 관한 규정(상법 제382조의2)이 적용되는가 문제시된다. 즉, 현행 상법에서는 종류주

---

506) 加藤貴仁, "株主間の議決權配分", 『商事法務』, 2007, 30면.

507) 同旨, 김순석, 전게논문(주 436), 166~167면; 증권거래법학회, "적대적 M&A 방어수단 관련연구" (2008), 66~67면.

주총회에 관하여 주주총회에 관한 규정만 준용하고 있을 뿐, 이사의 이사회에 관한 규정의 준용은 규정하고 있지 않다(상법 제435조 3항). 이러한 문제에 대하여 우리나라는 논란이 없지만, 어느 종류주주에 의해 이사를 선임하게 하는 경우에 당해 종류주주 간에 집중투표를 할 필요성은 없을 것으로 보인다.[508] 반면, 이러한 문제에 대해 일본은 회사법 제342조에서 "집중투표에 의한 이사선임을 종류주주총회의 준용대상으로부터 제외하는 규정"을 둠으로써 입법적으로 해결을 하였다. 이는 일본 회사법 제347조 제1항(종류주주총회에서 이사 또는 감사를 선임하는 경우 준용)에서 동법 제342조(누적투표에 의한 이사선임)의 언급이 없는 것에 따른 해석이다.[509] 위에서 언급한 바와 같이 도입에 대한 논란이 있지만, 현시점에는 경영진과 주주, 이해관계인들의 합의를 통한 임원임면권부주식을 도입하는 데 뜻을 같이하여야 하고, 적용할 수 있는 대상회사의 범위를 정하고, 발행요건 등을 완화하여 우리 법제에 도입하는 것이 경영상의 필요뿐만 아니라, 적대적 M&A에 대한 방어수단으로도 활용할 수 있을 것으로 기대된다.

(2) 방어수단으로서 활용

특정주주에게 이사 또는 감사의 선·해임권을 부여하는 임원임면권부주식제도는 국제적으로 보편화되고 있는 실정이고, 대부분 이를

---

508) 김순석, 전게논문(주 436), 167면.

509) 松尾建一, "種類株式Ⅱ" 『新會社法の檢討 -フアイナンス關係の改正-』(證券去來法研究會 編), 『別冊 商事法務』 第298号(2006), 33~34면.

이용할 회사에 대해 제한도 없다. 그러나 일본의 경우에는 폐쇄회사에 한정하여 이용할 수 있도록 제한510)하고 있고, 우리나라의 '2006년 개정안'에서도 경영권의 방어수단으로서 남용 가능성이 농후하다는 의견들이 있어서 사실상 폐쇄회사로 그 범위를 제한하고 있었다.511) 한편 임원임면권부주식은 특정주주에게 일정 수의 임원선임권을 부여하기 때문에 우호적인 제3자에게 발행하게 되면 강력한 방어수단이 된다. 이러한 점에서 거부권부주식은 특정주주의 찬성 없이는 회사의 중요한 의사결정을 하지 못하게 하는 방법으로 방어수단의 역할을 한다면, 임원임면권부주식은 특정주주에게 이사회의 구성에 대하여 영향력을 행사할 수 있도록 함으로써 방어수단의 역할을 하는 점에서는 차이가 있다.512) 또한 두 주식의 공통점은 강력한 방어수단의 역할을 할 수 있다는 점이다. 이러한 강력한 방어수단의 기능 때문에, 임원임면권부주식을 방어수단으로 이용하는 것에 대해 제한할 필요가 있다고 하여 '2006년 개정안'에서는 그 활용요건을 엄격하게 하였다. 이런 계기로 비록 '2008년 개정안'에서 삭제되었더라도, 이러한 임원임면권부주식의 이용에 대한 제한으로 벤처기업이나 중소기업 등에서 동 주식의 다양한 기능을 이용할 기회를 차단한 것은 비판의 소지가 있다고 본다. 이하에서는 이러한 주식의 도입에 따른 회사유형별 도입과제에 대하여 검토해 보겠다.

---

510) 또한 이러한 제도를 활용하는 데 그 이용범위를 폐쇄회사로 제한하고 있는 것에 대해 비판적인 견해도 있다(宍戸善 一, "種類株式, ストシク・オプション等の自由化", 『ジュリスト』, 第1206号(2001), 44면).

511) 권종호, 전게논문(주 4), 72면.

512) 酒井太郎, 전게논문(주 468), 59면.

3) 회사유형별 도입과제

(1) 상장기업

전술한 바와 같이 임원임면권부주식을 우호적인 제3자에게 배정하는 경우에는 강력한 경영권의 방어수단이 된다. 이러한 의미에서 '2006년 개정안'에서는 원시정관이나 총주주의 동의에 의한 정관변경으로만 이러한 주식을 발행할 수 있도록 하여 동 주식의 발행을 엄격히 제한하였다. 이것은 사실상 상장회사에서는 방어수단으로 이용할 수 없도록 한 것이다. 하지만 대규모 공개회사이더라도 임원임면권부주식에 대한 수요가 있을 수 있고, 종류주주의 보호라는 측면에서도 공개회사가 이러한 주식제도를 이용할 수 있도록 하는 것이 바람직하다고 본다. 따라서 경영권의 방어수단으로서 남용되는 문제는 임원임면권부주식의 적용회사의 범위와는 별개의 문제로서 주주의 공동이익이나 기업가치보호라는 측면에서 다루어져야 한다고 본다.[513] 또한 향후 입법과정에서도 동 주식의 도입 자체가 강력한 방어수단이라는 이유만으로, 공개회사에서 이러한 주식제도 자체의 도입 여부에만 초점을 두지 말고, 우리나라도 한국거래소의 상장요건을 이용하여 적당한 규제를 가할 수 있는 특별법을 제정하여 시행하게 된다면 임원임면권부주식을 공개기업에도 도입할 수 있다고 판단된다.

---

513) 권종호, 전게논문(주 4), 73면.

(2) 폐쇄기업

임원임면권부주식은 벤처기업이나 합작기업 등에 있어서는 창업자와 벤처캐피탈 등의 주주 간 계약에 의해 기업지배구조를 설계하고 이해관계를 조정하는 데 효과가 있다.[514] 또한 합작기업 등 특정한 주주에게 일정한 수의 이사 선임을 인정하는 주주 간 합의가 이루어질 수 있는데, 임원임면권부주식은 이러한 경우를 정관에 기재함으로써 당해 합의에 대한 법적 효과를 강화시킬 수 있다. 벤처기업이나 합작기업 등에서는 자본출자와 독립하여 지배권의 배분을 결정하는 것에 대한 수요가 존재할 수 있다. 예를 들면, 벤처캐피탈이 벤처기업에 융자를 하게 되면, 자신들의 이익보호 차원에서도 이사나 감사의 일부에 대해 선임권을 요구할 수 있게 된다. 만약 임원임면권부주식이 도입되기 전이라면 이러한 수요는 주주 간의 계약에 의해 충족되어야 한다. 그러나 이러한 충족이 강행법규에 위반되지 않고 주주평등의 원칙에 반하지 않는다면 상법에 도입되어 있건 아니건 그 결과에 상관없이 이용할 수 있다고 보아야 할 것이다. 따라서 우리나라 '2006년 개정안'은 이사 또는 감사의 선·해임권에 관하여 주주 간의 계약에서 정하였던 일부 주주의 이익보호를 제도적으로 보장하려고 한 시도였다.[515] 또한, '2006년 개정안'에서 이러한 임원임면권부주식을 도입한 것은 적대적 M&A에 대한 경영권 방어 수단이라기보다는 합작기업이나 벤처기업 등에서 주주 간 계약을 수용하기 위한 시도였다고 본다.

---

514) 박철영, 전게논문(주 208), 66~67면.
515) 김순석, 전게논문(주 436), 166면.

앞에서 언급하였듯이 동 주식의 강력한 방어수단이 남용 우려로
인해 '2008년 개정안'에서 삭제된 것은 공개회사가 이 주식제도를
도입하는 것을 차단하고자 함인데, 합작기업이나 벤처기업 등에서
이러한 수요가 있음에도 불구하고 삭제된 것은 문제가 있는 것으로
보이고, 향후 적절한 발행요건과 우리나라의 기업환경에 맞는 임원
임면권부주식의 도입이 이루어져야 한다.

Ⅳ. 향후 중소기업 이익을 위한 종류주식의 활용 방안

회사에는 많은 이해관계인들이 존재하고 있지만, 주주와 채권자와
의 형평성을 갖게 하는 것이 중요하다고 본다. 특히 중소기업[516]의
경우에 소수주주의 보호가 중요성을 갖게 된다. 즉, 경영상 위협에
처해 있는 소수주주들을 보호할 수 있는 여러 가지 방안 중, 종류주
식을 활용하여 경영의 위기에 대처하는 방안에 대하여 검토할 필요
성이 있다고 본다. 또한 '2011년 개정상법'에 도입된 의결권제한주식
과 도입되지 않은 양도제한주식, 전부취득조항부주식, 기타 단원주
식 등은 향후 중소기업의 이익을 위해 활용가치가 있다고 보기 때문
에 이에 대해 살펴보겠다.

---

516) 현행 상법상 대회사의 규모는 최근 사업연도 말 현재의 자산총액이 2조 원 이상인 상장회사,
중회사의 규모는 자본금 총액이 10억 원 이상이고 최근 사업연도 말 현재의 자산총액이 2조
원 미만인 회사, 소회사의 규모는 자본금총액이 10억 원 미만인 회사, 이사회를 두지 않은 경
우이다.

1. 종류주식별 활용 방안

1) 의결권제한주식 · 단원주식

의결권제한주식이란 주주총회에서 의결권행사가 가능한 사항에 대해 다른 주식과는 다른 규정을 두는 주식이다. 이러한 의결권제한주식에는 의결권이 전혀 없는 완전무의결권주식과 일부의 사항에 대해 의결권을 갖지 않는 좁은 의미의 의결권제한주식이 있다. 이러한 의결권제한주식은 2011년 개정상법에 도입되었고 중소기업에 있어서 그 활용가치가 많아 보인다.

즉, 의결권제한주식은 사업승계에의 활용에는 최적인 종류주식이다.[517] 사업승계에서 가장 큰 문제는 상속에 의한 주식의 분산에 따라 의결권도 함께 분산되기에 후계자가 과반수의 주식을 확보하는 것에 어려운 점이었다. 따라서 후계자가 회사지배권을 유지해야 할 필요성이 있음에도 불구하고 상속 및 유류분 등으로 인하여 후계자가 모든 주식을 받지 못하게 되어 경영권의 확보가 어려운 문제가 대두된다.[518] 그러나 의결권제한주식을 이용하면 주식소유의 분산이 있다고 해도 의결권은 분산되지 않는 방안을 강구할 수 있다. 예컨대, 대주주인 오너가 미리 보통주식과 의결권제한주식을 가지고, 상속 시 후계자에게 보통주식을, 후계자 이외의 상속인에게는 의결권제한주식을 상속하는 것으로, 상속에 따라 주식을 분산하여도 의결권은 분산되지 않는다. 극단적으로 보통주식 1주 이외는 모두 의

---

517) 都井淸史, 『中小企業のための 種類株式の活用法』, 金融財政事情硏究會, 2008, 50~51면.
518) 박철영, 전게발표자료(주 422), 103면.

결권제한주식으로 두어 후계자에게는 보통주식 1주를 후계자 이외의 상속인에게는 의결권제한주식을 상속시키는 것도 가능하다.[519] 또한 벤처캐피탈 활용방법으로 회사가 주식공개를 지향하고 있는 경우에 벤처캐피탈이 노리는 것은 주식공개 시의 캐피탈게인이다. 따라서 벤처캐피탈에 대하여 발행하는 주식을 의결권제한주식으로 발행할 경우에 경영에 대한 간섭을 받지 않고 자금조달을 할 수 있는 편리성이 있다. 또한, 합병회사에서의 활용방법은 회사 설립 시 출자비율에 관계없이 의결권비율을 같게 할 경우에 의결권을 조정하는 수단으로 의결권제한주식을 사용할 수 있다. 예컨대 높은 출자비율을 갖는 회사의 일부주식을 의결권제한주식으로 하면 의결권을 출자하는 다른 회사와 동일하기 때문이다.[520]

의결권제한주식이 적대적 M&A에 대한 방어수단으로 활용될 방안을 살펴보면, 언제 출현할지 모르는 적대적 매수자를 위해 배당우선의 완전무의결권주식을 발행하는 것은 회사의 입장에서도 배당부담만 무거워질 뿐, 유효한 방어수단은 아니다. 또한 회사 경영진도 평상시 보통주식을 발행하고 적대적 매수자가 출현했을 때는 의결권제한주식을 발행하면 된다. 따라서 의결권제한주식을 이러한 융통성 있는 주식으로 가능하게 하는 것인데, 의결권제한주식에는 '의결권행사의 조건'을 정할 수 있다는 것이 핵심이 된다.[521] 이러한 '의결권행사의 조건'을 '일정의 비율 이상의 주식을 보유한 주주만이 의결권을 행사할 수 없다'라고 정하면 적대적 M&A에 대한 방어수단으

---

519) 都井清史, 전게서(주 523), 51면.

520) 都井清史, 전게서(주 523), 53면.

521) 坪多晶子・江口正夫, 『中小企業のための 種類株式』, ぎょうせい, 2008, 164면.

로 그 역할을 할 수 있다. 또한 회사법상 주주평등의 원칙이 적용되지만 단순히 주식 수에만 집착한 제한을 부과하는 것은 주주평등의 원칙에는 반하지 않는다. 이러한 주식은 일정한 비율 이상의 주식을 보유한 주주가 나타나지 않는 동안은 누구도 의결권이 제한되는 자가 없게 된다. 즉, 누구라도 '일정비율 이상의 주식보유'라는 조건을 충족하면 의결권이 제한되기 때문에 이러한 규정은 주주평등의 원칙에 반하지 않는다고 본다. 따라서 회사는 '의결권행사의 조건'을 정하는 것에 의해 일정비율 이상의 주식을 보유하게 된 주주의 의결권을 제한하여 적대적 M&A를 의도하는 자에 대항해 가는 것이 가능하다.522)

한편, 회사법이 정하는 1주 1의결권의 원칙에는 예외가 있다. 일본의 경우에 '단원주식'이라고 한다. 이러한 단원주식을 취하게 되면 1단원의 주식에 대해 1개의 의결권을 가지는 것이 되고, 반드시 1주 1의결권이 되지는 않는다. 단원주의 제도를 사용하면, 예를 들어 100주를 가진 1단원이라고 하면 1주 1의결권이 아닌 100주 1의결권이라는 것이 된다.523) 이러한 단원주제도가 복수의결권과 같은 기능을 갖기 위해서는 단원주의 규정을 주식의 종류마다 따로 정하면 된다. 즉, 종류주식마다 단원주식 수가 달라도 된다. 따라서 A종류주식에 대하여 단원주식 수를 100주로 하고, B종류주식에 대하여 단원주식 수를 200주로 한다면 A종류주식은 B종류주식에 비해 2배의 의결권을 가지는 결과가 된다. 이러한 단원주제도는 복수의결권이 있는 주식을 발행한 것과 같은 기능을 가진다. 따라서 적대적 매수자가 취득

---

522) 坪多晶子·江口正夫, 전게서(주 527), 165면.
523) 권종호, 전게논문(주 109), 28면.

한 주식 수가 다수이더라도 의결권은 상대적으로 낮은 비율의 의결권만 부여받게 되는 것이다.[524] 이러한 단원주식도 적대적 M&A에 대한 방어수단으로 활용가치가 있다.

2) 양도제한주식

양도제한주식은 2011년 개정상법에 도입되지는 않았다. 현행 상법에는 주식양도의 자유를 인정하면서 정관에 정한 바에 따라 이사회의 승인을 얻도록 규정하고 있다(상법 제335조 1항). 주식양도를 제한하는 경우에는 모든 주식에 대하여 하도록 하고 있다. 이러한 취지는 1995년 소규모회사의 경우 주주 상호 간 신뢰관계를 보호하고 주주가 바라지 않는 주주의 참여를 배제하여 경영권 안전을 도모하기 위해서이다. 하지만 모든 주식에 대하여 양도제한을 행하는 회사는 거의 없는 실정이고, 더욱이 중소기업은 이러한 제도를 잘 알지 못할 뿐만 아니라 한국상장회사협의회가 작성한 표준정관에도 이에 관한 규정이 없기 때문이다.[525] 2008년 개정안에서는 정관에 정한 주식 종류별로 또는 그 일부에 대하여 양도제한을 가능하게 하였다. 그러나 일부에서는 경영권 방어수단으로 악용의 소지가 있다는 이유로 반대의 의견이 있었다. 그러나 법무부는 종류주식의 다양화를 경영권 방어수단보다는 자금조달의 원활화에 중점을 두고 있고 어떤 종류주식을 매수할 것인지 여부는 주주가 선택할 문제라고 하였다. 따라서 지배주주의 경영권 방어에 대한 염려는 지나치다고 하였다.[526]

---

524) 坪多晶子·江口正夫, 전게서(주 527), 162~163면.
525) 김순석, 전게논문(주 436), 147~148면.

또한 벤처기업이나 창업자나 주요 주주가 보유하고 있는 주식에 대해서만 양도제한으로 하는 것도 가능하기 때문에 이러한 양도제한주식은 주주 상호 간 인적 관계가 중시되는 중소기업에 있어서 그 활용가치가 매우 높을 것이다.[527]

양도제한주식은 양도에 따른 주식취득에 대하여 발행회사의 이사회의 승인을 필요로 하는 주식으로 중소기업의 대부분이 양도제한주식을 발행한다면, 기존주주 이외의 제3자가 주주가 되어 경영관섭이나 경영권탈취를 할 경우를 대비하여 사전에 방지할 수 있다. 가장 기본적인 소수주주 보호책은 새로운 소수주주를 발생시키지 않는 것이며, 이러한 면에서 양도제한주식을 이용하는 것이 매우 적절하다.[528] 또한 양도제한주식을 종류주식의 형태로 발행할 경우 그 용도로서 이익배당이나 거부권 등에 있어서 다른 종류주식보다 유리한 내용을 부여할 수 있다. 따라서 양도제한을 함으로써 제3자에게 이전되는 것을 방지할 수 있다.[529]

다음으로 양도제한주식과 적대적 M&A의 방어수단에 관한 사항이다. 적대적 M&A로부터 경영권을 방어하는 가장 간단한 방법은 매수를 의도한 회사가 자사주를 취득하지 않게 하는 것이다. 이러한 관점에서 회사가 발행하는 주식에 양도제한을 부여하지 않는 경우, 그 회사의 주식은 양도가 자유롭게 행해지기 때문에 매수자가 이러한 주식을 취득하기 쉽게 된다. 반면, 회사가 발행하는 주식에 양도제한이

---

526) 국회 법제사법위원회, "상법 일부개정법률안(회사편) 검토보고", 2008, 71면.
527) 김순석, 전게논문(주 436), 148면.
528) 都井清史, 전게서(주 523), 58면.
529) 김순석, 전게논문(주 430), 149면.

되어 있다면 자사주양도에 대하여 원칙으로 주주총회의 승인이 필요하다. 따라서 주주총회 또는 이사회의 주식양도에 대한 승인단계에서 적대적 M&A를 시도하는 자를 배제할 수 있는 기회가 생기게 된다.530) 이러한 주식에 양도제한을 부여하는 것은 회사의 양도승인제도를 활용하여 적대적 매수자가 자사주를 취득하는 것을 방지하려는 것이다. 그러나 이러한 제도가 금지할 수 있는 것은 주식의 양도뿐이다. 즉, 적대적 매수자가 양도 이외의 방식으로 회사주식을 취득하는 경우에는 이러한 양도제한의 방식으로는 취득을 방지할 수 없다. 예컨대 회사가 자사주를 많이 보유하고 있는 기존주주로 구성되어 있을 때 적대적 매수자가 그 회사를 흡수합병을 한 경우 합병에 따른 주식의 이전은 양도가 아니므로 이러한 주식의 이전에 대해서는 양도승인의 대상이 될 수 없다는 것이다. 따라서 회사는 주식에 양도제한을 부여하고 상속 그 외의 일반승계에 따라 회사의 주식을 취득한 자에 대하여 매도청구를 할 수 있다는 뜻을 정관에 규정하면 된다. 즉, 회사가 반대하는 자가 자사주를 취득한 경우에도 그것을 매입할 수 있고, 이러한 경우에 매도청구를 받은 주주 역시, 매도를 거부할 수 없게 된다.531) 또한 양도제한주식은 방어수단으로 이용되는 주식이 회사의 의사에 반하여 양도되는 것을 방지할 수 있다. 즉, 거부권주식이나 임원임면권주식을 우호적인 제3자에게 배정하고 적대적 M&A가 발행하면 이를 양도제한주식으로 발행하면 된다.532)

---

530) 坪多晶子・江口正夫, 전게서(주 527), 156~157면.
531) 坪多晶子・江口正夫, 전게서(주 527), 158면.
532) 권종호, 전게논문(주 4), 61~62면.

3) 전부취득조항부주식

전부취득조항부주식은 우리나라 상환주식 및 전환주식과 비슷한 성격을 지닌 주식이다. 이는 발행주식 전부를 회사가 주주총회의 결의로 강제적으로 취득할 수 있는 내용의 주식을 의미한다.533) 이러한 주식도 중소기업에 활용가치가 많을 것으로 보인다.

전부취득조항부주식의 활용 방안으로 먼저 소수주주를 교체하는 방법이 있다. 즉, 전부취득조항부주식을 이용하여 100% 자본감소(주주 100% 교체)를 행하는 방법이다. 따라서 주주총회특별결의로 주식을 소수주주로부터 강제적으로 취득하는 것이 가능하게 된다. 그러나 채무초과 회사가 아닌 경우에는 소수주주보호의 관점에서 이를 실행할 합리적인 이유가 필요하게 된다. 특히 중소기업에서 채무초과 회사를 제외한 기업이 적대적 주주에 대한 방어수단으로 활용할 경우에 심각한 문제를 야기할 수 있어 신중을 기해야 한다.534)

다음으로 전부취득조항부 종류주식을 활용한 적대적 M&A 방어수단에 관한 사항이다. 일반적으로 적대적 M&A를 의도하는 자가 출현한 경우에 전부취득조항부주식은 주로 적대적 M&A 방어수단으로 활용될 수 있다. 즉, 적대적 매수자가 보유한 주식을 의결권이 제한되도록 하는 방안, 적대적 매수자가 보유한 주식비율을 상대적으로 저하시키는 방안 등이다. 전부취득조항부주식은 그 종류주식에 대하여 주식 전부를 회사가 취득하기 때문에 적대적 매수자가 보유하고 있는 주식 또한 매수할 수 있다.535) 또한 취득의 대가로 적대적 매수

---

533) 권종호, 전게논문(주 109), 43면.
534) 都井清史, 전게서(주 523), 87~88면.

자에게 어떤 것으로 정하느냐에 따라 다양한 방어수단으로 활용될 수 있다. 예컨대, 의결권제한 주식이나 사채를 취득대가로 하게 된다면 회사는 유사시에 주주총회의 결의로 취득한 주식 전부를 의결권 제한주식이나 사채로 전환할 수 있기 때문이다.[536] 즉, 회사의 모든 주식을 취득조항부주식으로 전환한다면 적대적 M&A 방어수단의 기능을 할 수 있다.

한편 일본의 경우에는 복수의 종류주식을 발행하고 있는 회사에 한하여 전부취득조항부주식을 인정하고 있다. 이러한 주식을 방어수단으로 활용하기 위해서는 복수의 종류주식의 발행을 정관에 기재하고 이미 발행된 주식을 주주총회의 특별결의로 전부취득조항부주식으로 변경하여야 한다(일본 회사법 제332조 1항 ㅁ, 제111조 2항)[537]고 규정하고 있다. 따라서 이러한 주식도 중소기업이 적대적 M&A에 방어수단으로 활용될 가치는 충분히 있다고 본다.

---

535) 坪多晶子・江口正夫, 전게서(주 527), 166~167면.

536) 권종호, 전게논문(주 109), 43면.

537) 일본 회사법 (제332조 제1항 ㅁ)
種類株式発行会社が次に掲げる行為をする場合において゛ある種類の株式の種類株主に損害を及ぼすおそれがあるときは゛当該行為は゛当該種類の株式の種類株主を構成員とする種類株主総会(当該種類株主に係る株式の種類が二以上ある場合にあっては゛当該二以上の株式の種類別に区分された種類株主を構成員とする各種類株主総会゜以下この条において同じ゜)の決議がなければ゛その効力を生じない゜ただし゛当該種類株主総会において議決権を行使することができる種類株主が存しない場合は゛この限りでない゜
一. 次に掲げる事項についての定款の変更
イ 株式の種類の追加
ㅁ 株式の内容の変更
ハ 発行可能\株式総数又は発行可能\種類株式総数の増加

2. 검토 및 법적 과제

이상으로 중소기업의 이익을 위한 종류주식 활용 방안에 대하여 살펴보았다. 특히 적대적 M&A 방어수단과 관련하여 향후 우리 상법에서 도입해야 할 입법론적 과제라고 본다. 이러한 다양한 종류주식 중에는 경영권의 방어수단으로서 그 역할을 하는 것이 많이 있다. 비록 앞에서 살펴본 것 중에는 의결권제한주식을 제외한 나머지 주식은 2011년 개정상법에 도입되지 않았지만, 향후 우리나라 중소기업에서 활용될 가치는 충분하다고 본다.

중소기업이 종류주식을 활용할 수 있는 방안에 대해 기업이 매수자의 입장에서도 편리한 점이 있다. 먼저 M&A의 방법으로는 주식취득, 합병이나 주식교환 등 여러 방법이 사용된다. 어떠한 경우라도 특정기업을 매수하고자 할 경우에는 무엇보다 매수자금이 필요하게 된다. 즉, 자본조달이 이루어져야 하는데 이때 종류주식은 기업을 매수할 때 필요한 자금조달을 용이하게 할 수 있다. 또한 특정의 기업을 매수하기 전에 인수대상회사의 주주를 매수회사의 주주로 이전시키는 경우뿐만 아니라, 매수회사의 경영지배권을 유지하기 위해서도 유용하게 활용할 수 있을 것이다. 또한 기업을 매수할 때 종류주식의 활용으로는, 특정기업을 매수하기 전 인수대상회사의 주주로부터 인수대상회사의 주식을 매입할 경우에는 별도의 주식구입자금을 준비해야 한다. 즉, 이러한 매수자금을 조달하는 방법으로 금융기관을 이용하는 경우도 있으나, 고액의 자금을 조달하기 때문에 금리도 발생하지 않는 주식발행에 의한 자금조달이 더욱 용이할 것이다. 이러한 경우에 보통주식을 발행하여 자금조달을 하게 되면 회사주식이 그만큼 분산되어 회사경영권유지에 지장을 초래하게 된다. 따라서 매수회사의 의결권제한주식을 발행하여 자금을 조달하게 된다면 매수회사의 경영진은 자신의 경영 지배권에 변동 없이 기업매수 자금조달을 조달할 수 있게 된다. 또한, 고액의 매수자금이 필요한 경우에는 인수대상회사의 주주에게 주식매입 대가로 매수회사의 의결권제한주식을 교부하는 방법도 있다. 따라서 매수회사로서는 새로운 자금조달을 하지 않고서도 인수대상회사의 경영권을 분산시키는 일 없이 매수행위를 할 수 있게 된다.538)

이처럼 중소기업도 적대적 M&A에 대한 방어수단으로서 종류주식을 활용할 수 있고, 다른 한편으로는 매수자의 입장에서도 종류주식을 이용하여 자금조달을 용이하게 할 수 있다. 향후 입법론적으로 다양한 종류주식의 도입에 대하여 많은 논의가 있겠지만, 다양한 종류주식의 활용으로 인해, 중소기업뿐만 아니라 다른 기업에서도 적대적 M&A에 대한 경영권의 방어수단으로 활용가치는 충분히 존재한다고 본다. 이러한 관점에서 우리나라 상법도 2011년에 도입된 종류주식 이외에 자금조달의 편의성과 특히 적대적 M&A에 대한 방어수단으로서 역할을 할 수 있는 다양한 종류주식의 확대가 더욱 필요하다고 본다.

---

538) 坪多晶子・江口正夫, 전게서(주 527), 168~169면.

V. 방어수단 활용 시 제기되는 기타 새로운 회사법적 이슈

1. 주주이익을 위한 경영권 방어

적대적 M&A에 대한 방어행위가 경영진의 지위유지에 주된 목적이 있다는 것과는 달리 오히려 경영진에게 일정 수준의 경영권 방어를 허용하는 것이 기업의 가치를 높여 결국 주주에게도 이익이 된다는 논리도 많이 주장되고 있다. 이러한 논리[539)]를 경제학적 관점에서 몇 가지를 살펴보면, 첫째, 협상가설(bargaining hypothesis)에서는 대상회사의 경영진이 인수회사로부터 더 많은 인수대가를 받아내거나 또는 인수대가를 결정하는 협상에서 더 유리한 지위를 차지하기 위해서 방어수단을 사용하는 것이 바람직하다고 한다.[540)] 하지만 대상회사 주주에게 더 높은 프리미엄이 지불된다고 하더라도 그것이 반드시 사회적인 관점에서도 이익이 되는지는 의문이다. 대상회사 주주의 이익은 인수회사 주주의 불이익으로 상쇄되고, 사회적으로 단순히 분배의 문제에 지나지 않을 수도 있기 때문이다. 따라서 프리미엄이 높아지면, 인수회사가 대상회사를 인수함으로써 기대되는 기

---

539) 경영진에게 일정한 수준의 경영권 방어를 허용하는 것이 주주에게도 이익이 된다는 논리가 큰 설득력이 없다고 하는 주장도 유력하다. 이러한 입장을 취하는 논의는, Lucian A. Bebchuk, "The Case Against Board Veto in Corporate Takeover", 69 Chica L. Rev. 973(2002) 참조.

540) Rene Stulz, "Managerial Discretion and Optimal Financing Policies", 26 Journal of Financial Economics 3(1990); Elazar Berkovitch & Naveen khanna, "How Target Shareholders Benefit from Value-Reducing Defensive Strategies in Takeover", 45 Journal of Finance 137(1990) 참조.

대수익이 낮아지므로 미리 인수회사가 인수시도 자체를 포기할 수도 있다. 즉, 이러한 협상가설은 오히려 대상회사 주주의 입장보다는 사회 전체적인 관점에서 적대적 M&A에 대한 경영권 방어를 정당화하기에는 더 어려울 수 있다.[541]

둘째, 적대적 M&A에 대한 경영권 방어의 가장 중요한 논리는 주주가 가지지 못한 정보를 경영진이 가지고 있다는 것이다. 이런 '정보우위'의 논거는 경영진이 주주를 대신하여 많은 의사결정을 하는 것에 정당화하려는 기초적인 논리로 사용된다. 이러한 논리는 기업의 M&A 경우에도 마찬가지로 적용된다.[542] 따라서 경영진의 교체가 기업에 대한 가치를 증대시킬 수 있는지에 관한 정보를 오직 현 경영진만 가지고 있고 일반주주에게 없을 때, 기업에 대한 가치를 파괴하는 비효율적인 M&A를 막기 위해서는 경영진에게 방어수단을 허용할 수밖에 없을 것이다. 또한 기업의 가치를 감소시킬 수 있는 M&A임에도 불구하고, 거래구조상 대상회사 주주가 주식을 매도하여야 하고, 주주의 의사결정에 의존하는 것으로는 문제를 해결하기 어렵기 때문에 경영진이 주주를 대신하여 의사결정을 할 수밖에 없다.[543]

셋째, 경영진의 단기실적주의(myopia) 성향이다. 이러한 성향은 주식소유가 분산되어 있고 기업의 장기적인 전망을 주주에게 전달할 수 있는 방법이 별도로 존재하지 않기 때문에 나타난다. 또한 기업에 수익성이 높은 장기적인 투자기회가 있더라도 이러한 장기적인 투

---

541) 송옥렬, "포이즌 필의 도입과 그에 따른 법정책적 쟁점", 『상사법연구』 제27권 제2호(2008), 84면.

542) Bernard Black & Reinier Kraakman, *"Delaware's Takeover law: The Uncertain Search of Hidden Value"*, 96 Northwestern L. Rev. 521(2002) 참조.

543) 송옥렬, 전게논문(주 547), 84~85면.

자에 대한 정보는 시장에 쉽게 전달되지 않기 때문에 장기투자의 필요성에도 불구하고 단기실적주의를 강요받으므로 경영권 방어의 필요가 있다. 이러한 상황은 적대적 M&A의 가능성을 높이고 적대적 M&A의 가능성이 높은 상황에서 투자자들은 시장에서 저평가를 감수하면서까지 장기적인 투자를 하지 않을 것이다. 이러한 이유로 경영진은 일반적으로 단기실적주의의 성향을 보이는 것이다.[544)

넷째, 경영진의 인적 투자를 촉진하기 위해서라도 일정 수준의 경영권 방어를 허용하자는 것이다. 경영진의 투자는 주주와 달리 일반적으로 자신의 '인적 자본'을 투자하는 형태가 되는데, 이를 '관계적 투자(relationship-specific)'라 부른다. 이러한 경영진의 투자는 특정회사 또는 특정산업과 관련하여 특화되는 성격을 가진다. 경영진의 이러한 투자는 투자의 일반원칙에 따라 투자에 투입되는 비용과 그로부터 수익을 비교하여 이루어지게 된다. 또한 경영진이 당해 회사에 어느 기간까지 고용될 수 있을지가 큰 변수로 된다. 예컨대, 적대적 M&A의 위협이 큰 경우에는 관계적 투자에 따른 기대수익이 적어지고, 이로 인해 경영진이 감수할 수 있는 초기 비용수준이 낮아지게 된다. 따라서 경영진은 관계적 투자수준을 줄이게 되기 때문에 주주의 입장이나 사회의 입장에서도 이익이 되지 않는다.[545)

---

544) 이러한 면을 강조하는 입장에서는, 현재의 경영진에게 적절한 방어수단을 제공하게 되면 경영진으로 하여금 주가의 저평가의 위험에도 불구하고 독자적인 판단에 의해 장기적인 투자를 하게 만드는 것이다. 따라서 결과적으로 장기적으로는 주주에게 그리고 사회에 이익이 된다. 참고로 경영진의 단기실적주의에 대한 실증연구 자료는 다음과 같다. Jeremy C. Stein, *"Takeover Threats and Managerial Myopia"*, 96 Journal of Political Economy 61(1998); Jeremy C. Stein, *"Efficient Capital Markets, Inefficient Firms: A Model of Myopic Corporate Behavior"*, 104 Quarterly Journal of Economics 655(1989); Andrei Shleifer & Robert W. Vishny, *"Equilibrium Short Horizons of Investors and Firms"*, 80 American Economic Rev. 148(1990); Kenneth A. Borkhovich & Kelly R. Brunarski & Robert Parrino, *"CEO Contracting and Antitakeover Amendements"*, 52 Jounal of Finance 1495(1997) 등 참조.

한편 적대적 M&A에 대한 경영권 방어가 기업지배시장을 다소 무력화시킨다는 것을 부인할 수 없다. 또한 경영진의 방어행위가 획일적으로 주주의 이익에 반한다고 단정하는 것도 어려운 일이다. 적대적 M&A 상황은 현 경영진의 경영권에 관한 중요한 문제로서 주주와 경영진 사이에 이해관계의 충돌이 일어나는 상황이 될 수 있다. 경영진이 언제나 주주의 이익을 위하여 행동한다고 생각할 수도 없겠지만, 반드시 일률적으로 주주의 이익에 반한다고 결론을 내릴 수도 없는 것이다.546) 따라서 적대적 M&A에 대한 경영권 방어수단의 채택이 일관되게 주주이익을 증가시키거나 감소시키는 방향으로 영향을 주는 것이 아니라, 구체적인 상황에 따라 다른 결과를 가져올 수도 있다고 본다. 참고로 현대엘리베이터 사건(수원지법 여주지원 2003.12.12 선고 2003카합369 결정)의 판결문 역시 동일한 입장을 취하고 있다.547)

2. 이사회의 방어행위 기준 마련

적대적 M&A에 대한 방어행위는 회사 및 주주 전체의 이익이 아니라 경우에 따라서는 이사 개인의 이익을 위해 행해질 수 있다. 즉, 회사의 적대적 M&A에 대한 방어행위를 이사회의 적대적 M&A에 대한 방어행위로 인정하는 경우, 당해 방어행위가 회사 및 주주 전체의 이익이 될 수 있도록 하여야 한다. 따라서 이러한 방어행위의 적합성

---

545) 송옥렬, 전게논문(주 547), 85~86면.
546) 송옥렬, 전게논문(주 547), 87~88면.
547) 본 논문 74~75면 참조.

및 타당성에 대한 근거로서 필요성이 요구된다. 예컨대, 제3자가 적대적 M&A를 시도하는 경우에 M&A에 대한 방어행위는 이사의 정상적인 업무집행에 있어서 당연히 인정되어야 할 것인가, 또는 적대적 M&A에 대한 방어행위가 이루어지는 경우 이사는 주주의 이익과 회사와 관련된 이해관계자 모두의 이익을 고려하여 하지 않으면 안 되는가에 있다.[548] 우리나라에서는 지금까지 적대적 M&A에 대한 방어행위의 적법성 판단에 대한 근거로 주로 미국이나 일본의 학설 및 판례를 소개하며, 그러한 이론을 중심으로 적대적 M&A에 대해 이사회가 원칙적으로 방어행위를 할 권한을 갖고 있다고 보는 견해가 지배적이다.[549]

따라서 이하에서는 이사회의 방어행위에 대해 몇 가지 논점을 살펴보고자 한다. 먼저, 이사들의 적대적 M&A에 대해 방어행위를 할 때 과연 누구의 이익을 위한 것인가이다. 즉, "이사의 책임은 주주에 대한 것인가, 주주를 포함한 이해관계자에 대한 것인가"에 대해서는 학설이 나뉘고 있다. 이론적으로 이사는 회사에 대해 책임을 지고 있는데, 이러한 경우에 회사가 주주를 의미하는지 그렇지 않으면 다른 이해관계자도 의미하는지에 있다. 현재는 이사가 어느 범위까지 이해관계자의 이익을 고려하면 좋은가 하는 것이 법적으로 문제가 되고 있다.[550] 따라서 이사는 전체 주주의 위임에 따라 회사와 주주 전체의 이익을 위해 업무를 집행할 의무가 있다. 또한 적대적 M&A에

---

548) 손영화, "적대적 M&A와 이사회기능", 『기업법연구』 제23권 제2권(2009), 138면.

549) 김영곤, "적대적 기업매수와 그 대응방안", 『법학연구』 제33집(2009.2), 306면; 김두환, "적대적 기업매수 방어에 대한 소고-미국 Delaware 주 판례를 중심으로-", 『경영법률』 제17권 제3호(2007), 99면.

550) M&A研究會, 『わが國企業のM&A活動の円滑な發展に向けて』, 內閣府經濟社會總合研究所 (2004.9), 23면.

대해 회사나 전체 주주의 이익을 위하여 방어행위를 할 수 있고, 이와 상반되는 경우에는 방어행위를 할 수 없을 것이다.[551]

둘째, 이사의 지위보전과 방어행위의 타당성에 관한 것이다. 이는 이사가 적대적 M&A에 대해 방어행위를 할 경우에 이사의 지위보전을 위한 목적이 대부분일 것이다. 이러한 이사들이 방어행위를 취하는 목적은 자신의 지위보전을 위해 이루어진 경우에 당해 방어행위는 이사의 권한남용으로 위법하다고 볼 수 있다. 예컨대, 델라웨어주 법원의 판결에서도 이사회가 스스로의 지위를 보전하려는 의도를 주요한 이유로서 행동한(the board has solely or primarily because of the desire to perpetuate themselves in office) 때에는 회사의 자산을 지위보전에 사용하는 것은 부적절하다고 판시한 바 있다.[552] 하지만 이사의 방어행위가 이사의 지위보전에 어느 정도 관련이 있다면 이사의 권한남용으로 볼 수는 없을 것이다.[553] 이러한 방어행위의 타당성은 이사의 방어행위와 관련된 여러 가지 목적과 배경 및 주주의 부에 미치는 영향 등을 종합적으로 고려해야 한다. 또한 사외이사 내지 기타 전문가 등의 조언과 같이 적정한 절차를 거쳐서 이루어진 의사결정이라면 이사의 방어행위가 이사의 지위보전에 어느 정도까지 관련성이 있다고 하더라도 이사의 권한남용으로 보는 것은 타당하지 않다고 본다.[554]

셋째, 이사의 방어행위 절차에 관한 것이다. 이는 경영판단원칙의

---

551) 박현묵, "적대적 M&A의 법적규제에 관한 연구",『해사법연구』제16권 제1호(2004.10), 45~46면.
552) Cheff v. Mathes, 199 A. 2d 548, 554(Del. 1964).
553) 손영화, 전게논문(주 554), 153면.
554) 권재열, "적대적 M&A에 대한 이사의 방어행위기준",『상사판례학회』제18집 제2권(2005), 189면.

적용을 위한 요건의 충족, 방어행위에 대해 주주의 동의를 요하는가, 방어행위에 대한 입증책임의 문제 등에 관한 절차이다. 적대적 M&A에 대한 방어행위를 이사의 업무집행과 동일하게 경영판단원칙이 적용되는 것으로 보는 경우에 이러한 방어행위를 할 경우, 경영판단원칙의 적용요건이 충족되어야 방어행위가 이루어진다. 따라서 경영판단원칙이 적용되기 위해서는 합리성이 충족됨과 동시에 이러한 경영판단 과정이 시의적절하고 합리적으로 신뢰할 수 있는 정보를 바탕으로 판단되어야 한다.555)

또한 적대적 M&A에 대하여 방어행위를 행하는 경우 주주의 동의를 요하는가에 대한 것이다. 이사회가 적대적 M&A에 대한 방어행위를 하는 경우 적어도 주주총회에 관련된 사실을 완전하게 공시해야 한다. 또한 주주의 의사를 물어 행하는 경우에는 방어행위의 정당성이 인정될 가능성은 크다.556) 그러나 방어행위 발동을 위하여 미리 주주총회의 동의를 요하는 경우 방어행위의 적시성과 신속성을 고려했을 때, 실제 그 실효성을 거두기는 어려울 것이다. 적대적 M&A의 수단과 방법의 발전에 따라 이사의 방어행위에 대한 기준도 구체적인 경우에 따라 개별적으로 판단하는 것이 보다 합리적일 것이다.557) 따라서 이사의 방어행위에 대한 주주의 동의를 요하는가에 대한 문제는 개별적 사안에 따라 판단해야 한다.

한편, 이러한 방어행위에 대해 이사의 방어행위의 남용을 누가 입

---

555) 손영화, 전게논문(주 554), 154면.

556) 김광록, "적대적 M&A에 대한 방어수단으로서의 테뉴어 보팅(Tenure Voting)에 관한 미국판례 -대상판결: Willams v. Geier, 671 A. 2d 1368(Del. 1996)-", 『상사판례연구』 제21집 제2권 (2008.6), 148~149면, 스트라우드 II사건 판결참조.

557) 권재열, 전게논문(주 560), 189면.

증해야 하는가이다. 경영판단원칙에 의해 대상회사의 이사가 취할 수 있는 방어대책은 통상의 영업범위 내에서 재량권을 인정하고, 이사의 고의 또는 중대한 과실이 있는 경우에 상대방이 입증할 수 있도록 함으로써 경영권을 보호할 수 있도록 해야 한다는 견해[558]도 있지만, 미국의 델라웨어 주 판례법의 발달에 따라 일정한 경우에 방어행위의 합법성의 입증책임이 당해 행위를 한 이사들에게 전환되어 있음을 주지할 필요가 있다.[559] 우리나라의 경우, 회사에 대한 손해배상책임에 대해 원칙적으로 이사의 책임을 추궁하는 자에게 그 입증책임이 있다고 볼 수 있다.[560] 따라서 이익상반의 가능성이 농후한 적대적 M&A에 대한 방어행위에 관해서는 이사가 당해 행위의 합리성과 상당성을 입증할 책임을 부담하는 것이 타당하다고 생각된다. 이는 현재 미국과 일본의 일반적 입장이다. 또한 이사의 방어행위의 기준에 관련하여 일본처럼 '경영권 방어지침'을 만드는 것이 바람직하다고 본다.

3. 종류주식의 상장문제

종류주식의 상장문제는 '2006년 개정안'상 거부권부주식과 임원임면권부주식의 도입요건을 '원시정관이나 총주주의 동의'에 의한다고 규정하여, 상장회사에 이용하는 것을 제한한다는 취지였다.[561] 하지

---

558) 김영곤, 전게논문(주 555), 306면.

559) Moran v. Household Intern Inc., 500 A. 2d 1346(Del. 1985) 참조.

560) 이는 상법 제399조상 그러하다. 그러나 상법 제399조는 완결적인 것이 아니다. 경영판단의 원칙과 같은 대법원판례가 이를 보완하고 있다.

561) 또한, '2006년 개정안'과 '2008년 개정안'의 내용을 보더라도 의결권조정형 종류주식인 복수의

만 미국과 일본에서는 의결권조정형 종류주식의 상장을 허용하고 있고, 상장회사에서 투자자를 보호하기 위해 증권거래소의 상장규정에 의해 문제를 해결하고 있다. 따라서 '2011년 개정상법'에는 복수의결권주식, 거부권부주식, 임원임면권부주식 등에 관한 종류주식은 도입되지 않았지만 상장에 관한 어떠한 입법구조를 취할지도 확정되지 않은 상황이다. 향후 이러한 종류주식이 도입될 경우에 상장제도가 상법상 종류주식과 어떻게 대응하고, 어떠한 방식으로 투자자의 이익을 보호할 것인가는 중요한 과제라고 본다.

먼저 유가증권이 상장되기 위해서는 한국거래소의 상장심사요건[562]에 부합되어야 하고, 현행법상 종류주식인 우선주가 발행되고 있지만, 이에 대한 특별한 상장규정을 두고 있는 것은 아니다.[563] 상장할 수 있는 종류주식은 다음과 같이 주로 두 가지 유형으로 분류할 수 있다. 이익배당 및 잔여재산에 관한 종류주식(이에 관해 대표적인 것은 우선주이다)과 의결권조정형으로서 복수의결권주식, 무의결권주식 등이 있다. 여기에 무의결권 우선주식은 우리나라에서도

결권주식, 거부권부주식, 임원임면권부주식 등의 적용요건도 '원시정관이나 총주주의 동의'에 의한다고 규정하고 있어 상장회사에서 도입할 가능성은 적다고 본다.

562) 한국거래소 유가증권시장 상장규정 참조; <http://law.krx.co.kr/las/TopFrame.jsp> (2011.9.28 방문).

563) 한국거래소는 "과거 법원에서 거래량 부족 우선주 퇴출을 반대하는 판결이 나온 바 있다며", "소규모 거래물량 만으로 비정상적인 움직임을 보이는 우선주를 퇴출하는 방안을 시작할 계획"이라고 밝힌 바 있고, 이는 유동주식 수 부족이라는 우선주의 태생적 문제로 발생하는 이상 급등락 현상을 사전에 예방키 위한 것이다. 또한 몇몇 우선주의 경우 유동주식 수는 물론 거래량이 많지 않음에도 불구하고 가격제한폭까지 오르내리는 롤러코스터 장세를 연출해 투자자들의 혼란을 가중시키고 있다는 지적을 받고 있기 때문이다. 실제로 우선주는 하루 최근 3∼30여 주 거래만으로 상·하한가를 넘나드는 널뛰기 장세를 보인 바 있다. 우선주의 지난 3개월간 거래량은 134주에 불과하다. 3개월 동안 거래량이 1만 주 이하인 42개 종목 중 32곳이 우선주다. 결국, 현재 우선주의 발행사항은 만족스럽지 못한 상황이다.
<http://www.fnnews.com/view?ra=Sent0301m_View&corp=fnnews&arcid=0921929005&cDateYear=2010&cDateMonth=03&cDateDay=17> (2011.9.28 방문).

이미 상장을 허용하고 있기 때문에 문제가 되지 않는다. 다만 새로운 의결권조정형 종류주식564)에 대한 기업의 이용가치가 존재하기 때문에 상장을 허용할 필요성은 있어 보인다. 따라서 시장에 의한 자율조절보다는 한국거래소의 유가증권상장규정에 의한 규제가 타당하다고 본다.

이러한 새로운 의결권조정형 종류주식을 상장할 경우 그 유형565)은 ① 신규공개 시 이용 또는 기존상장회사가 이용하는가, ② 의결권 종류주식 중 한 종류만 상장하거나 두 종류 모두 상장할 것인가, ③ 기존 공개회사가 양자(의결권에 관하여 유리한 지위에 있는 주식과 불리한 지위에 있는 주식을 의미함)를 모두 상장하는 경우에 의결권에 유리한 지위에 있는 주식을 상장하는가, 불리한 지위에 있는 주식을 상장하는가 등으로 구분될 수 있다.566)

우리나라의 경우에도 이러한 새로운 의결권조정형 종류주식을 상장하기 위해서는 주주의 권리와 투자자의 이익 보호에 영향을 미치지 않는 신규공개 시 앞의 ③ 유형에 의한 기존 양자를 동시에 상장하는 것이 타당하다고 본다. 또한 종류주식도 주식의 일종으로서 일반적인 상장의 요건을 구비해야한다. 특히 새로운 의결권조정형 종류주식의 상장에 따른 심사요건도 형식적인 심사요건을 충족하여야

---

564) 논의의 편의를 위해 본 논문에서 '새로운 의결권조정형 종류주식'이라 함은 의결권제한주식과 복수의결권주식이라고 밝혀 둔다.

565) 이선화, "의결권조정형 종류주식의 도입에 따른 법적 과제", 『기업법연구』 제25권 제1호 (2011.2), 33면.

566) 企業價値研究會, 『上場株式による種類株式の發行に關する提言』(2007.12), 6면; 미국의 증권거래소도 상장에 관해 보유기간에 기초한 의결권제한, 보유주식 수에 기초한 의결권제한, 1주당 의결권이 큰 주식의 발행, 현존하는 보통주 1주당 의결권보다 작은 의결권을 가진 주식의 교환에 의한 발행은 원칙적으로 금지하고 있다(NYSE Listed Company Manual §313.00, NASDAQ Manual §4351).

할 뿐만 아니라, 실직적인 심사요건도 만족시켜야 한다. 예컨대, 유가증권시장 상장규정 제35조 제4호[567])에 의하면 "기타 투자자보호 및 유가증권시장의 건전한 발전을 저해하지 않는다고 인정될 것"을 요구하고 있다. 이러한 조항이 과연 투자자보호 및 유가증권시장의 건전한 발전을 저해하지 않는 것인지에 의문이 생기게 한다. 결국 투자자보호를 위해서는 추가적인 심사요건을 설정하되, 한국거래소의 유가증권시장 상장규정의 개정을 통하여 심사내용을 추가하거나 보완하는 것이 바람직하다고 본다.

4. 방어수단의 합리성 제고에 따른 다양한 수단 확보

기업에 대한 방어수단의 합리성을 높이려면 이러한 방어수단의 도입부터 발동에 이르는 과정에서 기업가치 향상, 나아가 주주 전체의 이익향상이 반영될 수 있도록 절차상의 다양한 수단을 정비해야 한다. 적대적 M&A의 방어수단에 대하여 주주에게 충분한 정보와 시간을 제공하도록 설계된다면, 매수자와 현 경영인이 기업가치 향상 전략을 둘러싸고 경쟁할 것이다. 또한 기업가치를 보다 향상시킬 수

---

567) 한국거래소 유가증권시장 상장규정 제35조(주권의 질적 심사요건)
　　거래소는 제32조 제1항부터 제3항까지, 제32조의2, 제32조의3 제1항, 제32조의4 제1항, 제33조 제1항, 제34조 제2항, 제34조의2, 제38조의 요건을 충족한 법인(다만, 제15조 제3항 제3호에 해당하는 부동산투자회사의 경우는 제외한다)의 주권을 상장하는 것이 공익과 투자자보호상 필요하다고 인정되는지 여부에 관하여 다음 각 호의 사항을 종합적으로 고려하여 심사한다. 이 경우 외국법인에 대하여는 본국법, 사용언어, 시차 또는 지리적 여건 등을 고려하여 심사할 수 있다.
　　1. 영업, 재무상황 및 경영환경 등에 비추어 기업의 계속성이 인정될 것.
　　2. 기업지배구조, 내부통제제도, 공시체제 및 특수관계인과의 거래 등에 비추어 경영투명성이 인정될 것.
　　3. 법적 성격과 운영방식 측면에서 상법상 주식회사로 인정될 것.
　　4. 기타 투자자보호 및 유가증권시장의 건전한 발전을 저해하지 않는다고 인정될 것.

있는 제안이 실현될 가능성이 높아진다.[568] 여기서 주목할 점은, 우리나라와 일본은 적대적 M&A에 대응하는 방법에 있어서 차이가 존재한다. 예컨대, 일본의 경우에는 적대적 M&A가 향후 발생할 것을 전망하면서 적대적 M&A의 역기능보다는 순기능을 더욱 중시하고 있다. 즉, 적대적 M&A에 대응하기 위해 기업들이 취할 수 있는 구체적인 행동지침을 일본정부가 적극적으로 제시하고 있다는 것이다. 이러한 대응방안으로 일본정부는 무엇이 '적법한' 매수방어책인지에 대한 가이드라인을 제시하고 있다. 구체적으로 일본의 기업가치연구회의 '기업가치보고서'나 경제산업성·법무성의 '매수방위지침서'가 이에 해당된다. 특히 '기업가치보고서'는 방어수단의 합리성을 제고하기 위해서는 방어수단의 도입부터 발동까지 주주 전체의 이익향상을 위해 노력할 것을 주문하고 있다. 또한 합리성 제고와 시장으로부터의 지지를 얻기 위해 구체적 요건을 확립할 것을 요구하고 있다. 이것은 향후 우리나라에 있어서 방어수단의 합리성 제고에 따른 다양한 수단 확보에 중요한 자료가 될 것이다. 따라서 이하에서는 이러한 합리성 제고에 따른 다양한 수단 확보에 대하여 검토해 보고자 한다.

---

568) 정성춘·이형근, "일본의 적대적 M&A 방어지침과 시사점", 『KIEP 대외경제정책연구원』 정책
자료(2006.9), 56면.

1) 방어수단 평상시 도입과 내용 공시[569]

　기업의 방어수단은 주주 및 투자자들로 하여금 예측 가능성을 높이고, 주주의 적정한 선택기회를 확보하기 위하여 원칙적으로 평상시에 도입함으로써 방어수단에 대한 목적, 내용, 효과(의결권의 제한, 변경, 재산적 권리에 미치는 영향 등을 포함한 이익 및 불이익)를 공시해야만 설명책임을 완수하였다고 할 수 있다.[570] 따라서 평상시 도입 및 내용 공시에 따른 효과는 다음과 같다.[571]

　첫째, 평상시 도입에 따라 주주·투자자·장래의 매수자에게 예측가능성을 부여한다. 즉, 주주 전체의 이익과 기업가치향상을 달성할 수 있도록 방어수단에 대한 신중한 설계가 가능하다. 또한 적대적 매수자가 출현한 후에 도입하는 것보다 평상시 도입은 기업가치를 손상시키는 적대적 M&A를 배제한다는 설명이 수월해진다. 그리고 경영자의 지위보전 목적이라는 오해의 소지도 낮출 수 있는 효과도 있다. 다른 한편으로는 투자자나 매수자의 입장에서도 유사시 도입보다 평상시 도입이 방어수단에 대한 대응방안이 수월해질 수 있는 장점도 있다.

　둘째, 기업가치 향상을 위한 기업전략과 IR(Investor Relations) 활동을 활성화할 수 있다. 즉, 기업이 방어수단을 도입할 경우에 기업가치를 향상시키는 원천·주주의 환원정책·사업전략을 충실히

---

569) 2005년 企業價値報告書, 88～89면.

570) 참고로, 일본의 경우에는 유사시 신주나 신주예약권을 발행하는 방어대책이라도 평상시 유사시 신주나 신주예약권을 발행할 가능성이 있다는 것을 경고해 두는 방안 또는 이사회에서 조건부 발행 결의를 해두는 방안도 평상시 도입이라고 할 수 있다.

571) 정성춘·이형근, 전게논문(주 574), 57～59면 참조.

책정하는 것 등이 제고된다. 이러한 기업가치를 제고하는 구체적인 경영전략을 전략적인 IR활동을 통해 확대할 필요성이 있다. 이렇게 함으로써 평상시 방어수단을 도입하는 과정에서 장기적인 기업가치 향상에 관심이 있는 주주나 기관투자자의 이해와 납득을 얻기 위한 노력이 필요하다.

셋째, 주가에 미치는 영향과 혼란도 줄어든다. 즉, 통상의 계획처럼 평상시에는 모든 주주를 평등하게 대하고, 유사시에는 기업가치를 손상시키는 매수자만을 차별적으로 취급하는 방어수단이야말로 주가에 중립적으로 작용하게 되므로, 바람직한 방어수단이 될 수 있다.[572]

2) 1회의 주주총회 결의과정에 의한 소각 가능[573]

기업의 방어수단은 과잉방어를 배제하기 위한 방안으로 1회의 주주총회 결의 과정에서 소각이 가능한 것으로 하여야 한다. 예컨대, 매수자가 주식을 매입하기 전까지는 이사회의 결의로 소각이 가능하다는 조항을 두는 것을 의미한다. 미국의 경우에 이사의 임기를 3년으로 하면서 시차임기제를 도입하고 임기 중 해임에 대해서는 그 요건을 강화하거나 주주총회 결의 이외에도 정당사유를 요구하는 등 이를 제한하고 있다. 따라서 이사회를 지배하기 위해 2회의 주주총회에서 위임장 대결을 필요로 하고 있다. 이러한 위임장 대결을 장

---

572) 이 외에도, 회사법상의 회계보고서나 한국거래소의 공시제도에 따라 그 내용을 많은 이해관계자들에게 공시한다면, 자주적 방어책으로 활용될 수 있을 것으로 본다.

573) 2005년 『企業價値報告書』, 90~93면.

기화하는 조치에 대해서는 기관투자자들은 주주의사의 반영을 지연시킨다는 점에서 강한 비판을 받고 있다.

한편 일본의 경우에는 이사의 임기는 1년 혹은 2년이기 때문에 미국에서 이용하고 있는 시차임기제를 도입하기가 어렵고, 임기 도중의 해임에 대해서도 회사법에 의해 결의요건이 특별결의에서 보통결의로 완화하였고,[574] 해임의 정당한 사유를 부기하는 것도 인정되지 않고 있다.[575] 따라서 일본에서는 제도적 여건하에서 1회의 주주총회에서 이사회의 과반수를 지배하는 것이 가능하다. 우리나라의 경우에도 일본의 경우처럼 이사의 임기도중 해임에 대하여 상법으로 결의요건을 완화하여 방어수단이 1회의 주주총회 결의에 의한 소각이 가능하도록 하는 것이 타당하다. 즉, 방어수단에는 이러한 소각조항이 마련되어 있어야 한다.[576] 또한 방어수단 유지나 해제에 관해 주주의사를 보다 신속하게 반영한다는 관점에서도 이러한 소각조항이 필요할 것이다.[577]

---

574) 일본 회사법 제341조 (役員の選任及び解任の株主総会の決議)
第三百九条第一項の規定にかかわらず〝役員を選任し〟又は解任する株主総会の決議は〟議決権を行使することができる株主の議決権の過半数(三分の一以上の割合を定款で定めた場合にあっては〟その割合以上)を有する株主が出席し〟出席した当該株主の議決権の過半数(これを上回る割合を定款で定めた場合にあっては〟その割合以上)をもって行わなければならない. 라고 규정하고 있다.

575) 일본 회사법 제339조 (解任)
役員及び会計監査人は〟いつでも〟株主総会の決議によって解任することができる°
2 前項の規定により解任された者は〟その解任について正当な理由がある場合を除き〟株式会社に対し〟解任によって生じた損害の賠償を請求することができる.라고 규정하고 있다.

576) 권재열, "일본에서의 적대적 M&A에 대한 방어수단의 합리성 판단", 『증권법연구』 제10권 제2호(2009), 389~390면.

577) 이러한 방어대책의 설계로는, 주주의 의사를 반영시키는 수단으로서 주주총회의 결의를 얻는 방법 외에 주주에게 공고 및 통지하는 방법을 통해 주주의 의사를 반영하는 방안도 고려할 수 있을 것이다.

3) 유사시 방어수단 판단의 객관적 방안 제시[578]

유사시 방어대책의 유지 및 발동의 판단에 있어서, 시간상의 제약으로 인해 이사가 행하는 경우가 많다. 하지만 이러한 판단은 주주 전체의 이익이나 기업가치 향상을 목적으로 한 것이 아니라, 경영자의 지위보전을 목적으로 한 것이라고 의심을 받기도 한다. 기업가치를 저하시키는 매수제안에 대해서는 방어대책을 유지하면서, 기업가치를 향상시키는 매수제안에 대해서는 방어수단을 해제하는 것이 경영자의 의무이다.

따라서 미국 및 유럽의 경험을 바탕으로 경영자 지위보전 목적의 방어수단 도입을 배제할 수 있는 객관적 방안[579]으로는 먼저 '독립 사외점검형'이 있다. 이는 이사회의 결의로 방어수단을 도입한 경우에, 유사시 방어수단의 유지 및 해제 등에 대해서 독립성이 강한 사외이사나 사외감사의 판단을 존중하고, 이사회가 그 유지 및 해제를 결정하는 방식이다. 그러나 현재 우리나라의 사외이사(상법 제542조의8) 운영실태에 따르면 회사의 일상을 모르는 사외이사가 과연 만족스러운 의사결정을 할 수 있을지 의문이다.

둘째, '객관적 해제요건 설정형'이다. 이는 유사시 방어수단의 해제요건(예컨대, 교섭기간과 판단권자 등)을 사전에 객관적으로 설정하고 매수제안에 응할지의 여부는 최종적으로 TOB(Take over Bid)를 통해 주주에게 위임하는 것이다. 즉, 기업가치를 높일 수 있는 매수에 대한 저항력을 약화시키는 방식이다.

---

578) 2005년 『企業價値報告書』, 91~92면.
579) 정성춘·이형근, 전게논문(주 574), 61~62면.

셋째, '주주총회 수인형'이다. 이는 평상시 방어수단을 도입함에 있어서 주주총회의 승인을 얻고, 유사시 이사회의 방어수단 운용에 관한 의사결정절차에 대해서는 주주총회로부터 권한을 부여받는 방식이다. 이러한 방안들은 내부 경영자의 독단을 배제할 수 있을 뿐만 아니라, 방어수단에 대한 합리성이 높아질 것으로 기대된다. 그러나 신속한 방어를 위한 경우에는 주주총회의 소집 등으로 의사결정이 지연 등, 장애가 생겨 무용지물이 될 가능성도 크다는 것이 단점이다. 따라서 미국에서는 이사회의 방어에 대한 의사결정권을 존중하는 것이다.

결국 우리나라 상법이 위의 세 가지 방안 중 어느 하나의 유형을 도입하더라도 방어수단에 대한 합리성이 높아지게 될 것으로 기대된다. 또한 위의 세 가지 방안들은 서로 배타적인 것이 아니기 때문에 서로 조합을 한다면 더욱 합리성이 높은 방어수단이 될 수 있을 것이고, 기업의 경영자는 주주의 신뢰도에 상응하는 다양한 방안들을 모색할 수 있을 것이다.

CHAPTER

05

맺음말

기업의 자본조달과 기업지배구조와 관련된 제반 사항들은 기업의 입장에서 지속적으로 해결해야 할 가장 핵심적인 사안으로 떠오르고 있다. 특히 자본조달에 있어서는 사채와 같은 타인자본에 의한 방법보다는 주식과 같은 자기자본에 의한 방법이 더 효과적이라고 생각된다. 주식을 발행하다 보면 투자자나 회사의 경영진 또는 지배주주 사이에 첨예한 이해관계가 대립하게 된다. 즉, 투자자는 수익성에만 관심을 갖게 되고, 현 경영진이나 지배주주는 회사의 지배권에만 신경을 쓰게 된다. 지금까지 우리나라 현행 상법은 주주평등의 원칙을 고수하여 권리의 내용이 상이한 종류주식의 발행을 허용하지 않고 있고, 자본조달의 방편으로 예외적으로 한정된 수종의 주식만을 인정하여 왔다. 앞에서 살펴본 여러 국가는 다양한 종류주식을 인정하여 기업자금을 조달하여 왔고 이러한 종류주식을 통하여 적대적 M&A에 대한 효과적인 방어권을 행사하여 왔다. 반면, 우리나라 기업들은 경영권 방어수단에 관하여 매우 제한적인 환경 속에 있었고 급변하는 세계경제와 국제경쟁력 제고를 위해 다양한 종류주식의 도입을 검토해야 할 적절한 시기가 되었다고 본다.

　우리나라 종류주식에 관한 입법추이를 살펴보면, 먼저 종류주식에 관하여 '2006년 개정안'과 '2008년 개정안'이 있었지만, 일부분은 삭제되거나 국회에 상정되지도 못하였다. 그러나 정부의 지속적인 노력에 의하여 국회는 2011년 3월 11일에 「상법 회사편」을 6년 만에 통과시켰고, 본 회사법개정안(법률 제10600호)은 2012년 4월 15일부터 시행하게 되었다. 그러나 종류주식에 관한 개정사항은 총 5종류의 종류주식에 한정되어 있고, '2008년 개정안'에 있었던 주식양도제한에 관한 종류주식은 삭제된 상태로 개정상법에 도입되었다. 이번 회사법개정은 기업의 경영권 방어수단으로서 획기적인 개정이라고는 할 수 없고, 다만, 자본조달의 편의성에 초점이 맞추어진 개정이라고 생각된다. 이번 개정 회사법이 채택한 소수주식 강제매수제도의 도입으로 인하여 소수주주들이 부당한 경영상의 이유를 들어 합리적인 방향의 기업구조조정에 저항하는 사례가 상당히 줄어들 것으로 예상된다. 또한 개정상법이 허용한 현금지급합병과 삼각합병제도는 기업시너지 효과를 극대화하고 효율적 구조조정을 위한 다양한 M&A 수단으로 이용될 수 있을 것이다.

이러한 관점을 종합하여 본 논문은 2011년 개정상법에 도입된 종류주식 중 의결권제한주식과 주식상환에 관한 종류주식 및 전환사유부주식이 적대적 M&A 방어수단으로 활용될 수 있는 방안에 대하여 고찰해 보았다.

개정상법 이전에는 종류주식을 적대적 M&A 방어수단으로 활용한 사례가 없었다. 또한 지금까지 적대적 M&A 상황에서 대상회사의 이사회가 방어행위를 할 수 있는지 여부는 우호적인 세력에게 신주나 전환사채 또는 신주인수권부사채의 발행을 허용하는 경우 '경영상의 목적'이 인정되는지 또는 신주 발행 무효의 소송에서 '불공정한 방법에 의한 발행으로 무효'에 해당하는지의 문제로만 다루어져 왔다. 아직까지는 적대적 M&A 방어수단으로 종류주식이 활용된 사례가 없지만 앞으로는 종류주식의 활용도에 따라 적대적 M&A 방어수단으로 유용하게 쓰일 수 있을 것으로 기대된다.

이러한 관점에서 '2011년 개정상법'이 채택한 종류주식제도 중 방어수단으로 활용될 수 있는 것을 다시 한번 정리하면 다음과 같다.

① 개정상법은 의결권의 행사에 관한 종류주식을 발행할 수 있다고 하고 있다. 이익배당의 우선 여부와 관계없이 의결권을 제한할 수 있고, 의결권을 부분적으로 제한할 수 있게 한 것이 개정상법상 특색이라고 하겠다. 이러한 의결권제한주식은 방어수단으로 활용될 수 있는데, 개정상법상 의결권제한 주식에서 구체적으로 발행 가능한 종류주식으로는 의결권 없는 주식과 의결권제한주식이다. 이러한 의결권 없는 주식(무의결권주식)과 의결권이 제한되는 주식을 총칭하여 의결권제한주식이라고 한다. 따라서 의결권제한주식은 그 용도가 주주 간 계약의 회사법상 유효화와 방어수단으로서 활용된다.

② 주식상환에 관한 종류주식은 상환주식의 발행유형에 따라 적대적 M&A에 대하여 방어수단으로서 기능을 할 수 있다. 즉, 상환사유부주식은 기존과 같이 이익배당우선주의 소멸수단으로 활용하는 외에 경영권 방어수단으로 활용될 수 있다. 그러나 상법에서는 포이즌 필과 같은 경영권 방어수단으로서 종류주식은 허용하지 않는다는 방침에 따라 이익배당 보통주의 상환을 허용하지 않았기 때문에 그 가능성은 희박하게 되었다.

③ 전환사유부주식은 여러 종류주식에 대해 전환주식으로 발행 가능하기 때문에, 무엇보다 경영권의 방어수단으로도 활용할 수 있

는 점이 특징이라고 하겠다. 예컨대, 의결권 있는 우선주를 무의결권 주식으로 전환할 수 있는 권리를 회사가 보유한다면 그러한 주식을 적대적 매수자가 취득할 경우에 무의결권주식으로 전환하면 매수세력은 무력화될 것이다. 또한 우호적인 주주들에게는 무의결권주식을 발행해 두었다가 경영권 다툼이 발생할 경우에 이를 의결권 있는 주식으로 전환하는 방법을 생각할 수 있을 것이다.

한편 기타 방어적 종류주식제도로 도입이 가능한 방안은 다음과 같이 정리할 수 있다.

① 거부권부주식(황금주)의 활용이다. 이는 저비용으로 방어수단의 역할을 할 수 있기 때문에 우리나라의 기업실무에서 자주 사용되는 적대적 M&A 방어수단인 신주의 제3자 배정, 자기주식의 취득 또는 우호적인 지분확보보다 더 활용도가 높을 것이다. '2006년 개정안'에서 거부권부주식은 임원임면권부주식과 더불어 너무 강력한 방어수단이라 하여 삭제되었지만 적대적 M&A의 방어수단으로서 그 활용도를 고려하여 다양한 기업의 실정에 맞는 방어수단으로서 역할을 할 수 있는 거부권부주식을 회사유형에 맞게 수정하여 우리 상법에 도입하여야 한다고 본다.

② 복수(차등)의결권주식의 활용이다. 이는 하나의 주식에 대해 수개의 의결권을 인정하는 '복수의결권주식'의 발행을 인정할 것인가의 문제이다. 이러한 복수의결권주식의 발행을 회사법상 허용할 경우 주로 적대적 M&A에 대한 방어수단으로 활용될 가능성이 많지만 기업인수와 관련된 일반적 경영상황에서는 그 효율성을 간과할 수

없을 것이다. 이러한 복수의결권주식제도는 경영권 방어와 기업공개, 신규투자유치, 전략적 제휴 등 기업이 직면한 다양한 상황에서 이해관계 있는 당사자들의 복잡한 이해관계를 조절하여 유용하게 사용될 수 있을 것이다. 특히 경영권분쟁에 대한 다툼이 있는 경우에 회사가 저렴한 비용으로 이용할 수 있는 방어수단이 우리나라에 특별히 존재하고 있지 않은 상황에서 복수의결권주식과 같이 다른 의사결정을 왜곡시키지 않는 범위에서 단순히 방어적 역할로서만 기능하는 순수한 방어수단이 필요하다고 본다. 따라서 이러한 주식제도를 인정하더라도 공개회사의 경우에는 상법상 무의결권 보통주 및 차등의결권에 관한 규정을 적용하고 이를 자본시장법에는 적용하지 않는 것이 필요하다고 생각된다.

③ 임원임면권부주식의 활용이다. 이는 주식회사의 경영은 자본다수결의 원칙에 의해 이루어지고 창업자 등은 이러한 경영권을 계속 유지하기를 원한다. 그러나 벤처기업과 같은 폐쇄회사들은 의사결정을 이사회에서 이루어지고 있으며 각 이해관계자의 관심사는 주주총회의 의결이 아니라 자기의 의사에 힘을 실을 수 있는 이사를 많이 선임하는 것이다. 이러한 관점에서 종류주주총회에서 선임 또는 해임할 수 있는 이사 및 감사의 수에 있어서 내용이 다른 주식을 발생할 수 있도록 하는 제도가 필요한 시점이라고 본다. 우리나라의 경우에도 임원임면권부주식을 '2006년 개정안'에서는 도입하기로 하였지만 거부권부주식과 함께 강력한 방어수단으로서의 남용을 우려하여 '2008년 개정안'에서는 삭제하였다. 그러나 임원임면권부주식은 회사의 임원진과 그 선·해임권을 갖는 종류주주 간에 이견이 있을 때 그 이해관계를 일치시키고 종류주주의 의사를 업무집행에 효과

적으로 반영할 수 있다는 점에서 도입의 의의를 찾을 수 있다고 생각된다. 따라서 현시점에서 경영진과 주주, 이해관계인들의 합의를 통하여 임원임면권부주식의 도입을 추진할 필요가 있다. 또한 적용할 수 있는 대상회사의 범위를 정하고, 발행요건 등을 완화하여 우리 법제에 적극적으로 수용하는 것이 바람직하다고 본다. 이는 경영상의 요구를 충족시키고 적대적 M&A에 대한 방어수단으로도 활용할 수 있기 때문이다.

그 외에도 이러한 방어적 종류주식의 활용에 따른 여러 가지 회사법적 이슈로는 주주의 이익이 되는 경영권 방어·이사회의 방어행위 기준 마련·종류주식의 상장문제·방어수단의 합리성 제고에 따른 다양한 수단 확보 등을 둘 수 있는데 이러한 점들은 향후 종류주식 도입에 관한 입법과정에 반영되어야 할 것이다. 다양한 종류주식의 도입은 기업에 대한 규제완화와 기업의 효율적 운영에 탄력을 줄 것으로 기대된다. 방어적 종류주식의 도입에 따른 부정적인 효과를 들어 다양한 종류주식의 도입을 배제하는 것은 적절한 입법방향이 될 수 없다고 본다. 종류주식과 관련한 입법규제를 완화하고 다양한 종류주식을 채택하여 기업하기 좋은 환경을 조성하고 적대적 M&A에 대한 효율적인 경영권 방어수단을 강구하는 데 다 같이 지혜를 모아야 할 것이다.

<참고문헌>

Ⅰ. 국내문헌

1. 단행본

권재열, 『경제법』, 법원사, 2005.

김건식 외, 『21세기 회사법 개정의 논리(제2판)』, 소화, 2008.

김동환 외, 『21C 최신 M&A』, 무역경영사, 2000.

김동훈, 『회사법』, 한국외국어대학교 출판부, 2010.

김정호, 『상법강의(상)』, 법문사, 2009.

_____, 『회사법』, 법문사, 2010.

김홍식, 『M&A개론』, 박영사, 2009

김화진 · 송옥렬, 『기업인수합병』, 박영사, 2007.

선우석호, 『M&A 기업합병 · 매수와 구조재편 제4판』, 율곡출판사, 2008.

이철송, 『2011 개정상법-축조해설-』, 박영사, 2011.

이형규, 『독일회사법』, 한국조세연구소, 1996.

임재연, 『미국기업법』, 박영사, 2009.

_____, 『미국증권법』, 박영사, 2009.

_____, 『자본시장법』, 박영사, 2010.

정동윤, 『회사법』, 법문사, 2007.

정찬형, 『상법강의(上) 제13판』, 박영사, 2010.

지호준 · 박용원, 『M&A: 기업인수 · 합병』, 법문사, 2004.

최완진, 『기업지배구조법 강의』, HUFS BOOKS, 2011.

_____, 『상법학강의』, 법문사, 2010.

한국증권법학회, 『자본시장법 주석서 Ⅰ』, 박영사, 2009.

2. 논문 및 간행물

강성훈, 「자본시장 활성화를 위한 새로운 종류주식의 도입방안 연구」, 숭실
　　　대학교 박사학위논문(2010.2).
강택신, 「한국형 포이즌 필에 관한 법적 연구」, 경희대학교 박사학위논문(2010).
권기훈, 「향익증권」, 『법학연구』 제6권 경상대 법학연구소(1997).
권재열, 「개정상법상 주식관련제도의 개선내용과 향후과제」, 『선진상사법률
　　　연구』 제56호(2011).
_____, 「워런트에 관한 서설적 고찰」, 『증권법연구』 제11권 제3호(2010).
_____, 「일본에서의 적대적 M&A에 대한 방어수단의 합리성 판단」, 『증권
　　　법연구』 제10권 제2호(2009).
_____, 「적대적 M&A 방어수단관련연구」, 증권법학회 M&A연구회(2008).
_____, 「적대적 M&A에 대한 이사의 방어행위기준」, 『상사판례학회』 제18
　　　집 제2권(2005).
_____, 「적대적 M&A의 방어방법에 관한 연구」, 코협연구보고서 05-1(2005).
권종호, 「2006년 회사법 개정시안의 주요내용-자금조달관련 사항을 중심으
　　　로-」, 『상사법연구』 제25권 제2호(2006).
_____, 「방어수단으로서 종류주식-2006년 개정안과 2008년 개정안을 중심
　　　으로-」, 『상사법연구』 제27권 제2호(2008).
_____, 「일본 적대적 M&A법제의 글로벌화의 시사점」, 전국경제인연합회 (2009).
_____, 「자금조달수단의 다양화와 일본의 주식법제 개선」, 『증권예탁』 제52
　　　호(2004).
_____, 「적대적 M&A방어수단의 도입 필요성」, 『상사판례연구』 제22집 제4
　　　권(2009. 12).
_____, 「적대적 M&A에 대한 방어수단의 국제비교와 시사점」, 『기업법연
　　　구』 제20권 제1호(통권 제24호)(2006).
_____, 「적대적 M&A와 회사법개정」, 『기업법연구』 제20권 제3호(2006).
_____, 「적대적 M&A의 도입 필요성-2008년 경영권방법법제 개선위원회
　　　의 입법초안을 중심으로-」, 『상사판례연구』 제22집 제4권(2009.12).
_____, 「종류주식의 다양화를 위한 법적 연구」, 『상사법연구』 제51호(2006).
_____, 「주요국가의 기업규제 개혁법제에 관한 비교법적 연구[Ⅳ]-일본-」, 『
　　　한국법제연구원』(2008.6).
김광록, 「적대적 M&A에 대한 방어수단으로서의 테뉴어 보팅(TenureVoting)

에 관한 미국판례-대상판결: Williams v. Geier, 671 A. 2d 1368(Del. 1996)-」, 『상사판례연구』 제21집 제2권(2008.6).

김대규, 「적대적 M&A에 대한 방어행위의 허용기준-자본시장과 금융투자 업에 관한 법률에 대한 논의를 포함하여-」, 『원광법학』 제26권 제1호(2010).

김두식, 「M&A 법제의 개성방안」, 『상장협연구』 제50호(2004).

김순석, 「종류주식의 다양화와 자금조달의 유연성에 관한 법적 쟁점 분석」, 『상사법연구』 제27권 제2호(2008).

_____, 「黃金株(Golden Shares) 制度에 관한 研究」, 『비교사법』 제16권 1호(2009).

김영곤, 「적대적 기업매수와 그 대응방안」, 『법학연구』 제33집(2009.2).

김두환, 「적대적 기업매수 방어에 대한 소고-미국 Delaware 주 판례를 중심으로-」, 『경영법률』 제17권 제3호(2007).

김재범, 「주주평등의 원칙을 개관함」, 『안암법학』 제4권(1996.8).

김정호, 「적대적 M&A에 있어 방어행위의 적법요건」, 『경영법률』 제19집 4호(2009).

김지환, 「종류주식의 다양성 검토」, 『성균관법학』 제14권 제2호(2002).

_____, 「종류주식의 이해조정에 관한 연구」, 『상사판례연구』 제22집 제2 권(2009.6).

김태진·이동건, 「미국 법제하에서의 적대적 M&A 방어방법의 한국 법제하에서의 활용 가능성」, 『증권법연구』 제8권 제2호(2007).

_____, 「주주평등의 원칙에 관한 소고」, 『기업법연구』 제22권 제3호(2008).

김화진, 「글로벌 M&A시장 동향과 경영권 방어」, 『상장협연구』 제53호(2006).

_____, 「기업금융과 법률」, 『법학』 제4호(2008).

김효신, 「종류주식 다양화의 법적 문제-복수의결권주식의 도입을 중심으로 -」, 『법학연구』 제51권 제1호 통권63호(2010).

노혁준, 「주요국가의 기업규제 개혁법제에 관한 비교법적 연구Ⅲ」, 『현안분석』 08-02, 한국법제연구원(2008).

문준우, 「주식회사의 자금조달에 관한 연구-주식과 사채를 중심으로-」, 고려대학교 박사학위논문(2010.8).

박양균, 「차등의결권제도의 경제학적 분석」, 『규제연구』 제18권 제1호(2009.6).

박철영, 「종류주식의 다양화를 위한 법적 연구」, 성균관대학교 박사학위논문(2005).

_____, 「종류주식의 확대와 주주 간 이해조정」, 『상사법연구』 제24권 제2호(2005).

_____, 「트래킹주식에 관한 소고」, 『증권예탁』 제55호(2005).

박현목, 「적대적 M&A의 법적규제에 관한 연구」, 『해사법연구』 제16권 제1호

(2004.10).

손성·김수경, 「트래킹스톡 발행회사(TSC)에서의 법적문제-미국법상 이익충
돌문제의 해결을 중심으로-」, 『상장협』 제46호(2002).

손영화, 「적대적 M&A와 이사회기능」, 『기업법연구』 제23권 제2권(2009).

송옥렬, 「포이즌 필의 도입과 그에 따른 법정책적 쟁점」, 『상사법연구』 제27
권 제2호(2008).

송종준, 「M&A法制를 둘러싼 최근의 爭點과 課題」, 『기업법연구』 제20권 제3
호(통권 제26호)(2006).

_____, 「경영권방어기준에 관한 판례분석-현대엘리베이터 사건의 시사점
을 중심으로-」, 『기업소송연구(Ⅱ)』(2005).

송종준, 「방어적 주식제도의 국제적 입법동향과 법적 과제」, 『경영법률』 제
17권 제2호(2007).

_____, 「포이즌 필의 도입과 경영권 방어의 적법기준-2008년 상법개정초
안을 중심으로-」, 『저스티스』 통권 제109호(2009).

안경봉·박훈, 「삼각합병제도와 과세」, 『법학논총』 제22권 제2호(2010).

양만식, 「종류주식의 다양화가 기업지배에 미치는 영향」, 『상사법연구』 제30
권 제2호(2011).

유영일, 「그린메일의 규제에 관한 연구」, 『상사법연구』 제20권 제1호(2001).

_____, 「차등의결권주에 관한 연구」, 『상사판례연구』 제21권 제4권(2008).
윤영신, 「1주 1의결권원칙과 차등의결권원칙에 대한 검토」, 『상사법
연구』 제28권 제1호(2009).

_____, 「미국법상 트랙킹 스톡(tracking stock)에 대한 고찰」, 21C 한국상
사법학회의 과제와 전망(심당 송상현 선생 화갑기념논문집)(2001).

이기욱, 「트래킹주식과 이사의 의무 - 미국에서의 논의를 중심으로-」, 『법과
정책연구』 제4집 제2호(2004).

이선화, 「의결권조정형 종류주식의 도입에 따른 법적 과제」, 『기업법연구』 제
25권 제1호(2011.2).

_____, 「의결권조정형 종류주식의 도입에 따른 법적 과제」, 성균관대학교박
사학위논문(2010. 8).

이창원, 「적대적 M&A 방어수단관련연구」, 증권법학회 M&A연구회(2008).

이형규, 「상법개정안상 거부권부주식의 도입에 관한 검토」, 『상사법연구』 제
25권 제4호(2007).

_____, 「주식회사의 지배구조에 관한 회사법 개정시안 토론요지」, 『상사법
연구』 제25권 제2호(2006.8).

정대, 「적대적 M&A에 대한 대상회사의 방어행위의 적법성 판단기준에 관한 고찰」, 『기업법연구』 제20권, 제2호(2006).

정성춘·이형근, 「일본의 적대적 M&A 방어지침과 시사점」, 『KIEP 대외경제정책연구원』 정책자료(2006.9).

정윤모, 「개정상법상 삼각합병에 대한 이해」, 『상장』 11월호(2011).

_____, 「주요국의 M&A 규제 및 한국 제도의 발전방향」, 『상장』 11월호(2006).

정찬형, 「2007년 확정한 정부의 상법(회사법) 개정안에 대한 의견」, 『고려 법학』 제50호(2008).

최문희, 「21세기 회사법 개정의 논리 — 독일의 주식회사법 관련 동향」, 서울대학교 금융법센터(2007).

_____, 「신주(예약권)의 제3자 배정에 의한 경영권 방어의 적법성 - 일본방송사건에 비추어 본 일본판례의 분석을 중심으로 -」, 『BFL』 제12호 (서울대학교 금융법센터)(2005.7).

최완진, 「종류주식의 다양화에 관한 법적 고찰」, 『경영법률』 제20권 제1호(2009.10).

최준선, 「종류주식의 다양화」, 『기업소송연구』 제2호(2005).

한정미, 「적대적 M&A 관련 법제의 비교법적 연구」, 한국법제연구원(2006).

허항진, 「황금주(Golden Shares)제도에 대한 입법론적 소고」, 『기업법연구』 제23권 제2호(2009).

황남석, 「주식회사 분할의 과세에 관한 연구」, 서울시립대학교 박사학위논문(2010).

3. 기타 자료

강영기, "기업매수방위책과 주주평등의 원칙", 한국경영법률학회(2011년 하계학술대회) 발표자료, 2011.

경제개혁연대, "상법 일부개정법률안(의안번호 1566)에 대한 의견서", 2008.

고동수, "적대적 M&A와 경영권방어제도", 『산업연구원』 연구자료, 2008.9.

공정거래위원회, 『통계연보』. 2010.

국회 법제사법위원회, "상법 일부개정법률안(회사편) 검토보고", 2008.

권종호, "적대적 M&A의 도입 필요성", 법무부(상법개정공청회자료), 2009.

_____, "적대적 M&A의 일본의 최근 동향", 2006년 한국기업법학회·상사판례학회 공동학술대회 발표자료, 2006.

_____, "종류주식의 다양화와 경영권방어", 한국상사법학회(2008년 춘계학술대회) 발표자료, 2008.

김건식, "회사법 개정안 해설", 전국경제인연합회, 2006.7.

김윤상, "2011년 상법개정의 입법과정과 향후과제", 한국상사법학회(2011년 하계학술대회) 발표자료, 2011.

김지환, "삼각합병 활용과 법적 과제", 한국경영법률학회·한국기업법학회 (2011년 추계 공동학술 대회) 발표자료, 2011.

박철영, "종류주식의 활용과 법적과제-의결권제한주식을 중심으로-", 2011년 추계 공동학술대회(한국경영법률학회·한국기업법학회) 발표자료.

법무부 법무실, 상법(회사편)개정 특별분과위원회 회의록, 2006.

법무부, "2011년 개정상법(회사편)의 주요내용", 『선진상사법률』 통권 제 54 호 별책부록, 2011.4.

_____, 상법(회사편)개정 특별분과위원회 회의록, 2006.

상장자료실, "차등의결권제도의 각국 사례와 검토과제", 『상장』, 2008.5.

송옥렬, "2011년 개정 회사법의 해석상 주요쟁점-기업재무 분야를 중심으로 -", 2011년 한국법학원 발표자료.

전국경제인연합회, "경영권안정을 위한 상법상 주식법제 개선과제", Ceo Report, 2006.8.

_____, "국내기업의 경영권방어 현황 및 시사점", FKI ISSUEPAPER 제82호, 2007.11.

_____, "적대적 M&A 방어수단 관련 현행법상 문제점과 개선방 안", 연구용역보고서. 2005.12.

증권거래법학회, "적대적 M&A 방어수단 관련연구", 2008.

참여연대, "상법(회사편) 개정 법무부안에 대한 참여연대 의견서", 2008.

최준선·김순석, "회사법개정방향에 관한 연구", 상장협 연구보고서, 2004.

한국거래소, "외국인 주식취득 현황 및 추이" 보도자료(2011.10.28).

_____, "주가순자산비율(PBR)현황" 보도자료(2008.9.4).

_____, "주요기업 시가총액 및 주가등락" 보도자료(2011.11.4).

한국증권법학회, 『상법개정연구보고서』, 2006.

II. 일본문헌

1. 단행본

江頭憲治郎,『株式會社·有限會社』, 有斐閣, 2001.

江頭憲治郎,『株式會社法』, 有斐閣, 2010.

奈良輝久ほか 編,『M&A法制の羅針盤』, 靑林書院, 2007.

都井淸史,『中小企業のための 種類株式の活用法』, 金融財政事情研究會, 2008.

鈴木竹雄,『会社法』, 弘文堂, 1998.

相澤哲·葉玉匡美·郡谷大輔編著,『論点解説新会社法』, 商事法務, 2006.

松本眞輔,『敵對的買收と防衛策』, 稅務經理協會, 2005.

神田秀樹,『会社法』, 弘文堂, 2006.

岩井克人,『会社は乙れからどうなるのか』, 平凡社, 2003.

龍田節,『會社法 大要』, 有斐閣, 2007.

伊藤靖史ほか,『会社法』, 有斐閣, 2010.

前出庸,『會社法入門』, 有斐閣, 2008.

坪多晶子·江口正夫,『中小企業のための 種類株式』, ぎょうせい, 2008.

河本一郎ほか,『日本の会社法(新訂第9版)』, 商事法務, 2008.

2. 논문 및 간행물

加藤貴仁, "株主間の議決權配分",『商事法務』(2007).

高橋英治, "わが国会社法學の課題としての株主平等原則",『商事法務』第 1860
号(2009).

掘部政南·長谷部恭男, "放送會社に對する敵對的買收と防衛",『メデイア判 例
百選』, 別冊 ジュリスト 第179号(2005).

近蘇光男, "差別的自己株式の買付と經營判斷の法則",『商事法務』 第1144号
(1988.4).

吉井敦子, "敵對的公開買付の責務の 變化", 商事法務, 第1230号(1990.10).

大塚和成, "買收防衛策と企業價値の意義- ニツポン放送事件およびニレコ事
件題材にして", 金融法務事情 第1749号(2005.9).

大石篤史ほか, "三角合併の實務對應に伴う法的諸問題", 『商事法務』 1802号(2007).

藤田友敬, "國際會社法の諸問題(下)", 『商事法務』 1674号(2003).

武井一浩, "企業買收防衛戰略", 『商事法務』(2004).

弥永眞生ほか, "新会社法相談", 『商事法務』(2006).

森本滋, "株主平等原則と株式社員權論", 『商事法務』 1401号(1995).

_____, "会社法における株主平等原則", 『商事法務』 第1825号(2008).

相澤哲, "合併等代價の柔軟化の實現とそ經緯", のマール(2007.7).

相澤哲ほか, "合併等對價の柔軟化の施行に伴う", 『商事法務』 1800号(2007).

松尾建一, "種類株式Ⅱ" 『新會社法の檢討 -フアイナンス關係の改正-』(證券去來法研究會 編, 『別冊 商事法務』 第298号(2006).

水俊彦, "ニッポン放送新株豫約權發行差止假處分事件(上) -ライブドアとフジテレビ ジョンの抗爭が殘したもの-", 判例タイムズ 第1191号(2005).

安藤搏之・關谷理記, "トラシンキング・ストクとグループ戰略", 『月刊資本市場』 제194호(2001).

葉玉匡美, "議決權制限株式を利用した買收防衛策", 『商事法務』, 第1743号(2005).

宍戸善 一, "種類株式, ストク・オプション等の自由化", 『ジュリスト』, 第1206号(2001).

荻野敦史・應本健, "三角合併に関する實務上の問題點と買收防衛策としての活用", マール(2007.8).

前田庸, "商法等の一部を改正する法律案要綱の解說(Ⅰ)", 『商事法務』 제1621호(2002.2).

酒井太郎, "株式の內容と種類", 『新しい会社法制の理論と實務』 別冊金融商事判例(2006).

增田政章, "西ドイツにおける享益証券について", 『私法』 第50号(1988).

品川知久, "米国における敵對的企業買收の防衛策と取締役の責任(上)", 『商事法務』 第1228号(1990.9).

3. 기타 자료

M&A研究會, 「わが國企業のM&A活動の円滑な發展に向けて」, 內閣府經濟 社會總合研究所(2004.9).

企業價値研究會, 「上場株式による種類株式の發行に關する提言」(2007.12).

_____, 「企業價値報告書 2006 -企業社會における公正なルールの定着に向けて-」(2006.3.31).

_____, 「企業價値報告書 -公正な企業社會ルール形成に向けた提案-」(2005.5.27).

東京證券去來所, 議決權種類株式の上場制度に關する報告書(2008.1.16).

_____, 「買收防衛策の導入に係る整備等に伴う株券上場審査基準等の一部の改正について」(2006.2.21).

_____, 「買收防衛策の導入に係る整備等について」(2006.1.24).

黑沼悅郎, "日本에 있어서의 Tracking Stock에 관한 論議", 한국증권법학회(2001 추계특별세미나) 발표자료.

III. 구미문헌

1. 단행본

ABA(American Bar Association), *Model Business Corporation Act* Annotated 4th Ed, 2008.

Alan Dignam & John Lowry, *Company Law* 5th Ed, New York: Oxford University Press, 2009.

Eilis Ferran, *Principles of Corporate Finance Law*, New York: Oxford University Press, 2008.

Franklin A. Gevurtz, *Corporation Law*, West Group, 2000.

Gerald Spindler & Eberhard Stilz, *Kommentar Zum Aktiengesetz*, München: Verlag C. H. Beck, 2007.

Harry G. Henn & John R. Alexander, *Law of Corporations*, 3rd, West Publishing, 1983.

James C. Van Home, *Financial Management and Policy*, Prentice Hall, 1983.

James D. Cox & Thomas Lee Hazen, *Corporations Volume Ⅱ*, Aspen Publisher, 2003.

Larry D. Soderquist & A. A. Sommer, JR & Pak K. Chew & Linda O. Smiddy, *Corporations and Other Business Organization*, MICHIE, 1997.

Len Sealy & Sarah Worthington, *Cases and Materials in Company Law* 8th Ed, New York: Oxford University Press, 2008.

Lewis D. Solomaon & Alan R. Palmiter, *Corporations,* 4rd Ed. 2003.

Meredith M. Brown & Ralph C. Ferrara & Paul S. Bird & Gary W. Kubuk, *Takeovers: A Strategic Guide to Mergers and Acquisitions,* 2nd Ed, Aspen Law & Business, 2001.

Paul Hofheinz, *EU Seems Set for a Takeover Makeover*, Wall Street Journal, 2002.

Paul L. Davies, *Principles of Modern Company Law*, Sweet & Maxwell, 2003.

Robert R. Pennington, *Company Law*, Butterrorths, 2001.

Robert W. Hamilton and Jonathan R. Macey, *Case and Materials on Corporations* 8th Ed, West Group, 2003.

Robert W. Hamilton, *The Law of Corporation In A Nutshell*, Westgroup, 2000.

Stephen I. Glover, *Business Separation Transaction: Spin-Offs, Subsidiary IPOs and Tracking Stock*, Law Journal Press, 2002.

Stephen Judge, *Company Law* 1st Ed, New York: Oxford University Press, 2008.

Thoma Lee Hazen, *The Law of Securities Regulation* 5th Ed. 2005.

2. 논문 및 간행물

Alice Pezard, "*The Golden Share of Privatized Companies*", 21 Brook. J. Int'l L.

85(1995).

Andrei Shleifer & Robert W. Vishny, *"Equilibrium Short Horizons of Investors and Firms"*, 80 American Economic Rev. 148(1990).

Bernard Black & Reinier Kraakman, *"Delaware's Takeover law: The Uncertain Search of Hidden Value"*, 96 Northwestern L. Rev.521(2002).

Blaker & Mckenzie, *"Tracking Shares v. Spin-Offs"*, A Newsletter of the Baker & McKenzie Mergers & Acquisition Practice Group(2001).

Booth, *"The Promise of state Takeover Statutes"*, 86 Mich. L. Rev. 1671(1988).

Bruce N. Hawthrone & Andrew M. Tebbe, *"Tracking Stock: Terms, Methods of Issuance, Advantages and Disadvantages"*, 1279 PLI/Corp 243(2001).

Deborah A. DeMott, *"Down the Rabbit-Hole and into the Nineties: Issues of Accountability in the Wake of Eighties-Style Transaction in Control"*, 61 George Wash L. Rev. 1130(1993).

Dennis E. Logue et al., *Rearranging Residual Claims: a Case for Targeted Stock,* Journal of the Financial Management 25(1996).

Dickson G. Brown & Jonathan Cantor, *"Tracking Stock"*, 548 PLI/Tax 815(2002).

Douglas C. Ashton, *"Revisiting Dual-class, Stock"*, 68 Saint John's L. Rev 863(1994).

Elazar Berkovitch & Naveen khanna, *"How Target Shareholders Benefit from Value-Reducing Defensive Strategies in Takeover"*, 45 Journal of Finance 137(1990).

Erica H. Steinberger & Jeffrey J. Hass, *"Introduction to Tracking Stock"*, 825 PLI/Corp 523(1993).

Eunice Park, *"Staying on the Rights Side of the Tracks: Taxation of Tracking Stock"*, 2005-FAIL FEDBASTXR 12(2005).

Frank Easterbrook & Daniel R. Fischel, *"The Proper Role of a Target's management in Responding to a Tender Offer"*, 94 Harvard L. Rev. 1161(1981).

Ivan Kuznetsov, *"The Legality of Golden Shares under EC Law"*, Hanse L. Rev (2005).

Jefferey J. Schidk, *"Toward Transaction-Specific Standards of Directiorial Fiduciary Duty in the Tracking Stock Context"*, 75 Washi L. Rev 1365(2000).

Jeffrey J. Hass, *"Directorial Fiduciary Duties in a Tracking Stock Equity Structure: The Need for a Duty of Fairness"*, 94 michi L. Rev. 2089 (1996).

Jeffrey J. Schick, Comment, *"Toward Transaction-Specific Standards of Directorial Fiduciary Duty in the Tracking-Stock Context"*, 75 Wash. L. Rev. 1365(2000).

Jeffrey N. Gordon, *"Ties That Bond: Dual Class Common Stock and The Problem of Shareholder Choice"*, 76 Cal. L. Rev. 1(1988).

Jeremy C. Stein, *"Efficient Capital Markets, Inefficient Firms: A Model of Myopic Corporate Behavior"*, 104 Quarterly Journal of Economics 655(1989).

Jeremy C. Stein, *"Takeover Threats and Managerial Myopia"*, 96 Journal of Political Economy 61(1998).

Kenneth A. Borkhovich & Kelly R. Brunarski & Robert Parrino, *"CEO Contracting and Antitakeover Amendements"*, 52 Jounal of Finance 1495(1997).

Larry C. Backer, *"The Private Law of Public Law: Public Authorities As Shareholders, Golden Shares, Sovereign Wealth Funds, and the Public Law Element in Private Choice of Law"*, 82 Tul. L. Rev.1801(2008).

Lucian A. Bebchuk, *"The Case Against Board Veto in Corporate Takeover"*, 69 Chica L. Rev. 973(2002).

Peter Wirth, *"Tracking Stock for High-Tech Companies: Part I"*, 9 No. 1 Insight 2(1995).

Rene Stulz, *"Managerial Discretion and Optimal Financing Policies"*, 26 Journal of Financial Economics 3(1990).

Robert A. Ragazzo, *"The Legitimacy of Takeover Defense In the '90s"*, Depaul L. Rev. vol.41(1992).

Ronald J. Gilson & Reinier Kraakman, *"Delaware's Intermediate Standard for Defensive Tactics: is There Substance to Proportionality Review?"*, 44 Bus. Law. 247, 267(1989).

S. Grossman and O. Hart, *"One Share-One Vote and the Market for Corporate Control"*, Journal of Financial Economics 20(1988).

Stephen I. Glover, *"Business Separation Transaction: Spin-Offs, Subsidiary IPOs and Tracking Stock"*, Law Journal Press(2002).

Stephen I. Glover, *"The Tracking Company's Board of Director"*, 4 NO.9. M&A Law. 27(2001).

Stephen M. Bainbridge, *"Exclusive Merger Agreement and Lock-Ups in Negotiated Corporate Acquistions"*, 75 Minn. L. Rev. 239(1990).

Stuart M. Finkelstin & Benjamin Handler, *"Tracking Stock"*, 842 PLI/Tax 435(2008).

Theodor Baums, *"Spartenorganisation, 'Tracking Stock' und deutsches Aktienrecht"*, Verantwortung und gestaltung, Festschrft fur Karlheinz Boujong(1996).

William T. Allen. Jack B. Jacobs & Leo E. Strine. Jr., *"Function Over Form: A Reassessment of Standards of Review in Delaware Corporation Law"*, 56 Bus. Law. 1321(2001).

William W. Bratton & Joseph A. McCahery, *"The Equilibrium Content of Corporate Federalism"*, 41 Wake Forest L. Rev. 619(2006).

York Schnorbus, *"Tracking Stock in Germany: Is German Corporate Law Flexible Enough to Adopt American Financial Innovation?"*, 22 University of Pennsylvania Journal of International Economic Law 571(2001).

상법 핵심체크

【 Part 1 **상법총론** 】

<**핵심체크** 1> **상인** - (기업의 주체)

1. 상인에 관한 입법례
상인주의(주관주의, 형식주의) - 제5조
상행위주의(객관주의, 실질주의) - 제4조 ⇒ **우리나라: 절충주의**
(4조+5조)

2. 상인의 종류
당연상인(4조) - 1) 자기명의(스스로 귀속주체 누가 행하는지 문
                      제 안 됨)
                      cf. 자기계산 - 경제적 귀속주체가 자기
              2) 제46조(상행위)
              3) 영업성(계속, 반복 - 제46조를 영업=상사회사)
의제상인(5조) - 1) 설비상인: 점포 기타 유사한 설비~상행위
                      이외 영업을 하는 자
              2) 민사회사: 제46조 이외 행위(농업, 어업)를 영
                  업으로 하는 회사
              cf. 소상인(9조) - 회사는 아니다.
                  - 자본금 1천만 원 미만의 상인
                  - 상호, 지배인, 상업장부, 상업등기 →
                    상법적용×(사용할 수는 있음)
3. **상인자격 취득**
1) 자연인 - 제4, 5조 요건을 구비하고 영업을 개시하는 경우. 판례

(개업을 준비한 때)
- 행정관청의 인, 허가 상관없음)에 취득
- 상실: 영업행위 종료함(영업 폐지, 영업시설 폐쇄)
2) 조 합 - 조합원 1인이 자격을 취득 시 조합도 자격 취득
3) 법 인 - 회사(설립등기 완료 → 법인격 및 상인자격 취득), 청산
완료 시 자격 상실(청산 중에는 그 범위 내에 상인 자
격 가짐)
4) 공익법인, 비영리법인 - 공익목적 달성하는 데 한해서 취득
5) 중간법인 - 농협, 축협, 수협은 원칙적 안 됨, 그러나 비회원에
대해 신용 사업을 영위하는 경우 그 범위 내 상인
자격 가짐
cf. 상호보험회사, 증권거래소 - 상인 ×
6) 공법인 - 가. 일반 공법인(국가, 지자체): 국영사업, 공익사업 한
해 상인자격 가짐. 이때 상법 적용, 단, 상업사용인,
상호, 상업장부, 상업등기는 적용 안 함.
나. 특수 공법인: 농지개량조합, 토지개량조합 - 상인 ×

4. **영업능력**
영업자유 제한(상업사용인, 대리상, 무한책임사원, 이사 - 경업제한,
상법이나 특별법에서 제한받음)

1) 법인 - 문제 안 됨: 기관
2) 자연인(행위능력 요)
  가. 미성년자(한정치산자):
    a. 법정대리인의 허락 ○ → 특정한 영업함(등기사항) → 무한책
임사원(사원 자격 - 능력자)
    b. 법정대리인은 미성년자를 대리하여 영업
상인 → 미성년자, 법정대리인은 등기사항
대리권 제한은 선의 제3자에게 대항 ×

나. 피한정후견인: 원칙적 영업능력 있다. 그러나 가정법원이 한정후견인의 동의를 얻어야 하는 행위(영업)의 범위를 정한 경우에 한정후견인의 동의가 있어야 한다.

다. 피성년후견인: 원칙적으로 영업능력 없다. 후견인의 동의를 얻어도 유요한 영업행위를 할 수 없다. 단, 후견인이 피성년후견인을 대리하여 영업하여야 한다. 등기사항, 선의 제3자에게 대항 ×

<핵심체크 2> 상업사용인 - 기업의 경영 보조자

(개관)
상업사용인
* 지배인
* 부분적 포괄 대리권을 가진 상업사용인
* 물건점포의 사용인

<상업사용인의 요건>
가. 특정상인에 종속(지위, 명령 - ○, 반드시 고용관계 - ×)
    cf. 중개인, 위탁매매인 - 불특정 상인 보조
나. 영업 관련 - 대외적 거래(가사사용인, 운전기사 - ×)
다. 상인으로부터 대리 권한 부여 ○

1. 지배인-영업주에 갈음(영업에 관한 재판상, 재판 외 모두 행사)
1) 포괄적 대리권 가짐 - 포괄성
2) 대리권 정형성(범위가 법정되어서 영업주가 이를 제한 ×)
3) 대리권 획일성(영업주 제한 ○ → 영업주와 대리인만 효력, 선의
   제3자에 대항 ×)
4) 예(본부장, 지점장, 영업소장, 출장소장, 지사장) - 명칭으로 판단
   ×, 권한으로 판단 ○
   cf. 지배인과 대표 - 주식회사의 경우 모두 이사회에서 선임

지배인	대표
영업의 대리인	회사의 대표기관
고용관계기초	위임의 관계 기초

2. 지배인 선임·종임

1) 선임(제10조) - 상인은 지배인 선임하여 본점 또는 지점에서 영업
   - 자연인(행위능력 불요)
   - 영업주가 등기함(보고적 등기: 대항요건)
   cf. 지배인은 지배인을 선임하지 못한다.
2) 종   임 - 지배인 사망, 금치산 또는 파산 및 고용계약
   종료 시 소멸(등기사항) 영업주 사망(×)

3. 지배권

1) 영업에 관한 재판상, 재판 외 모든 행위 행함(신속하고 안전한 계약체결 위해).
2) 주관적 영업을 했더라도 객관적 영업행위 아니면 지배권 × (안 미침)
   (신분상행위는 영업과 무관)
3) 영업폐지, 양도 지배권(안 미침) 판례 → 영업주의 영업에 관한 것인가의 판단은 객관적 성질에 따라 추상적 판단.
4) 제한 - 지배권의 제한은 선의의 제3자에 대항하지 못한다.
   - 영업주가 제한한 경우 내부관계는 당연히 효력 ○ (but, 손배책임, 해임사유 ○) 그러나 지배인의 지배권은 영업 전반에 미친다(×). → 상호, 영업, 영업소(개별화된 특정 영업에 한정)

4. 공동지배인, 표현지배인

1) 공동지배인(선임, 변경, 소멸등기 함)
   가. 능동대리: 공동으로 지배권 행사(반드시 동시에 할 필요 없음, 단독행사는 대리효과 ×)
   나. 수동대리: 1인에 대한 의사표시 유효(각자대리), 공동지배인 사이의 권한 위임 불필요(개별적 위임 가능)

2) **표현지배인**

  : 외관(명칭사용허락 ○, 대리권수여 ×)

  가. **요건**

    a. 본점, 지점의 실체(판례 ─ 실제존재)

    b. 표현적 명칭 사용 허락(예: 본부장, 지배인, 지사장, 지점 장)

      cf. 지점차장, 지점장대리, 출장소장 - ×

    c. 허락 ─ 명시적, 묵시적 가능

    d. 상대방 ─ 선의 cf. 과실은 학설대립 있음.

  나. 효과

    영업주는 거래 책임진다. 즉, 재판 외 행위만 해당, 재판상 행위는 책임 ×

5. **지배인의 의무**

1) **경업금지**: 영업주의 허락 없이 자기 또는 제3자의 계산으로 영업 주의 영업부류에 속한 거래 ×

  가. **요건**

    a. 영업주의 영업부류에 속한 거래(영리목적 없는 행위, 보조적 행위 - ×)

    b. 영업주의 허락 없을 것

    c. 자기 또는 제3자의 계산으로 경업

  나. **효과**

    a. 자기계산한 때 ─ 영업주 계산

      제3자 계산한 때 ─ 이득양도 청구=개입권(탈취권 ─ 형성 권)

      거래를 안 날 2주, 거래 있은 날 1년 ─ 소멸

    b. 영업주는 개입권가 별개 계약해지, 손배청구 가능

경업위반 지배인과 상대방 행위 - 유효

　　c. 영업주는 상대방에 직접 당사자 아님.

2) 겸직금지: 영업주의 허락 없이 다른 회사의 무한책임사원, 이사,
　　다른 상인의 상업사용인 못 된다. 유한책임 사원, 주주 - ○, 허락
　　있을 때 무한사원. 다른 사용인 가능함.

<핵심체크 3> 상호 - 기업의 영업상 명칭

1. 상호

1) 명칭(반드시 문자 ○) - 기호, 도형, 무늬 ×

2) 상인의 명칭 - 상호보험회사, 협동조합 - 상호 ×, 소상인에게
　　적용 안 됨.

3) 상인의 영업상 명칭 - 회사(회사명칭 - 상호 가능)/개인상인 -
　　자연인(아호, 예명은 상호 ×)

4) 영업에서 자기를 표시(상표, 영업표 → 상호 ×)

2. 상호선정자유

1) **입법례**

　　가. 상호자유주의(영미법계) - 상호가 상인의 성명이나 영업실체
　　　　와 전혀 무관하게 자유롭게 상호 승계, 선정

　　나. 상호진실주의(프랑스법계) - 상호가 상인의 성명, 영업실체와
　　　　일치를 요구함.

　　다. 우리 상법: 상호선정자유주의(제18조)원칙에 상호주의 예외 인
　　　　정

　　라. 상호주의 예외

a. 상호선정제한 − 상호단일원칙(제21조1항)

　　- 동일한 영업에는 단일상호 사용

　　- 여러 개 영업(각 영업별 별개 상호 사용)

　　- 하나의 영업에 여러 개 영업소 있을 때(모든 영업소 동일 상호 사용)

　　b. 회사상호(제19조) - 회사는 5종(합명, 합자, 주식, 유한책임, 유한회사)회사 명칭사용

　　　cf. 특별법(일정영업영위) → 영업표시(~은행, ~증권)

　　　- 회사가 아니면 회사임을 표시하는 문자 사용 ×

　c. 부정 목적 상호 사용 금지(제23조) - 누구든지 부정목적으로 타인의 영업으로 오인할 상호를 사용하지 못함. 위반 시 그 폐지와 손해배상청구 가능

3. 상호등기

1) 개인상인 − 의무 ×(등기하면 상호 보호 강화됨, 그 변경, 폐지 시 반드시 등기 ○)

2) 회사 − 절대적 등기사항

3) 상호가등기(제22조의 2) - 물적 회사설립(○), 인적 회사(×), 개인 기업(×)

　- 회사본점이전 시, 상호목적 변경 시 − 가등기

　- 본등기 효력과 동일(남용 방지책: 공탁의무, 기간제한, 말소 청구)

4) 효력: 동일한 상호 등기 시 배척 가능(제22조), 동종영업하면 부정목적 사용 추정(제23조 4항)

4. 상호권

1) 상호권의 귀속주체: 상호권자(인격권적인 성질 포함한 재산권)

2) 내용(미등기 상호에도 인정)

　가. 상호사용권(적극적 상호권) - 적법사용권, 등기와 무관하게 인정

　나. **상호전용권(소극적 상호권)** - 타인이 부정 목적 사용 시 → 폐지. 손배청구, 등기 불문하고 인정함.

　　a. **요건**

　　　ㄱ. 부정한 목적이 있을 것(권리의 침해 없이 신용 경제적 가치를 자기의 영업에 이용)

　　　　cf. 판례: 타인의 영업으로 오신시키려는 의도

　　　　부정한 목적 판단: 영업의 종류, 방법 및 기간 등을 종합적 고려

　　　　부정목적에 대한 입증책임? 상호권자 부담

　　　　제23조4항 - 동일 행정구역 내에 동종영업으로 타인의 등기상호를 사용하는 자는 부정 목적으로 사용하는 것으로 추정한다(입증 불요).

　　　ㄴ. 타인의 영업으로 오신할 수 있는 상호(동일 유사한 상호 포함)

　　　ㄷ. 상호를 사용하여야 함 - 인쇄 등에 표시. 광고에 쓰는 사실상 사용도 포함.

3) 등기 상호 상호권 강화(미등기 상호에도 인정)

　제23조4항 - 부정사용 추정

　제23조2항 - 사용폐지 청구=등기된 상호(강한 보호 받음)

5. 상호 양도, 상속

　1) 양도 - 상법 원칙은 금지, 예외 허용

　　cf. **예외** - 가. 영업을 폐지(판례: 사실상 폐업도 포함)

　　　　　　나. 영업과 함께하는 경우

　　　　　　cf. 영업계속, 상호만 양도/영업의 A가 상호는 B에게⇒ 허용 ×

그러나 상호 없이 영업만 양도 가능, 상호양도
(의사표시만으로)

2) 상속 - 등기 불문(상법에 규정 없음)

6. 기타

1) 상호변경: 개인(언제든지)/회사(정관변경, 등기)

2) 상호폐지: 명시적, 묵시적 의사표시(등기 ○)

3) 상호등기 말소 청구 가능

4) 상호폐지 의제 - 제26조(등기한 자가 정당한 사유 없이 2년
간 사용 × - 폐지 간주
cf. 정당한 사유 - 천재지변, 일시적 사업
중단 등)

<명의대여자>

1. 명의대여자 책임 요건

1) 외관부여 - 자신명의 사용 허락, 명의차용자 독립한 상인이
므로 영업의 영위 여부는 허락대상이 아니다.

가. 명의 → 영업주로 오인할 외관 있으면 족함
cf. 명의대여자가 상호에 대리점 명칭을 붙인 경우 - 명의대
여자 아님
명의 대여자가 영업소, 지점, 출장소 붙인 경우 - 명의
대여이다.

나. 명의대여자의 상인성 → 상인이 아니어도 무방, 명의차용
자 행위 반드시 상행위 아니어도 무방(판례)

다. 명의사용 허락 → 명시적, 묵시적
cf. 부작위에 의한 묵시적 허락: 단순 부작위는 안 된다. 일정한
의무위반 발생해야 함

라. 명의 차용자의 피용자 ― 미치지 않는다.

2) <u>외관존재</u>

　가. 명의 대여자가 영업을 안 한 경우 - 명의 동일성 존재

　나. 명의 대여자가 영업을 한 경우 - 동일성(명의나 영업에) 존재

　　판례 - 대여자가 동일성 없어도 책임 성립

3) <u>외관신뢰</u> - 과실유무 불문(명의 대여자 책임짐)

　　　　　　　cf. 학설 - 오인설(악의만 면책)

　　　　　　　　　 - 경과실 면책설(경과실만 면책)

　　　　　　　　　 - 중과실 면책설(악의, 중과실)

　　　　　　　cf. 판례 - 중대한 과실 있으면 면책(명의대여자

　　　　　　　　 입증)

2. <u>효과(부진정연대책임)</u>

1) 상대방은 명의대여자나, 명의차용자 어느 누구에게 변제 청
　구 가능

　cf. 명의 대여자가 변제 시 구상권 행사

2) 명의대여자의 책임범위

　가. 거래에서 책임(영업상 거래). 단, 거래 효과로 발생한 채
　　무불이행 손해배상 채무와 원상회복 포함

　　cf. 판례: 영업범위 내 책임 O. 영업범위 외 책임 ×

　나. 불법행위: 명의 차용자의 불법행위에는 명의대여자의 책
　　임 없다.

　다. 어음행위: 제24조 책임 부담

　라. 사용자 책임: 민법 제756조 사용자 책임 부담(지휘, 감독
　　관계있을 때)

<핵심체크 4> **상업등기의 효력** - 기업의 공시

1. 상업등기는 <u>사실적 기재관계(○)</u>, 권리관계 기재(×)/소상인 적용(×), 협동조합. 상호보험회사 등기는 상업등기가 아니다.

2. <u>종류</u>
   상호등기, 무능력자 등기, 법정대리인 등기, 지배인 등기, 합명, 합자, 주 식, 유한회사, 외국회사등기 → 9종의 등기부 존재

3. 효력
1) 일반적 효력(제3자 대항력) - 제37조
   가. <u>등기 전 효력(소극적 공시력)</u>: 등기 할 사항(절대적, 상대적 등기사항)은 등기 전에 선의 제3자에게 대항하지 못한다 (사실존재 주장 못 함).
      cf. 선의: 문제된 등기될 사항이 존재하는지 여부를 알지 못하는 것
      등기 자체가 되어 있지 않았다는 사실을 알지 못하는 것은 해당 ×
      선의 판단 시점: 거래 시
      입증책임: 제3자가 악의를 주장하는 자 부담
   나. <u>등기 후 효력(적극적 효력)</u>
      등기사항에 대해 등기한 후 선의 제3자에 대 항 가능. 등기 후에는 제3자가 정당한 사유로 알지 못한 경우 등기했어도 대항 못 한다.
      cf. 정당한 사유: 객관적 사유(천재지변으로 열람이 불가한 경우) - ○
      주관적 사유(병이 발생, 해외여행) - ×

다. 효력 범위 - 거래행위만 적용
　　a. 불법행위: 견해 대립
　　b. 제25조와 관계: 상호양도는 등기하지 아니하면 제3자에 대항 ×, 제3자 선악의 불문하고 인정
　　c. 표현책임: 표현지배인, 표현대표이사 - 인정 ×, 제3자에게 대항 ×
　　d. 공법관계: 적용 ×
2) 특수적 효력
　가. 창설적 효력
　나. 보완적 효력 - 하자 주장 못 함(주식인수 무효, 취소 → 회사 성립함).
　다. 면책적 효력(해제적 효력)
　　cf. 상업등기 추정력 - 판례: 법률상 추정력 가진다(사실상 추정력 가미).

4. 부실등기의 효력(제한적 공신력)
　제39조(고의 또는 과실로 사실과 상위한 사항을 등기한 자는 그 상위로 선의 제3자에게 대항 ×)
1) **요건**
　가. 사실과 상위한 등기(등기 시 기준)
　　cf. 제3자에 의한 경우에 방치했을 때 제39조 적용 여부? 판례: 유추적용 ×
　나. 등기신청인의 고의, 과실(판단기준: 대표사원 기준 - 판례는 본인, 대리인 포함)
　다. 제3자 선의: 제3자는 직접상대방+이해관계인 포함, 제3자에게 중대한 과실 제외, 거래 시 기준, 등기신청인 입증책임 부담
2) 효과: 대항하지 못한다.

<핵심체크 5> **영업양도** - 대표적 기업 결합유형(기업의 이전)

1. 의의
영업 자체를 양도함으로써 기업조직에 내재한 무형의 가치를
승계하는 것 인정

2. **영업의 의미**
1) 주관적 의미: 영업의 주체인 상인이 수행하는 영리활동
2) 객관적 의미: 상인이 영리목적을 달성하기 위하여 조직한 재
   산의 총체
   cf. **우리 상법** - 주관적 의미: 명의대여자책임, 상호양도, 기
   본적 상행위에서의 영업
                   - 객관적 의미: 제41조 이하에서의 영업(재산적 측
                     면)
   * 판례: 영업양도에서 영업에는 영업용재산(적극－토지, 건물/소
   극재산－채무, 부채)과 사실관계 포함(영업비결, 명성, 노하우－
   무형적 가치)

3. 영업양도개념
   영업재산 양도설(물적 요소 이전)/지위재산이전설(영업주체 이전)
   * 판례 - 일정한 영업목적에 의하여 조직화된 총체, 즉 물적·
   인적 조직을 그 동일성을 유지하면서 일체로서 이전하는 것
   cf. 구별개념 - 제374조1항 1호「회사의 영업의 전부 또는 중대한
   일부의 양도」「영업용 재산의 양도」
1) 형식설: 제374조와 제41조를 동일하게 이해
2) 실질설: 동일하게 해석할 필요 없다.
3) 절충설: 형식설에 따르면서 '사실상의 영업양도' 포함

4) 판 례: 같은 것으로 이해, 다만, 영업용재산의 양도의 경우
   에도 그것이 회사의 영업전부 또는 중요한 일부 양도하거나
   폐지하는 것과 같은 결과를 가져오는 경우 특별결의를 요한다.

4. 합병과 비교

합병	영업양도
상법상 규정(단체법상 특별계약)	개인법적인 채권계약
회사 vs 회사	개인 or 회사
개별적 이전행위 불요(포괄적 이전) 일부합병(×)	개별적 이전 필요(등기, 인도) 일부양도(○ ○)
합병무효의 소(제236조)	민법에 따라 주장
합병계약서(요식)	불요식
채권자보호절차필요	불요
합병등기 - 효력요건	영업양도 자체 - 등기사항 아니다.
경업금지의무 발생 ×	양도인의 경업금지의무 발생 ○

5. 영업양도절차
1) 당사자: 양도인(상인이면 된다)/양수인(상인, 비상인 불문)
   비상인일 경우 - 영업을 양수함으로써 상인자격 취득하기
   때문
2) 영업양도계약: 당사자 합의만으로 성립
3) 상법은 회사의 영업양도에서는 대내적인 의사결정을 거치도
   록 요구
   가. 인적 회사 - 총사원동의
   나. 물적 회사 - 주총특별결의필요/사원총회특별결의
4) 영업양도계약: 채권계약/개별적 이전행위 필요

6. 영업양도의 효과

상법은 양수인보호를 위해 양도인에게 경업금지의무 부과, 영업상 채권자, 채무자 보호규정 둠

1) 양도인 경업금지의무(제41조)=양수인보호 – 약정 있을 때: 20년
약정 없을 때: 10년

  가. 범위: 동일하거나 동일한 행정구역에서 동종영업(양도한 영업과 경쟁관계에 있거나 대체관계 있는 영업까지 포괄하는 넓은 개념)

  나. 경업금지의무를 부담하는 자: 개인상인은 양도인/회사는 회사 자체

  다. 효과: 경업금지만 규정, 위반한 경우에 관하여 규정을 두고 있지 않다(입법의 불비) 경업중지나 손해배상을 청구할 수 있다.

2) 영업상 채권자 보호

  가. 취지: 개개의 재산이 따로 이전, 이전재산이 채무인 경우 양도인의 제3자에 대한 영업상 채무라 하더라도 채무인수가 없다면 영업양도라는 사실만으로 양수인이 책임져야 할 이유가 없다. 그러나 양수인이 상호를 계속사용(상호속용)하거나 채무인수를 광고 낸 경우 외관의 법리에 의해 양수인도 양도인의 채무에 대해 책임짐. 상법 제42조 이하에 규정(양수인 변제책임인정)

  나. 양수인 변제책임 요건

    a. 상호속용(제42조1항)

    b. 채무인수의 광고(제44조)=금반언원칙, 외관야기

    c. 영업으로 인한 채권

    d. 제3자 선의(양도인과 직접 거래한 채권자, 양도인의

직접상대방으로부터 채권을 양수한 자 포함)

　다. 양수인이 변제 책임

　　양도인과 양수인(부진정연대책임)/양수인재산에 강제 집
　　행 불가(판례)

　라. 면책(제42조2항)/책임의 소멸(제45조)

　　a. 양수인이 책임 없음을 지체 없이 등기, 양도인과 양수
　　　인이 지체 없이 통지=면책

　　b. 양수인 변제책임 있는 경우 양도인의 제3자에 대한
　　　채무는 영업양도 또는 광고(통지) 후 2년이 경과하면
　　　소멸한다.

3) **영업상 채무자 보호**(제43조)

　양수인이 상호속용시만 인정. cf. 광고, 통지 시 불인정

　채무자가 선의. 중대한 과실 없이 양수인에게 변제한 때에
　는 그 효력이 있다.

　즉, 채권양도가 없는 경우에만 적용(민법 제450조)

<핵심체크 6> **상사매매** – 상인 간 상행위가 되는 매매, 임의
규정(당사자 특약으로 배제 가능), 매도인 보호하는 내용

1. **매도인이 공탁 및 경매권=자조매각권**

1) **민법의 일반원칙과 상법의 특칙**(제67조)

　가. 제67조 1항: 공탁하거나 최고 후 경매(수령거부 or 수령
　　× → 지체 없이 통지)

　　제67조 2항: 최고 없이 경매(최고 × or 멸실, 훼손)

　　제67조 3항: 경매비용을 공제한 잔액 공탁(그 전부 or 일
　　부 매매대급에서 충당)

민법 경매권	비교	상법 경매권
공탁할 수 없는 경우만	요건	수령지체 시 공탁과 선택
필요	법원의 허가	불요
반드시 공탁	경매대금	공탁하거나 매매대금에 충당

　　나. 공탁권과 경매권: 매도인이 공탁을 한 경우 지체 없이 매
　　　　수인에게 통지
　　　　공탁 대신에 매도인은 목적물을 경매할 수도 있다.
　　　　공탁과 경매는 선택해서 행사

2. 매수인 검사, 하자 통지 의무(제69조)

1) 의의
　　민법상 매도인의 담보책임은 상인들 간 매매에 부적합. 매
　　도인에게 장기간(6월, 1년) 담보책임을 지게 하는 것은 상거
　　래의 신속한 처리라는 요청에 부합되지 않으며, 목적물 가
　　격 등락이 심한 경우 매도인에게 전가하는 문제 발생 상법
　　제69조 1항에서 지체 없이 검사, 즉시 통지를 규정하고 있다.

2) **요건(제69조)**
　　가. 상인 간 매매(모두 상인)
　　나. 목적물 수령: 매수인에게 인도(현실적 점유이전)
　　다. 목적물 하자 또는 수량부족(권리의 하자 ×)
　　라. 매도인 선의
　　마. 특약의 부존재: 제69조는 임의규정이므로 다른 약정이 없
　　　　어야 한다.

3) 의무내용
　　가. 검사의무: 지체 없이 검사, 즉시발견 불가한 경우 - 6월 내
　　나. 통지의무: 즉시 매도인에게 통지(통지 - 구두, 서면 가능)
　　다. 입증책임: 매수인 부담

4) 위반효과

계약해제, 대금감액, 손해배상청구 불가, 단 민법 제580조에 매
도인 하자담보책임 물을 수 있음

3. 매수인의 보관, 공탁 및 경매의무(긴급매각의무)

1) 의의 - 민법에서 목적물 하자 또는 수량 부족 시 매수인은
   목적물반환의무 질 뿐(민법 제548조)
        - 시간, 경비 소요

   상법 제70조에서는 매도인비용으로 매매목적물을 보관
   또는 공탁하도록 하고 멸실, 훼손 염려가 있는 때 법원의
   허가를 얻어 경매하여 그 대가를 보관, 공탁하고 지체 없
   이 매도인에게 경매의 통지를 발송하도록 하고 있다.

2) **요건**
   가. 상인 간 매매
   나. 격지매매
   다. 계약해제 및 목적물의 상위, 수량초과
   라. 매도인 선의

3) 내용: 보관 또는 공탁의무, 경매의무(2차적 수단)

4) 효과: 매수인이 보관 공탁 및 경매의 위반한 때 매도인에게
   손해배상책임을 진다.

4. 확정기 매매 해제

이행기가 계약의 본질적 요소, 단순히 이행기간이 정해져 있다
고 해서 확정기 매매가 아니다.

1) 의의: 상법 제68조는 민법 제544조에 대한 특칙으로서 정기
   행위에서 당사자 일방이 이행하지 아니하고 그 시기를 경과
   한 때는 상대방은 최고를 하지 아니하고 계약을 해제한 것

으로 본다.

2) 요건

　가. 상인 간 매매

　나. 확정기 매매

　다. 당사자의 채무 불이행

3) 효과: 제68조 충족 시 확정기 매매는 해제된다(당사자 의사표시 기다리지 않고도 당연히 효과 발생).

<민법의 매매와 상법의 매매 비교>

민법	비교	상법
목적물 검사의무 ×	목적물 수령 시	목적물 검사의무 부담
6월, 1년 이내 하자발견 시 매도인에게 책임추궁 가능		수령즉시 하자 발견해야 매도인에게 책임추궁
원상회복의무	계약해제 시	매매목적물 보관, 공탁
의사표시로 계약해제	확정기 매매	계약해제의제(의사표시 ×)

<핵심체크 7> 대리상, 중개인, 위탁매매인

- 종속관계 없이, 기업조직 외부에서 상인을 보조하는 자(보조상)
- 상호 비교가 중요

1. 대리상

1) 의의(제87조) - 체약 대리상, 중개 대리상

　가. '일정한 상인'을 위하여 - 본인은 반드시 상인, 본인이 1인이어야 할 필요 없음, 반드시 특정

　나. 일정한 상인을 '위하여' - 상인을 보조, 보조받는 상인의 특정, 상인자격취 득의 종속성, 본인의 상인성, 경업금지의무 부담

다. 상업사용인이 아니면서 – 독립된 상인

라. 상시 – 계속적 계약

마. 그 영업부류에 속한 거래

바. 거래의 대리 또는 중개

사. 영업으로 하는 자 – 당연상인

2) **대리상의 의무(본인과 위임관계 – 선관주의 의무)**

가. 경업금지의무(제89조)

나. 통지의무(제88조)

다. 비밀준수의무(제92의3조)

3) **대리상의 권리 – 유치권(제91조), 보상청구권(제92의2조)**

4) 대리상과 제3자의 관계(통지수령권)

가. 체약대리상: 대리상계약에서 정한 범위 내에서 계약체결의 권한을 가짐.

나. 중개대리상: 계약체결의 권한은 없지만 중개와 관련된 행위 함.

5) 계약 종료

가. 일반적(민법 제690조): 본인사망은 종료 사유 아님.

나. 법정종료원인(제92조): 2월 전 예고, 계약을 해지

2. 중개인

1) 의의: 타인 간 상행위의 매개를 인수하는 것을 목적으로 하는 영업, 당사자 중 적어도 일방은 상인. 상행위 아닌 행위 중개하면 민사중개(부동산중개인, 직업소개소, 중매쟁이)

가. 타인 간의 – 불특정한 타인 간(일방은 상인)

나. '상행위' 중개 – 제46, 47조 포함

다. 중개를 하는 자 – 타인 간 법률행위가 성립하도록 하는 사실행위

라. 중개를 '영업으로 하는 자' – 제46조 11호

2) 성질 - 도급, 위임

3) **중개인 의무** - 견품보관의무, 결약서교부의무, 일기장작성
   의무 및 등본교부의무, 성명, 상호묵비의무, 개입의무(이행
   담보책임)

4) **중개인 권리** - 보수청구권, 비용상환청구권, 급여수령권

3. **위탁매매인**

1) 의의

가. <u>주선이란 일정한 거래를 할 때 행위자 자신의 이름으로 거래를
   하기는 하되 그 효과는 타인에게 귀속시키기로 하는 것을 말한다.</u>

나. 위탁매매인 의의(제101조): <u>자기명의로 타인계산으로 물건
   또는 유가증권의 매매를 영업으로 하는 자</u>

다. 위탁매매인의 상행위: <u>위탁매매인의 매매행위는 영업을 위
   하여 하는 보조적 상행위이고 기본적 상행위는 매매의 주선
   의 인수이다.</u>

2) 내부관계(위탁매매인과 위탁자)

가. 위탁매매계약: 주선이라는 사무처리를 목적으로 하는 위
   임계약, 위임규정 적용(제112조)

나. **위탁매매인의 위탁자에 대한 의무**: 통지의무 및 계산서
   제출의무, 위탁물의 하자 등의 통지, 처분의무, 지정가액
   준수의무, 개입의무(이행담보책임 제105조)

다. **위탁매매인의 위탁자에 대한 권리**: 개입권(제107조), 공
   탁 및 경매권, 유치권(제111조, 제91조), 보수청구권 및
   비용상환청구권

라. 매수위탁자가 상인인 경우(제110조): 제68, 69, 70, 71조
   준용

3) 외부관계

가. 위탁매매인과 제3자 관계(제102조)

나. 위탁자와 제3자 관계: 아무 관계없다.

다. 위탁물 귀속관계(제103조): 위탁매매인의 채권자는 포함
  안 된다.

4) **준위탁매매인**

자기명의, 타인계산으로 매매 아닌 행위(출판, 광고, 여행)를
영업으로 하는 자 중 운송주선인이 아닌 자를 말한다.

<핵심체크 8> 운송업과 공중접객업

운송이란 물건이나 사람을 장소적으로 이동시키는 행위를 말
한다.
상법은 영업으로 하는 물건 또는 여객의 운송의 인수를 기본적 상
행위로 규정해 놓고 있다.
1. 운송인의 의의
1) 운송의 개념: 육상이란 지표에 한하지 않고, 지중 및 지상의
  공간을 포함하는 외에 상법상 호천, 항만도 포함
2) 운송인의 개념: 운송인은 육상 또는 호천, 항만에서 물건 또
  는 여객의 운송을 영업으로 하는 자(해상, 항공 운송인 제외)
3) 운송계약의 성질: 도급
4) 수하인 지위(물건운송)
  가. 권리의무: 운송계약의 당사자 아니다. 송하인과 동일한
    내용의 권리를 원시 취득한다.
  나. 단계적 발전
    a. 운송물 도착 전: 아무런 권리 없음(제139조 1항).
    b. 운송물 도착 후: 송하인과 동일한 권리취득(제140조 1
      항), 이때 수하인이 인도를 청구한 후는 수하인의 권
      리가 송하인의 권리에 우선(제140조2항)

c. 운송물 수령: 수하인은 운임 기타 비용지급의무 부담
　　　(제141조)

2. **물건운송 – 당사자: 송하인과 운송인**
1) 운송인의 의무(임의규정)
　가. 일반적 의무 – 운송물 수령, 운송, 보관, 인도 ↔ 처분
　나. **화물상환증 교부의무(제128조) - 운송인은 송하인의 청구
　　에 따라서 화물상환증(유가증권)을 교부하여야 한다.**
　다. 지시준수의무
2) **운송인의 권리** ↔ 개입권
　가. 운송물 인도청구권
　나. 화물명세서 교부 청구권(제126조) - 화물명세서는 보통
　　송장(invoice)이라 하고, 유가증권이 아니다. 송하인운송
　　장을 허위기재, 부실기재 한 때 손해배상책임을 진다(제
　　127조1항). 그러나 운송인이 악의인 경우 제외(제127조2항)
　다. 운임 및 비용청구권
　라. 유치권(유치물 제한 – 운임기타 송하인을 위한 체당금
　　or 선대금)
　마. 운송물 공탁, 경매권(자조매각권)
　　a. 수령거부 or 수령할 수 × 경우 – 공탁
　　b. 경매권 or 공탁권 선택적 행사
　　c. 최고불능. 운송물 멸실 or 훼손 염려 → 최고 없이 경매 ○
　사. **소멸시효 - 1년**
3. 물건운송인의 손해배상책임
　상법은 운송인의 손해배상책임에 대하여 이를 대폭 증감하
　는 **특칙**을 두고 있다. 운송인의 손해배상액을 제한하고, 송
　하인이 명시하지 않은 고가물에 대해서는 손해배상을 면제
　하고 운송인의 손해배상책임에 단기소멸시효를 규정하고 있다.

1) **물건운송인의 책임(과실 책임, 임의규정) - 제135조/입증책임전환**

   가. 손해발생(직, 간접 손해 발생)

      a. 운송물 멸실: 물리적 상실. 소멸뿐만 아니라 운송물은 존재하지만 권리자에게 인도할 수 없는 경우 포함

      b. 운송물 훼손: 손상, 변질로 인하여 운송물의 가치가 감소된 경우

      c. 운송물 연착: 정한 때, 통상의 도착일시에 인도하지 못한 경우

      d. 입증책임: 송하인(수하인)

   나. 운송인 등의 과실

   다. 손해배상청구권자 − 송하인

2) **손해배상액(정액배상주의 − 제137조)**

   가. 전부멸실 또는 연착 − 인도할 날 도착지 가격

   나. 일부멸실 또는 훼손 − 인도한 날 도착지 가격

   다. 입증책임 − 송하인(수하인)

3) **고가물에 대한 특칙(136조)**

   가. 취지: 화폐, 유가증권 기타 고가물에 대해 송하인이 운송위탁 시 종류와 가액을 명시한 경우에 한하여 운송

   나. 범위: 고가물(사회통념상 비추어 값비싼 물건)

   다. 명시내용/방법/시기: 고가물에 대한 가액 명시/송하인의 일방적 의사표시/견해대립

   라. 명시효과: 명시한 경우에만 손해배상책임 부담

   마. 명시하지 않은 경우: 책임 없다. 다만 고의로 한 경우 책임 부담함.

   바. 운송인이 우연히 안 경우: 책임을 면할 수 없다(다수설).

4) 물건운송인의 책임 소멸

   가. 유보 없이 수령한 경우(제146조 1항 2항) → ○

나. 운송인 등의 악의(제146조 3항) → ×

다. 단기소멸시효 - 1년

5) 계약책임과 불법행위책임관계 −청구권 경합설(통, 판) - 선택 가능

4. **여객운송인**의 손해배상책임

1) 의의

단순히 여객운송이라 하면 육상여객운송, 즉 육상 또는 호촌, 항만에서 여객운송을 의미한다: 낙성, 불요식, 유상(원칙) - 예외 무상

2) 여객운송인의 손해배상책임(제148조)

손해배상액에 대하여 **개별적 확정원칙**과 법원은 피해자와 그 가족의 정상을 참작하는 데 특색이 있다(제148조 2항).= 특별손해도 배상

cf. 물건운송인의 책임 − 획일적이고 정액배상책임이다.

3) 책임의 내용

가. 여객자신이 받은 손해에 대한 책임(제148조) - 5년 소멸시효

나. 여객의 수하물에 대한 책임(제149, 150조)

　　a. 탁송수하물: 운송인이 특별히 운임을 청구하지 않은 때에도 물건운송인과 같은 책임 부담한다(제149조 1항).

　　b. 휴대수화물: 자기 또는 이행보조자에게 과실이 있는 경우 제외하고 손해배상책임지지 않는다(제150조). - 입증책임(여객)

　　cf. 화물상환증은 유가증권으로서 화물상환증 소지인이 운송물의 인도청구 할 수 있고, 권리자에게 화물상환증을 교부하면 운송물을 인도한 것과 같은 동일한 효력이 인정된다.

<공중접객업자의 책임>

1) 임치받은 물건에 대한 책임(제152조 1항)

  * 요건: 물건의 임치, 고객으로부터 임치, 물건의 멸실 또는 훼손으로 인한 손해배상(2010년 개정상법 이전에는 공중접객업자 불가항력임을 증명 못 하면 책임을 부담하였으나, 2010년 개정상법에서는 공중접객업자의 책임을 완화하여 운송인 등과 같이 과실책임으로 하였다.)

  cf. 물건에 관하여 임치계약을 체결하여야 한다(명시적, 묵시적).

  * 면책게시: 강행규정이 아니므로 면책특약에 당사자의 합의가 필요

2) 임치받지 않은 물건에 대한 책임(제152조 2항)

  * 요건: 시설 내에 휴대한 물건, 공중접객업자 또는 그 사용인의 과실, 휴대물의 멸실 또는 훼손으로 인한 손해의 발생

3) 고가물에 대한 특칙(제153조)

  * 요건: 화폐, 유가증권 기타의 고가물, 고객이 그 종류와 가격을 명시할 것, 고가물 임치, 물건의 멸실 또는 훼손으로 인한 손해의 발생

4) 단기소멸시효 - 6월(제154조)

【Part 2 회사법】

<핵심체크 1> 회사법 기초

[I] 회사의 의의

회사라 함은 상행위 기타 영리를 목적으로 하여 설립한 법인을
이른다(제169조).[580)

1) 영리성
- 회사는 상행위 기타 영리를 목적으로 한다. 제46조의 상행위
→ 당연상인
- 상행위하지 않더라도 영리성으로 인해 → 의제상인(제5조)
- **분배**가 있어야 함. <u>기업의 사회적 책임론과 관련</u>
- <u>상호보험회사 ×, 재단법인 ×, 공법인 ×</u>

2) 법인성
- 법률에 의해 권리능력이 인정된 단체
cf. 법인격 부인론 = 구성원인 사원과 별개의 독립된 인격체
　　　　　　　　　 유한책임의 남용방지
　　　　　　　　　 실질법상 근거 ×

---

580) 참고로, 2012년 4월 15일에 시행되는 <u>**개정상법(법률 제10600호) 제169조에서는 사단성이**</u>
<u>**삭제됨.**</u>

[Ⅱ] 회사의 능력

1) 권리능력
가. 성질에 의한 제한 - 자연인을 전제로 하는 친족권, 상속권, 생명권(×)

단, 유증(○), 인격권 향유

\- 지배인, 상업사용인(×), **발기인(○)**

나. 법률에 의한 제한(제173, 245조) - 회사는 다른 회사의 무한책임 사원이 되지 못한다.

\- 해산 시 청산범위 내 권리능력 허용

다. 목적에 의한 제한 - 회사의 목적은 정관에 기재, 등기하여야 한다. 민법 제34조에는 법인은 정관소정의 목적범위 내에서 권리와 의무를 부담한다고 정하고 있다. 이것을 회사에도 적용할 것인가 문제

⇒ 판례: 제한 긍정설 채택

2) 의사능력과 행위능력
회사의 의사능력과 행위능력은 자연인으로 구성된 대표기관을 통해 존재

3) 불법행위능력(책임능력)
대표기관이 업무를 집행함에 있어서 고의 또는 과실로 인하여 타인에게 손해를 가한 때에는 그것은 회사 자체에 대한 불법행위가되어 회사가 손해배상책임을 부담하게 됨. 즉, 불법행위를 인정함

(대표기관도 회사와 연대하여 책임-부진정연대책임).

4) 공법상 능력
\- 그 성질에 반하지 않는 한 공법상 권리인정

\- 회사는 소송법상 당사자능력, 소송능력(○)

\- 범죄능력(×)

[Ⅲ] 회사의 종류

1) **상법상**의 회사(제170조)[581]
합명, 합자, 주식, 유한책임회사, 유한회사 5종류
가. 합명회사 – 사원이 회사 채무에 무한, 직접, 연대책임 부담
   → 모든 사원 무한책임
   - 사원은 무거운 책임 대가로 업무집행권과 대표권 가짐
   - 신뢰관계 두터운 소수의 사람이 경영하기 적합
나. 합자회사 – 무한책임사원(합명회사와 동일)+유한책임사원(출자액 한도)
   - 무한책임사원: 업무집행권과 대표권을 지님
   - 유한책임사원: 이익의 분배만 받음, 업무집행 참가 불가, 감시권은 있음
다. 주식회사 – 사원인 주주가 회사채권자에 대해서는 직접 아무런 책임도 부담하지 않고 출자한도에서 간접. 유한책임 부담(오늘날 전형적 회사조직)
   – 업무집행은 이사회와 대표이사가 행함(소유와 경영 분리)
   – 주주는 주총에서 감사 선임하여 감독권 행사
   – 다수인 결합이 가능(대중자본 수집용이 대기업에 적합)
라. 유한회사 – 소규모, 폐쇄적, 비공개성
   – 출자의무에 대해 간접, 유한책임 부담 cf) 자본의 전보책임 부담(제550조)

---

581) 개정상법 제170조에 의하면 5종의 회사가 있음(주식, 유한, 합명, 합자, **유한책임회사**). 또한 제86조의2에 의한 **합자조합** 유형이 새로운 기업형태로 도입됨.

- 사원은 50인으로 제한(제545조 1항)조항 삭제
마. 유한책임회사 - 미국 유한책임회사를 참조하여 도입된 공동기업형태
- 1인 이상의 사원의 출자 및 설립등기에 의해 설립
- 사원은 출자금액 한도로 유한 책임짐.
- 사원의 업무집행권 및 대표권은 업무집행자에게 있으며, 사원이 아닌 제3자도 정관이 정하는 바에 따라 업무집행자가 될 수 있음.
- 총사원의 동의에 의해 주식회사로 조직변경 가능

2) **인적 회사와 물적 회사**(학문상 구별)
가. **인적 회사**(조합적 실체)
a. 사원과 회사의 결합 정도가 높고 사원의 개성이 중요 (조합성이 강한 회사)
b. 사원의 신용, 개성에 기초
c. 사원이 업무집행에 참여(자기기관에 의해 운영)
d. 합명회사, 합자회사가 해당
나. **물적 회사**(자본적 결합체)
a. 사원과 회사의 결합 정도 약함, 회사의 단체성이 중요
b. 회사의 자본에 기초, 사원 수 많음.
c. 소유와 경영이 분리되어 제3자 기관이 운영
d. 주식회사, 유한책임회사, 유한회사가 해당
cf. 인적 회사는 금전, 현물, 노무, 신용으로 출자 가능

3. 지배회사(모회사)와 종속회사(자회사)-제342조의 2=100분의
   50 초과

[IV] 회사법의 법원(연원, 근거)
법원의 적용순서
상사자치법(정관) → 상사특별법 → 상법전 → 상관습법 → 민법

<핵심체크 2> 주식회사

1. 주식회사의 개념

[I] 주식회사의 의의(상법에 명문규정 없음)
주주가 출자하여 **자본**이 구성되고, 자본은 일정한 금액의 **주식**
으로 분할되어 있으며, **주주**는 주식의 인도가액 한도에서 **책임**
을 지는 회사

★ <u>본질적 요소: 자본, 주식, 주주의 유한책임</u>
1) **자본**(제329, 330, 451조)
   가. 경제적 기능: 회사 성립의 기초, 주주에 대해 출자액과 책
      임의 한계가 됨. 회사채권자에 대해 회사신용도의 공시적
      기능함.
   cf. **최저자본금: 5천만 원**(제329조 1항) - 2009**년 폐지**
   나. 자본과 재산 – 자본: 회사가 보유하여야 하는 순재산액
      의 기준
      - 재산: 회사가 현재 보유하고 있는 순재산액을 의미
   다. **자본에 관한 입법례**(설립 시 자본총액에 해당하는 주식
      인수를 요하는지 여부)

<ol type="a">
<li>**총액인수제도(확정자본주의)**: 정관에 자본 기재, 회사 설립 시 자본의 총액에 관하여 주식인수가 확정될 것 요구</li>
<li>**수권자본주의(창립주의)**: 정관에 수권자본만 기재하고 회사 설립 시에는 그중 일부의 주식인수만 있으면 성립 후에 이사회가 수시로 신주를 발행할 수 있는 제도</li>
<li>**우리나라**: 수권자본주의(원칙)+확정자본주의(가미)
cf. 확정자본주의: 설립 시 발행주식 전액납입</li>
</ol>

라. 자본에 관한 원칙

<ol type="a">
<li>자본 **확정**의 원칙: 총액인수제와 일치, 회사 설립 시에 인정</li>
<li>자본 **충실**(유지)의 원칙: 자금을 실제로 출자, 현실적으로 유지 → 자본이 주주에게 환류되는 것을 방지하고 회사채권자를 보호함.
cf. 인수담보책임, 납입담보책임</li>
<li>자본 **불변**의 원칙(자본**감소제한**의 원칙): 상법에서는 수권자본제도를 채택하여 자본의 증가는 이사회 결의만으로 가능, 자본의 감소는 엄격한 법절차 요구(제438조)</li>
</ol>

마. 자본금 구성

<ol type="a">
<li>액면주식 = 주식 수 × 액면가(100원 이상)</li>
<li>무액면주식 = 주식발행가액 2분의 1 이상의 금액으로서 이사회에서 자본금을 계상하기로 한 금액의 총액</li>
</ol>

2) **주식**

가. 주식의 의의 - 자본의 구성단위와 주주권

　　a. 자본의 구성단위 - 주식은 회사의 자본은 구성하는
　　　　단위. 자본은 전부 주식으로 세분화됨(제329조). 1**주
　　　　의 금액은** 100**원** 이상[582]이어야 하고 각 주식의 금액
　　　　은 **균일**해야 함(제329조).

　　b. 주주권 - 주주의 지위를 의미. 자익권(경제적 이익)
　　　　과 공익권(운영참가목적)

나. 주식과 자본의 불일치(**자본＝발행주식 수×액면가**)

　　자본은 주식으로 분할되므로 자본은 발행주식의 액면총
　　액으로 구성됨(제451조). 그러나 **상환주식의 소각**(제345
　　조)**이나 이익소각**(제343조)의 경우에는 소각된 만큼 주
　　식 수와 액면총액이 감소하지만, <u>자본감소절차에 따르지
　　아니하여 자본이 감소되지 않는다.</u>

다. **주주의 유한책임**(제331조)

　　a. 의의: 모든 주주가 주식의 인도가액을 한도로 하는 유
　　　　한출자 채무를 짐. 회사채권자 대하여 어떠한 책임도
　　　　지지 않음. 정관이나 주총 결의로도 가중시킬 수 없음

　　b. 예외: 법인격부인의 경우와 업무집행지시자의 책임
　　　　(제401조의2) 경우 예외

[Ⅱ] 주식회사의 경제적 기능

1) 경제적 장점 - 자본집중과 위험분산, 소유와 경영의 분리
2) 경제적 폐해 - 기업지배권의 집중, 법인격과 유한책임 남
　용, 이해관계자의 이익침해

---

582) 현행법상 액면주식이 원칙이지만, <u>2012년 시행되는 개정상법 제329조 1항에 의하면 무액
　　면주식제도가 도입됨.</u>

[Ⅲ] 주식회사의 법적규제
1) 강행법규정
2) 철저한 공시주의
3) 법원의 참여
4) 법률관계의 집단적·획일적 처리

<핵심체크 3> 주식회사의 설립

[Ⅰ] 주식회사설립의 특색 — 인적 회사보다 실체형성이 복잡
함/주식인수절차가 필요/설립경과 조사 필요/발기인 제도
존재/설립에 대부분 강행규정

[Ⅱ] 주식회사의 설립방법
1) 발기설립과 모집설립
  가. 발기설립
    발기인들만 주주로 구성, 설립 시 발행주식 전부를 발기
    인이 인수하여 회사를 성립(제295조)
  나. 모집설립
    설립 시 일부는 발기인인 인수하고 나머지는 주주를 모
    집하여 인수시키는 방법(제301조)
2) **주식회사의 최저자본금**
  자본은 5천만 원 이상(제329조), 즉 최저자본금은 정관변경
  으로도 감소시키지 못한다. - **2009년 폐지**

[Ⅲ] **설립의 추진**(발기인, 발기인조합, 설립 중의 회사)
1) 발기인
  가. 의의: 주식회사 설립사무에 종사하는 자. 정관에 발기인
    으로 기재되고, 기명날인 또는 서명날인한 자에 한하기

때문에 법적인 의미에서 발기인은 '정관을 작성하고 기명날인 또는 서명한 자로서' 그 정관에 발기인으로 성명, 주민등록번호 및 주소가 지재된 자이다.

나. 자격과 수 – 발기인의 자격에는 제한 ×. 법인도 무능력자도 가능
　　　　　　　– 발기인의 수는 제한이 없다(3**인** → 1**인 이상**으로 개정).

다. 지위: 발기인은 설립 중의 회사의 구성원이고 업무의 집행기관이다.

라. 권한(견해 대립)
　　a. 회사의 형성. 설립 그 자체를 직접적 목적으로 하는 행위만 할 수 있음
　　b. 회사설립에 필요한 행위도 할 수 있음
　　c. 성립 후 회사가 할 수 있는 모든 행위를 할 수 있다는 견해
　　d. **판례**: 개업준비행위도 발기인의 권한에 포함

2) 발기인 조합

종전 3인 이상으로 발기인을 요건으로 하던 경우 필요(2001년 개정상법에서 1인 발기인에 의한 주식회사 설립이 가능하기에 2인 이상 발기인의 경우에 논의 실익 있음)

가. 의의: 발기인 2인 이상 경우 발기인 상호 간 정관 작성에 앞서 회사의 설립 목적으로 하는 계약이 존재하고 이러한 것을 조합계약이고 이것에 의해 성립한 것이 발기인 조합임.

나. 발기인 조합과 설립 중의 회사 – 발기인조합과 설립중의 회사는 별개의 존재

- 함께 병존

3) **설립 중의 회사**

가. 의의: 회사가 성립(설립등기)되기 전 어느 정도 회사로서
　　의 실체가 형성되었을 때부터 설립등기에 이르기까지 단
　　계에 사회적 실체성을 인정한 개념임.
나. 법적 성격 – **판례: 권리능력 없는 사단**
다. 성립시기 – 판례: 정관이 작성되고 적어도 1주 **이상**의
　　주식을 인수한 때
라. 권리의무의 이전 – 설립 중 회사의 총유의 형식으로 설립 후
　　회사로 이전

[Ⅳ] 주식회사의 설립절차

첫 단계(발기인의 **정관작성**) → 두 번째(**주식인수와 납입 및 기
관구성**) → 세 번째(**설립등기**)

1) 정관의 작성(제289조, 292조)
가. 의의: 회사의 조직과 활동에 관하여 규정한 근본규칙 또는
　　근본규칙을 기재한 서면
　cf. 회사설립 시 최초의 정관을 원시정관이라 함. 정관은 발
　　기인이 작성한다. 정관은 공증인의 인증을 받아야 효력이
　　생긴다.
　　2009년 개정상법에서는 소규모회사(자본금 10억 원 미만)
　　는 공증인의 인증을 면제하고 있다.
　cf. 정관은 회사의 자치법규로서 강행법규에 반하지 않는 한
　　발기인뿐만 아니라 회사의 주주 및 기관을 구속하는 효력
　　이 있다. 그러나 제3자에 대해서는 효력을 미치지 못함.
나. 법적 성격 – 가. 계약설(자유로운 의사에 의해 정관에 구속)
　　　　　　　　　나. 자치법규설(법규성)
다. **정관의 기재사항 ↔ 자본**, 회사 **성립 후** 발행하는 주식의
　　총수
　a. **절대적 기재사항**(효력을 갖기 위해 반드시 기재, 만일 기

재 없거나 위반인 경우 정관 자체가 무효임)
   ① **목적**: 구체적으로 기재, 회사의 권리능력 기준, 회사
     기관의 권한남용 여부 기준
   ② **상호**: 반드시 주식회사라는 문자 사용(제19조)
   ③ **수권주식**: 회사가 발행**할** 주식의 총수(=**발행예정주식**)
   ④ **액면주식을 발행한 경우**
     1주의 금액 - 1주의 액면가는 정관에 기재. 액면가는 자
     본의 구성단위라는 의미에서 추상적 가격이므로 실제 주
     식을 발행하면서 제시하는 발행가와 다르다.
     cf. 자본유지원칙에 따라 주식은 **액면가 이하로 발행하
     지 못한다**(제330조 → **예외 제417조**).
     cf. 상법은 **무액면주식의 발행을 인정하고 있다.**
   ⑤ 회사설립 시 발행하는 주식의 총수(=**발행주식총수**)
   ⑥ **본점**의 소재지
   ⑦ 회사가 **공고**하는 법(2009년 개정상법 − IT기술을 통한
     설립절차 간소화를 위해 회사의 새로운 공고방법으로 전
     자적 방법을 도입하였다)
   ⑧ **발기인의 성명, 주민등록번호, 주소**
b. <u>**상대적 기재사항**</u>(=**변태설립사항, 제290조**) - **위험한 약속**,
정관에 기재하여야 효력이 발생함. 변태설립의 경우 법원
이 선임한 **검사인의 검사**를 받아야 하고 이것이 정관의
규정이 부당하다고 인정될 때에는 발기설립의 경우에는
법원, 모집설립의 경우에는 **창립총회**에서 정관을 변경할
수 있음.
   ① **발기인의 특별이익**
   ② **현물출자**
   ③ **재산인수**
   ④ **설립비용/보수액**

2) 주식발행사항의 결정(제291조) - 발기인 전원 동의

[Ⅴ] 발기설립의 절차(제293～300조)
발기인에 의한 정관작성과 주식발행사항이 결정되고 난 후 다음과 같은 절차를 거침.

> 발기인 ⇒ 정관작성 ⇒ 주식발행사항 결정 ⇒ 발기인의 주식인수 ⇒ 주금납입(금전출자, 현물출자) ⇒ 이사와 감사의 선임 ⇒ 설립경과의 조사 ⇒ 설립등기

1) 주식의 인수(제293조) - 발기인만 주주. 설립 시 발행하는 주식의 총수를 인수. 발기인의 주식인수는 서면으로 행하고 그렇지 않으면 무효
2) 출자의 이행(제295조) - 금전출자와 현물출자
   가. 금전출자(전액납입주의): **주식의 총수 인수, 인수가액 전액 납입**
   나. 현물출자: 납입기일에 지체 없이 재산을 인도하고 서류를 완비하여 교부
   다. 납입지체: 지체하면 강제집행을 하여야 하고 <u>모집절차에 인정되는 실권절차는 인정되지 않는다.</u>
3) 임원선임(제296조) - 출자이행이 완료된 때에는 발기인은 지체 없이 이사와 감사를 선임하여야 한다(발기인은 출자자 지위 - 1주에 관하여 1의결권을 가진다).
4) 설립경과 조사(제298～300조)
   가. 일반사항(**이사, 감사가 조사**하여 → **발기인**에게 보고)
   나. 변태설립사항(**이사**가 법원에 검사인 신청하여 **법원선임 검사인이 조사** → 변경처분은 **법원**이 함)
      cf. 모집설립
   a. 일반사항(**이사, 감사가 조사**하여 → **창립총회**에 보고)

b. 변태설립사항(**발기인**이 법원에 검사인 신청하여 **법원선임 검사인이 조사** → 변경처분은 **창립총회**가 함)

　　※ 단, 발기인의 특별이익 및 보수, 설립비용은 **공증인의 조사**, 보고로 현물출자, 재산인수는 **감정인의 조사**. 보고로 법원선임 조사인의 조사를 대체함.

[Ⅵ] 모집설립의 절차(제301~320조)
- 제3자(모집주주＝주식인수인＝권리주)가 등장
- 모집주주 보호가 중요한 문제
- 주식청약 시 주식청약서를 사용하도록 강제
- 창립총회의 개최를 요구

1) 발기인에 의한 주식의 일부 인수 － 발기인은 반드시 주식 총수 중에서 1주 이상을 인수
2) 주주의 모집(제301조) - 공모 or 연고모집
3) 주식인수의 청약(제302조)
　가. 청약의 방법 － 주식청약서 2통 작성
　나. 주식청약의 하자(제320조)
　　　a. **비진의 의사표시**에 의한 주식인수인의 청약은 **발기인이 악의**인 때도 **유효**
　　　b. 주식을 인수한 자가 회사의 성립 후 or 창립총회에 출석하여 **그 권리를 행사한 때** 주식청약서 요건흠결을 이유로 그 인수 **무효를 주장**하거나 사기, 강박, 착오를 이유로 **인수의 취소를 못 한다.**
　　　그러나 행위무능력이나 사해행위를 이유로 하는 인수는 취소가 가능
　　　c. 가설인 or 타인명의에 의한 주식인수(제332조)
　　　① 가설인 명의로 주식인수를 청약하거나 타인승낙 없

이 타인명의로 주식인수를 한 경우 **실제로 주식인수의 청약을 한 사람**을 주식인수인으로 보고 그가 납입의무를 지우고 있다.

② 타인의 승낙을 얻어 타인명의로 주식을 청약하고 그 후 타인에게 주식이 배정된 경우 누가 주식인수인이 되는가에 대해서는 견해 대립함(**판례 - 실질설, 즉 명의 차용자가 주주가 됨**).

4) 주식의 배정과 인수(제303~304조)

가. 주식의 배정 - 자유(발기인 行)

나. 배정자유의 원칙 - 자유로이 배정(주식청약자는 아직 주주가 아니므로 주식평등의 원칙이 적용되지 않음)

5) 출자이행(제305, 306, 318, 319조)

가. 주식인수가액의 납입 - **전액납입**주의(주식청약서에 기재된 납입장소에서 행함)

cf. 발기인에게 직접 납입할 경우 효력 ×

나. 가장납입의 규제

a. 가장납입: 주금을 납입하지 않고 납입한 것으로 가장하여 설립절차를 마치는 것

b. 유형

① **통모가장납입**: 주금의 현실적 납입이 없으므로 무효.

② **견금(위장납입)**: 납입취급은행 이외의 자로부터 일시 금전을 차입한 후 주식납입에 충당하고 회사성립 후 이를 인출하여 차입금에 변제

판례: 유효

다. 가설인 등의 주식인수와 납입 - 가설인 또는 타인의 승낙 없이 타인명의로 주식을 인수한 자는 주식인수인으로서 납입책임을 지며, 타인의 승낙을 얻어 타인명의로 주식을 인수한 자는 타인과 연대하여 납입할 책임이 있다(제332조).

라. 현물출자 - 발기인의 현물출자와 동일

마. 불이행에 대한 조치(제307조)
     a. 금전출자 - 실권절차
     b. 현물출자 - 강제집행 or 회사불성립
6) 검사인의 검사(제310조) - 검사인은 보고서를 창립총회에 보고
7) 창립총회(제308, 316조)
  가. 의의: 주식인수인으로 구성된 설립 중의 회사의 최고의결기
     관, 성립 후 주주총회에 해당(주주총회에 관한 사항 준용)
  나. 소집: 주식의 납입과 현물출자가 완료된 때에는 지체 없
     이 소집
  다. 권한: 발기인의 보고/임원선임/설립경과 조사/변태설립사
     항 변경/정관변경 및 설립폐지의 결의 등

[Ⅶ] 설립등기(제317조) - 설립등기로써 종료하고 법인격 취득
하고 상인자격 취득함(준칙주의).
1) 등기기간 - **발기설립(검사인의 변태설립사항 조사, 보고 후
또는 법원의 변태설립사항 변경처분 후): 2주 이내
모집설립(창립총회 종결 후 또는 창립총회의 의한 변태설립
사항 변경 후): 2주 이내**
2) 등기신청인 - 대표이사
3) 등기사항 - 제317조 2항 열거된 사항
4) 설립등기의 효력
  가. **본래적 효력(제172조) - 회사가 성립(창설적 효력)**
  나. **부수적 효력**
     a. 주식인수의 무효, 취소의 제한
     b. 권리주 양도제한의 해제
     c. 주권발행의 허용 및 강제
     d. 설립무효의 주장의 제한
     e. 발기인의 자본충실책임 - 인수담보, 납입담보책임

[Ⅷ] 주식회사설립의 하자 - **중대한 하자**가 있는 경우에만 소의 방법으로 **설립의 무효** 주장

1) 설립무효의 소: <u>설립취소의 소(×)</u>. 장래효만 인정
2) 무효의 원인: 객관적 하자(절차상 하자)
  가. 사원 개인의 주관적 의사표시의 하자(주관적 하자)는 설립등기로 하자 치유
  나. **무효사유** - a. 정관의 절대적 기재사항 흠결
          b. 정관에 공증인의 인증이 없을 때
          c. 설립 시 발행주식총수가 1/4 미만일 때(2012년 폐지)
          d. 창립총회 불소집
          e. 창립총회의 결의 취소나 무효
          f. 설립등기가 무효
3) 무효의 주장: **이사, 감사, 주주**에 한하여 회사성립일로부터 2년 내에 소로 주장. 설립을 무료로 하기에 부적당한 경우 **법원의 재량기각 인정**함.
4) 법원의 판결(형성판결)
  가. 원고 승소: 대세효, 불소급효(<u>설립등기 시부터 무효판결까지 사실상회사, 하자 있는 회사가 인정</u>)
  나. 원고 패소: 민소법 일반원칙이 적용(판결의 효력은 당사자 간에만 미침. 패소한 원고는 악의 or 중대한 과실이 있는 때에는 회사에 대하여 연대하여 배상할 책임이 있음)

[IX] 주식회사 설립관여자의 책임

1) 발기인

  가. 회사 성립(등기0)

   o. 회사에 대한 책임

     − 자본충실책임(인수담보, 납입담보), 무과실 책임(면제 x)

     − 손해배상책임, 과실책임(총주주의 동의로 면제 0)

   o. 제3자에 대한 책임

     − 손해배상책임, 중과실 책임(제332조 2항)

  나. 회사불성립(등기×) - 무과실 책임(설립비용, 납입비용 반환) − 제326조

2) 유사발기인 − 발기인과 동일한 책임(자본충실, 불성실 책임만) − 제327조

3) 이사, 감사 − 손배책임만(임무 해태 시) → 회사 및 3자(악의 or 중과실) − 제323조

4) 검사인 − 손배책임만(제325조)

<핵심체크 4> 주식과 주주

[I] 주식의 의의 − 자본의 구성단위, 주주의 지위(주주권)

  1) 자본의 구성단위(제329조) - 자본금은 발행주식의 액면총액이 됨.

    - 1주 금액 최소한 100원 이상(액면주식)

    - 무액면주식일 경우 발행가액의 2분의 1 이상의 금액을 자본금으로 계상하기로 한 총액(이사회 결의)

  2) 주주의 지위(주주권)

    가. 주식복수주의(지분복수주의) - 주주의 권리와 의무는 그가 가진 주식 수에 비례

      - 이익배당도 주식 수에 따라 하고 1주 1의결권 원칙

나. 주식의 법적성격 - 사원권
3) 주식의 불가분과 공유
　가. 주식불가분의 원칙 - 1주의 주식을 0.5주씩 타인에게 양도 불가
　나. 공유 - 1주의 주식을 나눌 수 없지만 공유는 가능함(제333조).
4) 주식의 분할과 병합
　가. 주식의 **분할**(제329조의2) - 주주총회 특별결의 요함.
　　: 자본을 증가시키지 않고 주식 수를 증가시키는 회사의 행위(만 원짜리 1주를 천 원짜리 10주로 분할)
　나. 주식의 **병합** - 주식을 합하여 그보다 적은 수의 주식으로 만드는 회사의 행위
　　: 100만 주를 병합하는 데 10을 5주씩 합쳐서 2주로 하는 것, 10주를 7주씩 합쳐서 1주로 하는 경우 단주가 발생하는데 단주는 예외적인 경우에 허용
　　cf. 자본감소(제440조)와 회사합병(제530조3항)의 경우에만 병합

[Ⅱ] 주식의 종류
1) **주권발행형식에 따른 주식의 종류**(권리내용 동일)
가. 액면주식과 무액면주식 - 상법은 액면주식(액면가 1주 100원 이상) 인정
　- 액면미달발행은 예외적 인정(제417조)
　- 2012년 상법은 무액면주식 인정
　cf. 무액면주식을 발행한 경우 액면주식을 발행할 수 없다.
나. 기명주식과 무기명주식
　　a. 기명주식 - 주권과 주주명부에 주주의 이름을 기재된 주식

- 기명주식 양도는 주권의 교부(제336조)와 명의개서(제337조) 필요
    b. **무기명주식**583) - 주주명부에 주주의 이름이 기재되지 않은 주식
    - 권리 행사시 주권을 회사에 **공탁**(제358조)
    cf. 자격주: 주주가 이사인 경우(감사에게 **공탁** 제387조)
    - 무기명주식은 정관에 규정이 있는 경우만 발행
    - 주주는 언제든지 기명주식으로 전환 가능(제357조)
2) **권리의 내용에 따른 분류**(권리내용상이)=종류주식
    가. 이익배당·잔여재산분배에 관한 종류주식
    나. 의결권 배제·제한에 관한 종류주식
    다. 주식의 상환에 관한 종류주식
    라. 주식의 전환에 관한 종류주식

[Ⅲ] 주식평등의 원칙(제368조)
1) 의의: 각 주주의 권리와 의무는 주식 수에 비례한다. 즉, 이익배당, 잔여재산분배, 의결권은 주식 수에 비례하여 행해짐.
2) 강행규정: 이에 반하는 정관규정, 주주총회, 업무집행은 무효
3) 예외: **종류주식/감**사의 선임/**소수주주권/단**주의 처리

[Ⅳ] 주주의 권리(주주권/사원권)
1) 주주의 개념: 주식의 귀속주체(주주가 될 수 있는 자격에는 아무런 제한 ×)
2) 주주의 권리(주주권): 주주의 권리는 법률에 의한 것이므로 정관이나 주주총회의 결의나 이사회의 결의로서 제한할 수 없다.
    가. 공익권과 자익권 – 회사운영에 참가를 목적: 공익권/경

---

583) **무기명주식은 개정상법(법률 제12591호)상 폐지되었다.** 동 법률은 2014년 5월 20일부로 시행되었다.

제적 이익 목적: 자익권

나. 단독주주권과 소수주주권

    a. **단독주주권**: 주식 수에 관계없이 단독행사(자익권) ex) 신주발행유지청구권, 재무제표열람권

    b. **소수주주권**: 주식총수의 일정한 비율 이상 가진 주주만 행사

     ① 1%=**위**법행위유지청구권과 **대**표소송제기권

     ② 3%=주주제안권, 주주총회소집청구권, 집중투표청구권, 이사해임청구권, 회계장부열람권, 업무·재산상태검사청구권

     ③ 10%=**해산판결청구권** cf. 해산명령 − 검사가 행함.

[Ⅴ] 주주의 의무 − 출자의무/상계금지(제334조)/면제금지/주주가 회사채무에 대해 예외적으로 개인적인 변제책임을 지는 경우

  cf. 제334조 삭제

[Ⅵ] 주권

1) 주권

  가. 의의: 주주의 지위를 표창하는 유가증권. 이미 발행한 주주의 지위를 증권화한 것

  나. **성질** - a. **비설권증권**(제335조): 회사의 성립 or 신주의 발행에 의해 발생

        b. **요식증권**(제356조)

        c. **비문언증권**: 주권의 내용은 주식의 내용에 따라 결정. 주권의 기재사항에 따라 정해지는 것은 아니다.

        d. **요인증권**

        e. **지시증권 아님**

2) 주권의 종류

　가. 기명주권과 <u>무기명주권</u>[584](제337, <u>357, 358조 – 삭제</u>)

　　　- 기명주권: 주주의 성명이 표시되어 있는 주권(상법상 원칙)

　　　- 무기명주권: 표시되지 않은 주권(정관규정이 있는 경우에 발행)

　　　- 무기명주식을 언제든지 기명주식으로 할 것을 청구할 수 있음.

　　　- 권리행사 시 기명주권은 **명의개서**/무기명주권은 회사에 **공탁**

　나. 단일주권과 병합주권

　　　- 1개의 주식을 표창하는 주권을 단일주권

　　　- 여러 개의 주식을 1매의 주권으로 표창하는 것을 병합주권

3) 주권의 발행

　가. 주권발행의 의의와 시기

　　　a. 의의 – 주권을 작성하여 이를 주주에게 교부하는 것

　　　b. 발행의무 – 회사는 그 성립 후 or 신주의 납입기일 후 **지체 없이** 주권을 발행

　　　cf. 지체 없이 란 늦어도 성립 후 or 신주납입기일 후 **6월** 내로 본다.

　　　- 회사 성립 후 or 신주 납입기일 후가 아니면 주권발행을 못 하도록 한 것은 권리주양도제한(319조) 취지에 따라 권리주의 유가증권화를 방지하기 위함.

　나. 주권의 기재사항(요식증권, 356조)

　다. 주권의 효력발생시기 – 판례(교부시설)

4) 주권불소지제도(제358조의 2)

---

584) <u>삭제됨. 각주) 589 참조.</u>

- 기명주식만 해당. **무기명주식** ×
- 주식의 양도는 주권이 필요. cf. 주권 없이 주식양도 가능하다(×).
  가. 주권불소지의 신고: **기명주식주주**는 정관에 다른 규정이 있는 경우 제외하고 회사에 불소지를 신고할 수 있다. 명의개서대리인을 둔 때에는 **명의개서대리인**에 대하여도 불소지의 신고를 할 수 있다.
  나. 주권의 발행: 신고한 주주는 언제든지 주권발행을 청구할 수 있다.
    why 주식을 양도하거나 입질하려면 주권이 필요하기 때문
5) 주권의 상실과 재발행(제360조)
- 주권을 도난당하거나 분실 or 훼손 등의 사유로 주권을 상실하여도 주주권(주식)을 상실하는 것은 아니다.
- 명의개서를 하기 전의 주주는 주권이 없으면 명의개서를 청구할 수 없고, 주권은 주식의 양도 수단이기에 주권을 상실하면 주주는 자신의 주식을 타인에게 양도 ×

[Ⅶ] 주주명부(장부)
1) 의의 – 주주 및 주권에 관한 사항을 명확하게 하기 위하여 상법의 규정에 의하여 작성하는 장부를 말한다.
2) 기재사항(제352조)
3) 비치와 열람(제396조)
4) **효력**(제353조)
  가. 대항력: 가장 중요한 효력. 기명주식의 이전은 취득자의 성명과 주소를 주주명부에 기재하지 아니하면 회사에 대항하지 못한다(기명주식만 인정).
  나. 추정력(자격수여적 효력)
  다. 면책력
5) 주주명부의 폐쇄와 기준일(제354조)=권리행사자 확정방법

(의결권/배당)

가. 의의: 주주는 수시로 변동되므로 일정시점에 있어서 권리행사자를 정하기 위해 일정한 기간 주주명부를 폐쇄하여 <u>주주명부상 주주의 이동을 방지</u>하거나 일정한 날을 정하여 그날 현재 주주명부상의 <u>주주를 권리를 행사할 자로 볼 수 있게 하는 제도</u>

나. **주주명부의 폐쇄(명의개서의 정지)**

    a. 주주명부 폐쇄기간은 3월을 초과 ×

    b. 폐쇄기간의 시기로 2주 전에 공고

    c. 폐쇄기간 중 명의개서, 질권등록을 못 한다.

    but, 전환주식 및 전환사채의 전환청구 가능, 신주인수권부사채권자는 신주발행청구권행사 가능. 그러나 폐쇄기간 중에 전환된 주식은 총회결의에서 의결권을 행사할 수 없다(제350조 2항).

다. 기준일(권리행사자 확정 방법) → 명의개서 허용

라. 양 제도를 **병용**하는 것은 상관없다.

[Ⅷ] 주주권 양도와 제한

1) 주식의 양도

가. 의의 - 법률행위에 의하여 주식을 이전하는 것

    - 주식의 양도는 주권의 교부로 양도 가능

    - 주권교부는 현실인도로 이루어지나, 간이인도나 점유개정 및 반환청구권으로 가능.

나. **주식양도자유의 원칙**(제335조) - 주식의 양도는 원칙적으로 자유이다. 다만, 정관에 주식양도 시 이사회의 승인을 받도록 규정을 둘 수 있다.

2) 주식양도의 **제한** - 정관에 의한 제한, 상법에 의한 제한

가. **정관에 의한 주식양도의 제한**(제335조의2~335조의7): 소

규모회사에 적합

  a. 양도제한 방법 – 정관에 이를 정하여야 한다(원시정관, 변경정관 불문).

  b. 양도제한의 공시 – 이사회 승인을 얻도록 한 경우 그 내용을 주식청약서, 주권에 기재, 등기해야 함.

  c. 주주의 투하자본회수방안(양도승인절차)

    - 양도인 or 양수인의 회사에 대한 **주식 양도승인청구**

    - 회사가 양도승인을 거부한 경우 회사에 대한 **매수인 지정청구**

    - 회사가 양도승인을 거부한 경우에 회사에 대한 **양도 상대방지정** or **주식매수청구**

  d. 이사회 승인 얻지 않은 주식양도의 효력 – 회사에 대해 효력 ×. 당사자 간 ○

나. **상법상 제한**

  a. **권리주(주식인수인의 권리)양도의 제한**(제319, 425조)

    - 투기 방지 목적

  : 당사자 간에는 유효하지만, 회사에 대해서는 효력 ×

  b. **주권발행 전의 양도제한**(제335조3항)

    – 주권이 발행되기 전에 주식의 양도는 회사에 대해 효력 ×

    – 회사성립 후 or 신주의 납입기일 후 **6개월**이 경과한 때에는 주권발행 없어도 주식양도는 **유효하다.**

    - 6개월 경과 **전**의 주식양도: 회사성립 후 or 신주의 납입기일 후 6개월이 경과하기 전 이루어진 주권발행 전 주식의 양도는 <u>회사에 대해 효력이 없다</u>(당사자 간 채권적 효력은 인정).

    - 6개월 경과 **후**의 주식양도: 6개월 경과하도록 회사가 주권을 발행하지 않으면 <u>주권 없이</u> 주식을 양도함.

- 주권발행 전 양도: 민법 제449조, 450조 적용
c. **자기주식취득의 제한**(제341~342조) - 2012년 개정상법에서 인정

＜특정목적에 의한 자기주식취득이 인정되는 경우＞
① 회사의 합병 or 다른 회사의 영업**전부의 양수**로 인한 때
② 회사의 권리를 실행 시(채권자 지위) → **상당한 시기**에 처분
③ 단주 처리 시 → **상당한 시기**에 처분
④ 주주의 주식매수청구권 행사 시 → **상당한 시기**에 처분

---

cf. 자기주식의 지위 - 공익권 ×. 의결권도 ×. 자익권은 전반적으로 휴지가 된다.

cf. 자기주식취득금지위반 효과 - 판례(무효설)

＜상호주소유제한의 내용＞
가. 원칙 - 모자회사 간에는 자회사는 모회사의 주식을 취득할 수 없다.
a. A회사(모회사)가 B회사(자회사)의 발행주식총수의 50%를 초과하는 주식을 소유하는 경우 B회사는 A회사의 주식을 원칙적으로 취득할 수 없다.
b. A회사와 B회사가 C회사의 발행주식총수의 50%를 초과하는 주식을 소유하는 경우 C회사는 A회사의 자회사로 간주하여 C회사는 A회사의 주식을 취득할 수 없다.
c. A회사가 B회사의 발행주식총수의 50%를 초과하는 주식을 소유하고 있고, B회사는 C회사의 발행주식총수의 50% 초과하는 주식을 소유하고 있다면 C회사는 A회사의 손회사이면서 동시에 B회사의 자회사로 A회사 및 B회사의 주식을 취득 못 한다.
나. 예외
a. 주식의 포괄적 교환, 주식의 포괄적 이전, 회사의 합병 또는 다른 회사의 영업의 전부 양수
b. 권리 실행 시 목적을 달성하기 위해 필요한 경우 → 모회사주식을 **6월** 내 처분
다. 금지 위반의 효과 - 무효

---

3) **비모자회사 간의 상호주소유제한**(342조의3, 369조)
모자관계 없는 회사 간에는 주식의 상호보유 자체는 인정하면서 **발행주식총수의 1/10을 초과**하여 취득한 때에는 의결권이 제한

가. **상호주소유허용**

갑회사가 을회사의 발행주식총수 10%를 초과하는 경우, 을회사가 가지고 있는 갑회사의 주식에 대해서는 의결권이 없다. 갑회사와 을회사가 서로 10% 초과하여 주식을 소유하고 있으면 서로 의결권을 행사하지 못함.

나. **다른 회사(B회사)가 의결권을 행사할 수 없는 경우**

　　a. 한 회사가 다른 회사(B회사)의 발행주식총수의 10%를 초과하는 주식을 소유한 경우

　　b. 모회사와 자회사가 소유하는 주식을 합하여 다른 회사(B회사) 발행주식총수의 10% 초과하는 경우

　　c. 자회사가 단독으로 다른 회사(B회사)의 발행주식총수의 10% 초과하는 경우

[IX] 주식양도의 방법

기명주식의 경우에도 주권의 교부만으로 가능하다.

1) 주권발행 전의 양도 방법 – 단순한 의사표시만으로 한다.

2) 주권발행 후의 양도 방법 – 교부만으로 한다.

3) 주식양도의 대항요건

가. 주권발행 **전**의 주식양도의 대항요건 – 지명채권의 양도 방법을 취하므로 양도의 의사표시와 회사에 대한 통지나 회사의 승낙을 요한다. 제3자에 대한 대항요건은 확정일자 있는 증서에 의한 양도통지 or 회사의 승낙이라고 보는 것이 상례다.

나. 주권발행 **후**의 주식양도의 대항요건(**명의개서**)

　　a. 의의: 기명주식의 양도의 경우 주식양수인의 성명, 주소를 주주명부에 기재하여야 하는데 이것을 명의개서라 함(제337조).

　　b. 효력: 대항력, 추정력, 면책력

cf. 실기주: 좁은 의미로 신주발행의 경우 명의개서를 하지
　　　　　않은 결과로 양도인에게 배정된 신주를 말하고, 넓
　　　　　은 의미로 이익배당금 등의 소정의 기간에 명의개
　　　　　서를 하지 않은 기일을 넘기는 주식을 말한다.
　　c. 명의개서대리인(337조)

[X] 주권의 선의취득(제358조, 수표법 제21조)
1) 의의: 주식을 양도한 자가 무권리자라 하더라도 양수인이 선
　　의로 주권을 취득하면 적법하다는 것을 말한다.
2) **요건**
　　가. 주권 자체가 유효해야 함
　　나. 무권리자로부터 양수
　　다. 양도에 의한 취득일 것
　　라. 양수인의 선의, 무중과실
3) 효과: 선의 취득자는 적법하게 주권을 취득하고 주주권을 행
　　사하기 위해 기명주식을 경우 명의개서를 해야 함.

<핵심체크 5> 지배구조 I -주주총회

[I] 주주총회의 의의와 권한
1) 주주총회의 의의: 주주들로 구성. 필요적 기관. 이사, 감사의
　　선임. 해임권을 가지고 정관변경을 가지므로 주식회사의 최
　　고기관의 지위를 갖는다.
2) 주주총회의 권한(제361조): 상법 or 정관에 정하는 사항에
　　한하여 결의할 수 있다.
　　가. 상법상 권한(결의사항): 1인회사인 경우 주주총회는 어떠한
　　결의사항이든 1인주주의 결정만으로도 유효한 결의가 성립
　　　　a. **보통결의** 요건: **출석주주과반수와 발행주식총수** 1/4

이상 찬성

보통결의 사항: 이사, 감사, 청산인의 선임/청산인의
해임/보수결정/주식배당
  b. 특별결의 요건: 출석주주 2/3 이상과 발행주식총수
    1/3 **이상 찬성**
    특별결의 **사항**: 정관변경/영업의 전부 or 중요한 일부
    의 양도/다른 회사의 영업의 전부의 양수/회사의 영업
    에 중대한 영향을 미치는 다른 회사의 영업일부의 인
    수/이사, 감사의 해임/자본 감소/사후 설립/임의해산/
    회사의 계속/주식분할/주식의 할인발행/주식의 포괄적
    이전, 주식의 포괄적 교환
 나. 특수결의 사항: 발행주식총수의 100%. 즉, 총주주의 동의
    가 있어야 함

[Ⅱ] 주주총회 소집
1) **소집권자**: 이사회, 소수주주(3%), 감사 그리고 법원
2) 소집시기와 소집지 등
  가. 소집시기(제365조) - 정기총회: 매년 1회 일정한 시기에
      소집되는 총회
                      - 임시총회: 필요한 경우에 수시로 소집
                        하는 총회
  나. 소집지(제364조) - 정관에 다르게 정하지 않는 경우 본점
      소재지 or 이에 인접한 장소에 소집하여야 한다.
  다. 소집일시와 장소 - 상법에 규정이 없으므로 이사회에서 정
      하여 주주에게 통지 공고
3) 소집의 통지 및 공고(제363조)
  가. 통지 및 공고의 방법: 주주총회를 소집하기 위해 회사가
      기명주식을 발행한 경우에는 주주총회개최일시와 장소

를 정하여 주주들에게 소집을 **통지**하여야 한다. 통지는 2 **주** 전에 **서면** or **전자문서**로 통지. 2009개정 상법에서는 소규모회사(자본금 총액 10억 원 미만)의 경우 통지기간을 주주총회일의 10일 전으로, 무기명 주권의 경우 공고기간을 주주총회의 2주 전으로 단축하였다.

나. 통지와 공고를 생략할 수 있는 경우: <u>의결권 없는 주주에 대하여는 적용 ×</u>

회사의 주주총회소집통지가 주주명부상의 주주의 주소에 <u>계속 3년간</u> 도달하지 아니한 때에는 회사는 당해주주에게 <u>총회의 소집을 통지하지 아니할 수 있다</u>.

다. 전원출석총회의 경우: 1인회사의 주주가 출석한 경우 or 총주주가 참석하여 총회의 개최를 동의한 경우 소집절차를 이행하지 않아도 총회의 성립이 유효하다고 본다.

라. 통지 및 공고를 해태한 경우: 주주총회**결의취소**의 사유가 된다(제376조 1항). and 일부 주주에게만 한 경우 **결의 부존재**의 사유가 된다.

4) 주주총회의 연기와 속행(제372조): 주주총회가 성립한 하 회의의 연기 or 속행의 결의를 할 수 있다.

5) 주주제안권(제363조의 2): 발행주식 총수 3% 이상을 보유한 주주가 이사에 대해 일정한 사항을 주주총회의 목적사항으로 할 것을 제안할 수 있도록 하였음.

가. 행사요건 - 3% 주주(여러 명의 주주가 이 요건을 갖추어 주주제안권을 행사 ○)

나. 제안내용 － 총회의 의제를 추가로 제출할 수 있는 **의제제안권**과 총회의 의제에 대한 의안을 추가로 제출할 수 있는 **의안제안권**을 행사할 수 있다.

- 상법에서는 이사회가 거절할 수 있는 제안의 내용이 어떤 것인지에 대해서 아무런 규정을 두고 있지 않다.

다. 제안절차 – 주주는 이사에 대해 주주총회 **6주 전**까지 서면으로 일정한 사항을 주주총회의 목적사항으로 할 것을 제안한다.

[Ⅲ] 의결권

1) 의결권의 의의: 주주가 주주총회에 제안된 안건에 대한 의사결정에 참가할 수 있는 권리를 말한다. 주주는 이처럼 주주총회의 권한사항에 대해 의결권을 행사함으로써 회사의 경영에 참여하게 된다.

2) 의결권의 수(제369조 1항): 주주는 자신이 소유한 1주마다 1개의 의결권 가짐(지분주의).

   cf. 인적회사: 두수주의

3) 의결권 제한

   가. 의결권 배제 및 제한 종류주식

   나. 특별이해관계인이 소유한 주식(제368조 4항)

   다. 감사 선임 시 의결권 제한(제409조2항)

4) 의결권 행사: 기명주식의 경우 현재 주주명부에 주주로서 등재. 기준일을 정한 경우 기준일 현재 주주로 등재되어 있어야 한다.

   가. 의결권의 대리행사(제368조 3항)

   - 의결권대리행사는 정관으로 금지할 수 없다.

   - 위임장을 회사에 제출하여야 한다.

   - 주주의 의결권대리행사에서 대리인은 특별한 자격 제한을 받지 않는다.

   나. 서면에 의한 의결권 행사(제368조의 3)

      a. 의의: 주주는 정관이 정한 바에 따라 총회에 출석하지 아니하고, 서면에 의해 의결권을 행사할 수 있도록 하여 서면에 의한 의결권행사제도를 도입

      b. 요건: 서면에 의한 의결권행사는 정관에 규정을 둔 경

우에만 가능하다.

    c. 효과: 직접 출석한 것과 동일한 효과

다. 전자투표제(제368조의4): 2009년 개정상법에서는 기업경영 효율화와 IT 기술도입을 입법적으로 지원하기 위해 주주가 주총에 출석하지 않고 전자적 방법으로 의결권을 행사할 수 있도록 하는 주총전자투표제를 도입하였다.

라. 의결권불통일행사(368조의2): 주주가 2개 이상의 의결권을 가지고 있는 경우 이를 통일하지 않고 행사할 수 있다.

[Ⅳ] 주주총회의 의장

1) 의장의 선임(제366조의2 1항): 정관에 주주총회의 의장에 대해 정하여 있지 않으면 주주총회에서 주주들이 의장을 선출하여야 한다.

2) 의장의 권한: 의사정리권/질서유지권

[Ⅴ] 주주총회의 결의: 회사의 모든 기관을 구속

[Ⅵ] 반대주주의 주식매수청구권

1) 의의: 영업양도 및 양수, 합병 및 분할합병 그리고 주식의 포괄적 교환 및 이전과 같이 주주의 이해관계에 중대한 영향을 미치는 사항에 대해서 주주총회의 결의가 있는 경우에 이에 반대하는 주주를 보호하기 위해 마련한 제도

2) 요건

    a. 결의사항: 2001년 회사의 영업에 중대한 영향을 미치는 다른 회사의 영업일부의 양수와 주식의 포괄적 이전 및 교환을 추가하였다.

    b. 주식매수청구권자: 결의사항에 대한 주주총회의 승인결의에 대해서 사전에 서면으로 회사에 반대의 통지를 하여야

한다.

3) **절차**: 주주총회의 소집통지 및 공고 → 주주총회 전의 반대
통지 → 반대주주의 주식매수청구권행사 → 주식매수가액
의 결정 → 자기주식취득의 예외 인정(상당한 시기)

[Ⅶ] 주주총회결의의 하자

<주주총회하자 결의의 소>

구 분		결의취소의 소	부당결의취소 변경의 소	결의무효 확인의 소	결의부존재 확인의 소
성질		형성의 소(반드시 소 ○)		확인의 소(반드시 소 ×)	
원인		내용-정관위배 절차-경미	특별이해관계	내용-법령위배	절차-중대한 하자
절 차	who	주/이/감	이해관계 있는 자	제한 ×	제한 ×
	when	2월	2월	×	×
	how	○	×	×	×
효 과	승소	소급효(○)			
	패소	손배책임(악의, 중과실)			

[Ⅷ] 종류주주총회

1) 의의: 회사가 종류주식을 발행한 경우 주주총회의 결의에 의
하여 어느 특정한 종류의 주주에게 손해를 미치게 될 경우
주주총회결의 외에 그 종류의 주식을 가진 주주들만의 결의
를 요하도록 하는데 이를 종류주주총회라 함

2) 종류주주총회의 결의를 요하는 경우: 정관변경/신주배정/회
사합병

3) 결의요건: 출석주주의결권의 2/3 이상의 수와 그 종류의 발
행주식총수 1/3 이상

<핵심체크 6> 지배구조Ⅱ-이사회·이사·대표이사

[Ⅰ] 이사회
1) 의의: 주식회사의 필요적 상설기관. 2009년 개정상법에서는
   소규모회사를 자본금 10억 원 미만인 경우로 개정하여 자본
   총액 10억 원 미만의 회사의 경우에는 1인 또는 2인의 이사
   만으로도 가능하게 하였다. 만약 이사회가 존재하지 않는
   경우 이사회의 승인사항을 주총업무로 이관하였고, 이사회
   의 결의가 있는 때로 명시된 규정은 이를 주총소집통지가
   있는 때로 보기로 하여 문제를 해결하였다.
2) **이사회의 권한**(제393조): 회사의 업무집행에 관한 의사결정
   권과 업무집행감독권을 가짐.
   내용: 주주총회 소집권/대표이사 선임/지배인 선임·해임/지
   점의 설치·이전·폐지/이사의 경업승인/신주의 발행/준비
   금의 자본전입/사채의 발행/중요한 자산의 처분 및 양도, 대
   규모 자산에 차입
3) 이사회의 **소집**(제390조): 원칙적으로 각 이사가 소집할 수
   있으나, 정관 or 이사회의 결의로 대표이사 or 이사회 의장
   과 같이 소집할 이사를 정한 때에는 그 이사만이 이사회를
   소집할 수 있다.
4) **이사회의 결의**(제391조)
   가. 결의요건: 이사 과반수 출석과 출석이사의 과반수로 한다.
      결의요건은 정관으로도 그 비율을 낮게 정할 수 없다.
   나. 결의방법: 서면결의는 ×. 대리인에 의한 의결권행사 ×
   다. 결의의 하자: 민법 일반원칙에 의해 당연 무효라 한다.
5) 이사회의 의사록(제391조의3): 의사에 관하여 의사록을 작성
   하여야 하고, 의사록에 안건, 경과요령, 그 결과, 반대자의
   반대이유를 기재하고, 출석한 이사 및 감사가 기명날인 or

서명하도록 함으로써 책임소재를 분명히 하고 있다.

6) 이사회 내 위원회제도: 2인 이상의 이사로 구성

[Ⅱ] 이사

1) 선임

　가. 자격 – 이사의 자격에 아무런 제한을 두지 않으므로 <u>주주가 아닌 자도 이사가 될 수</u> 있음. 그러나 정관으로 이사의 자격을 주주로 제한 할 수 있다. 정관으로 이사가 가질 주식(**자격주**)의 수를 정한 경우 다른 규정이 없는 경우 이사는 그 수의 주권을 **감사에게 공탁**하여야 한다.

　　- 감사는 회사 및 자회사의 이사가 되지 못한다.

　나. 이사의 수 및 임기(383조)

　　a. 이사의 수: **3인** 이상이어야 함이 원칙(자본총액 10억 미만-1인 or 2인) 2009년 사외이사에 관하 특례규정 도입

　　b. 임기: **3년**을 초과하지 못한다.

　다. 선임방법(제328조 1항): 회사설립 시에 발기인이 선임하거나 창립총회에서 선임하고, 설립 후 주주총회에서 선임한다.

　라. 집중투표에 의한 이사선임(제382조의2): **2인 이상 이사 선임 시** 발행주식총수 3% **이상 주식을 보유한 주주**가 이사후보자 1인에게 집중행사하거나 2인 이상에게 분산하여 투표하는 제도

2) 종임

　가. 임기만료(제386조)

　나. 사임(민법 제689조)

　다. 주주총회의 해임결의(제385조) - 언제든지 특별결의로 이사를 해임 가능

라. 소주주주의 해임청구(제385조2항) - 3% 주주

마. 계속이사와 임시이사(제386조)

3) 권한

이사회의 구성원으로서 회사의 업무집행에 관한 의사결정과 이사의 직무집행에 대한 감독에 참여할 권한이 있다. 그리고 대표이사가 아닌 이사는 원칙적으로 업무집행권한, 대표권이 없다. 이사의 정보접근권 강화

4) 보수(제388조)

가. 의의: 명칭과 형식에 관계없이 이사의 직무집행의 대가로 지급되는 금전이나 현물급여를 모두 포함하는 것을 말한다.

나. 결정방법: 정관에 정한 경우 그에 따르고, 그렇지 않은 경우 주주총회에서 정한다.

[Ⅲ] 대표이사

1) 의의: 회사의 업무를 집행하고 회사를 대표할 독립된 기관이 필요. 대내적으로 회사의 업무집행을 하고, 대외적으로 회사를 대표하는 권한을 가지는 필요적 상설기관이다.

2) 선임(제389조 1, 2항): 대표이사의 선임은 원칙적으로 **이사회의 권한**이다. 하지만 정관으로 주주총회에서 대표이사를 선임할 수 있다. 이처럼 대표이사는 이사회 or 주주총회의결의에 의하지 않고는 선임할 수 없다.

대표이사 자격은 그 회사의 이사이면 충분하고 그 밖의 자격제한은 없다. 정관으로 대표이사 자격을 정하는 것은 무방하다. 대표이사의 수에 대해서는 제한이 없으므로 아무런 제한이 없고 1인도 좋고 수인도 좋다. 대표이사를 선임 시 등기하여야 한다.

3) 종임: 이사의 자격을 전제로 하므로 이사의 지위를 잃으면 당연히 그 자격을 잃는다.

4) 권한: 대내적으로 회사의 업무집행권을 가지고, 대외적으로 회사의 대표권을 갖는다.

가. 업무집행권

나. **대표권**

   a. 대표권 **범위**

     ① 회사의 영업에 관해 재판상, 재판 외의 모든 행위를 할 권한이 있다.

     ② 대표이사의 권한을 내부적으로 제한하여도 선의 제3자에게 대항할 수 없다.

     ③ 이사와 회사 간의 소에 대해서는 대표이사의 대표권이 인정되지 ×

   b. 대표권 **제한**

     ① 법률에 의한 제한(제394조): 이사와 회사 간의 소에 대해서는 대표이사가 대표하지 못하고 감사 or 감사위원회가 회사를 대표한다.

     ② 정관 or 이사회에 의한 제한: 선의 제3자에게 대항하지 못한다.

   c. 대표권 **남용**

     ① 의의: 대표이사가 자신 or 제3자의 이익을 위하여 대표행위를 한 경우

       ex. 대표이사가 자기 개인의 채무를 변제하기 위해 회사 명의로 약속어음을 발행한 경우가 이에 해당한다.

     ② 요건 – 외관상 적법한 행위

       - 자기 or 제3자의 이익을 위한 행위

       - 대표이사의 권한남용으로 인해 회사에 손실 발생

     ③ 대외적 효력: 제3자가 대표권남용행위임을 알고 있거나 알 수 있었을 경우가 아니면 유효하다.

5) 대표이사의 불법행위(제389조 3항, 제210조)
6) 공동대표이사
　가. 의의: 여러 명의 대표이사가 있는 경우 각 대표이사가 마
　　　치 1인의 대표이사처럼 단독으로 업무를 집행하고 회사
　　　를 대표한다. 그런데 이사회의 결정 or 주주총회의 결의
　　　로 여러 명의 대표이사를 공동대표이사로 정할 수 있다.
　　　이 경우 공동의 의사표시로써만 회사를 대표할 수 있다.
　나. **대표권의 범위**(제389조2항, 3항)
　　　- 회사가 3자에 대한 의사표시는, 즉 능동대표는 대표이
　　　　사들이 공동으로만 회사를 대표할 수 있다.
　　　- 거래상대방이 회사에 대하여 하는 의사표시는, 즉 수동
　　　　대표는 공동대표이사 중의 1인에 대해서만 해도 효력
　　　　이 있다.
　다. 대표권 위임 - 판례 허용 ×
7) 표현대표이사
　가. 의의
　　　- 대표이사가 아니면서 대표이사인 것처럼 외관을 나타
　　　　내고, 이 외관을 신뢰한 자가 있었을 경우에는 그 신뢰
　　　　자를 보호하기 위해 대표이사로 취급되는 자를 표현대
　　　　표이사 함
　　　- 상법에서는 사장, 부사장, 전무, 상무 등의 명칭을 사용
　　　　한 이사의 행위에 대해서는 그 이사가 회사를 대표할
　　　　권한이 없는 경우에도 회사는 선의의 제3자에 대하여
　　　　도 그 책임을 진다고 규정(395조)
　나. 이론적 근거 - 외관법리
　다. **요건**
　　　a. 외관의 존재: 사장, 부사장, 전무, 상무 등의 명칭 사용
　　　　(판례는 이사자격이 없는 자라도 표현대표이사가 될

수 있다)

    b. 회사의 귀책사유: 회사가 적극적으로 부여하였거나 그 사용을 허용하였을 것

    c. 제3자의 선의: 선의, 무중과실

라. 법률효과

회사는 대표이사의 행위와 마찬가지로 3자에게 책임을 부담한다. 따라서 표현대표이사에게 대표권한이 없다는 이유로 회사가 표현대표이사의 법률행위의 효과를 부인하지 못한다.

[Ⅲ-1] 집행임원제도(제408조의 2~제408조의 9)

1) 취지 - 기존 이사회는 업무집행기능과 업무감독기능을 동시에 수행하고 스스로 수행한 일을 이사회가 감시하는 자기감시의 한계점을 가지고 있었다. 이사회의 감독기능 활성화 방안으로 2012년 개정상법에 도입되었다.

2) 선임 및 해임

집행임원과 대표집행임원은 선임과 해임은 이사회의 결의에 의한다.

3) 임원의 수 및 임기

회사는 1인 또는 여러 명의 집행임원을 선임할 수 있고, 임기는 정관에 달리 정한 바 없는 한 2년을 초과하지 못한다.

4) 집행임원 설치회사의 이사회 역할

집행임원 및 대표집행임원 선임 또는 해임/ 집행임원의 업무집행에 대한 감독/ 집행임원과 회사와의 소에서 회사를 대표할 자 선임/정관 또는 주주총회 승인 없는 경우 집행임원의 보수결정 등

5) 권한 및 의무

  - 권한: 업무집행권, 의사결정권, 이사회소집청구권

- 의무: 적극적, 수동적 보고의무, 감사 등에 대한 보고의무
6) 대표집행임원

2명 이상의 집행임원이 선임된 경우 이사회의 결의로 집행임원 중에서 회사를 대표할 대표집행임원을 선임하여야 한다. 집행임원이 1인인 경우 그 집행임원인 대표집행임원이 된다. 대표집행임원에 대하여는 상법에 다른 규정이 없는 한 주식회사의 대표이사의 규정을 준용한다. 대표집행임원의 회사의 대표기관이므로 집행임원이 설치된 회사는 대표이사를 둘 수 없다.

이사회의 결의로 공동대표집행임원을 정할 수 있고, 표현대표집행임원제도의 경우 이 들의 행위에 대하여 책임을 부담하도록 하고 있다.

7) 책임
o. 회사에 대한 책임

고의 또는 과실로 법령 또는 정관에 위반한 행위를 하거나 그 임무를 게을리 한 때에는 그 집행임원은 회사에 대하여 손해를 배상할 책임이 있다.(총주주의 동의로 면제 x)
o. 제3자에 대한 책임

악의 또는 중과실로 그 임무로 게을리 한 때에는 제3자에 대하여 손해배상책임을 부담한다.

[IV] 이사의 의무
1) 선관의무
2) 충실의무(제382조의3)
3) 비밀유지의무(제382조의4)
4) 감시의무
5) **경업금지의무**(제397조): 이사회의 승인이 없으면 자기 or 제3자의 계산으로 회사의 영업부류에 속하는 거래를 하거나,

동종영업을 목적으로 하는 다른 회사의 무한책임사원이나
이사가 되지 못한다. → **개입권 발생**
6) **자기거래금지의무**(398조): 이사가 자기 or 제3자의 계산으로
    회사와 거래를 할 때에는 이사회의 승인을 얻어야 한다. 회
    사의 이익을 희생시킬 우려, 이사와 회사 간 이해충돌의 우
    려 때문
7) 회사의 기회 및 자산의 유용금지(제397조의2): 2012년 상법
    에 도입된 제도로서 이사는 이사회의 승인 없이 현재 또는
    장래에 회사의 이익이 될 수 있는 회사의 사업기회를 자기
    또는 제3자의 이익을 위하여 이용하여서는 아니 된다. 이때
    이사회의 승인은 이사 3분의 2 이상의 수로 한다.

[V] 이사의 책임
1) 이사의 회사에 대한 책임
    가. 손해배상책임(제399조 1항): 법령 or 정관에 위반된 행위
        를 한 경우, 임무를 게을리한 경우 회사에 대하여 그 이
        사는 연대하여 손해를 배상해야 함. 소멸시효-10년.
    나. 자본충실책임(428항 1항)
2) 이사의 제3자에 대한 책임(401조) - 제3자 범위
3) 사실상 이사(업무집행지시자): 이사가 아니면서 명예회장,
    회장, 사장, 부사장, 전무, 상무 등 이사의 업무집행을 지시
    하거나 경영권을 사실상 행사하는 자를 회사 및 제3자에 대
    하여 이사와 연대배상책임을 지도록 하는 사실상의 이사책
    임제도

[VI] **이사의 업무집행에 대한 주주의 감독**
1) **이사의 위법행위에 대한 유지청구권**(제402조) - 신주발행유
    지청구권과 비교

가. 의의: 이사가 법령 or 정관에 위반한 행위를 하여 회사에 회복할 수 없는 손해가 생길 염려가 있는 경우 감사(위원회) or 소수주주(발행주식총수 1%이상)는 회사를 위하여 이사에 대해 그 행위를 유지할 것을 청구할 수 있다.

나. 요건: 법령 or 정관에 위반한 행위를 이사가 하려고 해야 함. 이사의 고의, 과실 or 이사의 권한범위에 대해서는 묻지 않는다.

다. 당사자: 감사(위원회) or 1% **주주**

라. 절차: 소송으로서만 행사할 수 있는 것이 아니고 재판 외의 방법인 의사표시로 행사할 수도 있고 또 가처분의 방법을 사용할 수 도 있다.

2) **주주대표소송**

가. 의의: 회사가 이사에 대한 책임추궁을 게을리하는 경우에 주주가 회사를 위하여 이사의 책임을 추궁하기 위해 제기하는 소이다(제403조).

나. 법적 성질: 제3자의 소송담당에 속하는 경우로서 소수주주가 원고가 되고 이사를 피고로 하여 제기하는 소송으로 이해한다.

다. 요건

a. 이사의 책임

b. 주주의 소제기 청구 및 회사의 해태(제403조)

라. 당사자: 1% **주주**/제소당시 요건을 구비한 이상 제소 후 지분율이 1% 미만으로 감소하여도 무방하다.

마. 절차: 소송을 제가한 주주는 곧 회사에 대해 소송의 고지를 하여야 하며 회사는 주주의 대표소송에 참가할 수 있다.

바. 재심(제406조): 원고인 주주와 피고인 이사가 공모하여 회사의 권리를 침해할 목적인 경우 회사 or 주주는 확정

된 종국판결에 대해 재심의 소를 제기할 수 있다.

사. 판결효과
    a. 주주가 승소: 회사에 대해 소송비용 외에 소송으로 인한 상당한 금액 청구
    b. 주주가 패소: 회사에 대해 손해배상책임 부담

<핵심체크 7> 지배구조 Ⅲ-감사 및 감사위원회

[Ⅰ] 감사

1) 의의: **필요적 상설기관**, 감사는 이사, 지배인, 기타의 상업사용인을 겸하지 못한다.

2) **선임**

가. 주주총회에서 선임(409조 1항)

주주총회 보통결의로 함. 의결권 없는 주식을 제외한 발행주식총수 3% 초과하는 수의 주식을 가진 주주는 그 초과하는 주식에 관하여는 의결권을 행사하지 못한다. 2009년 개정상법에서는 소규모 회사에 대해 창업절차 간소화를 위해 감사선임위무를 면제하였다.

나. **감사의 수, 임기 · 보수 등**

감사의 수는 아무런 제한이 없으므로 1인 이상이면 됨. 감사의 임기는 취임 후 3년 내의 최종의 결산주주총회의 종결 시까지이다. 결산기가 취임 후 3년 내에 도달하면 되고 정기총회가 3년 내에 도달할 필요는 없다. 감사의 보수는 이사의 경우와 같다.

다. 종임: 위임관계종료, 임기만료사유와 같다.

라. 권한: 업무 및 회계감사권/영업보고요구권 및 업무, 재산조사권/자회사에 대한 영업보고요구권과 조사권/이사회출석권 및

의견질술권 등/주주총회소집청구권/유지청구권/감사해임
에 관한 의견질술권/회사대표권/각종 소제기권
마. 의무: 선관주의의무/이사회에 대한 보고의무/주주총회에
대한 조사, 보고의무/감사록 작성/감사보고서의 작성, 제출
바. 감사의 책임(제414조)

[Ⅱ] 감사위원회
가. 의의: **주식회사에서 감사에 갈음하여 감사위원회를 설치**
할 수 있게 함. 주식회사가 감사위원회를 설치하려면 우
선 정관에 그에 관한 규정이 있어야 하며, 정관에서 정한
바에 따라 감사에 갈음하여 제393조의2의 규정에 의한
이사회 내 위원회로서 감사위원회를 설치할 수 있다. **감
사위원회를 설치할 경우에는 감사를 둘 수 없다**(제415조
의2 1항).
나. 감사위원회의 구성(제415조의2 2항)
    a. 감사위원회의 수: 이사회 내의 위원회이므로 구성원이
       감사위원은 이사여야 하며, 그 수는 3**인 이상**이어야
       한다.
    b. 선임과 해임 — 이사회가 함.

[Ⅲ] 외부감사인
주식회사의 외부감사에 관한 법률에 의하면 자산총액이 일정
한 기준액 이상인 경우 내부감사외에 회계전문가인 회계법인
또는 감사반에 의한 회계감사를 받도록 하고 있다(외감법 제2
조). 외부감사를 받아야 하는 주식회사는 직전 사업연도 말의
자산총액이 100억 원 이상인 회사를 말한다.

[Ⅳ] 검사인

1) 회사의 설립 시에 변태설립사항과 현물출자의 이행 및 존속 중의 회사의 업무와 재산상태의 조사를 임무로 하는 주식회사의 임시기관이고, 검사인은 성질상 자연인에 한하고 회사의 이사나 감사 및 상업사용인은 검사인이 될 수 없다.

2) 법원에서 선임하는 경우와 주총에서 선임하는 경우가 있다.

3) 검사인의 책임에 대한 아무런 규정이 없지만 위임의 일반원칙에 따라 선관주의의무를 지우므로 이에 위반한 경우 채무불이행책임과 제3자에 대한 불법행위책임을 진다.

[Ⅴ] 준법지원인

1) 자격

상법 제542조의13 제5항에서는 준법지원인의 자격에 대하여 변호사 자격을 가진 사람,「고등교육법」제2조에 따른 학교에서 법률학을 가르치는 조교수 이상의 직에 5년 이상 근무한 사람, 그 밖에 법률적 지식과 경험이 풍부한 사람으로서 대통령령으로 정하는 사람으로서 대통령령으로 정하는 사람 중에서 이사회의 결의를 걸쳐 임명하도록 규정하고 있다. 상법시행령 제41조에 의하면 상장회사에서 감사·감사위원·준법감시인 또는 이와 관련된 법무부서에서 근무한 경력이 합산하여 10년 이상인 사람, 법률학 석사학위 이상의 학위를 취득한 사람으로서 상장회사에서 감사·감사위원·준법감시인 또는 이와 관련된 법무부서에서 근무한 경력이 합산하여 5년 이상인 사람 중 해당되어야 한다.

2) 적용범위

상법 제542조13 제1항 및 제2항에서는 자산 규모 등을 고려하여 대통령령으로 정하는 상장회사는 법령을 준수하고 회사경영을 적정하게 하기 위하여 임직원이 그 직무를 수행할 때 따라야 할 준법통제에 관한 기준 및 절차(준법통제기준) 를 마련하여야 하고, 위의 상장회사는 준법통제기준의 준수 에 관한 업무를 담당하는 사람(준법지원인)을 1명 이상 두어 야 한다고 규정하고 있다.

상법시행령 제39조에서는 준법통제기준 및 준법지원인제도 를 도입해야 하는 범위를 '자산총액 5천억 원 이상인 회사' 로 정하고, 부칙 제5조에서는 "제39조의 개정규정에도 불구 하고 이 영 시행일로부터 2013년 12월 31일까지는 같은 조 중 '5천억 원은'은 '1조 원'으로 본다."고 규정하여 단계적 그 적용범위를 확대하고 있다.

3) 준법지원인의 임면·임기

상법 제542조13 제4항에서는 준법지원인의 임면에 관하여 "이사회의 결의를 거쳐야 한다"라고 규정하고 있다. 임기 중 준법지원인을 해임할 경우 이사회결의로 가능한지에 대해 서는 언급이 없다. 그러나 상법상 준법지원인은 상장회사 표준준법통제기준 제7조 제2항[585]에 의해 이러한 부분이 보 완되고 있다.[586] 또한 상법 제542조13 제6항, 제8항에서는 준법지원인의 임기를 3년으로 하고, 상근으로 한다고 규정 하고 있다. 다른 법률의 규정이 준법지원인의 임기를 3년보 다 단기로 정하고 있는 경우에는 상법규정을 다른 법률에 우선하여 적용하도록 하고 있다.[587]

---

585) **상장회사 표준준법통제기준**
제7조(준법지원인의 임면) ② 준법지원인은 정당한 이유없이 임기 중 해임되지 아니하며, 임기 중 해임을 하는 경우에는 해임사유를 입증할 수 있는 충분한 증거가 제시되어야 한다. 라고 규정하고 있다.

586) 준법지원인의 징계에 관하여는 별도의 규정을 두는 것이 바람직하다. 징계에 의한 해임이외에도 「신체상 또는 정신상으로 준법지원인의 직무수행을 계속하기에 현저하게 부적합한 경우」와 같이 구체적으로 해임사유를 정할 수도 있다. 그러나 준법지원인의 해임요건의 설정과 운영은 준법지원인의 임기와 독립적 직무수행을 규정한 상법 제542조의13 제6항과 제9항의 취지에 어긋나지 않도록 하여야 한다.

587) **상장회사 표준준법통제기준**
③ 준법지원인의 임기는 3년 이상이어야 하며, 상근직이어야 한다고 규정하고 있다.

4) 준법지원인의 의무·책임
　　상법 제542조13 제3항에서는 준법지원인은 준법통제기준의
　　준수여부를 점거하고 그 결과를 이사회에 보고하도록 하는
　　보고의무를, 제7항에서는 선량한 관리자로서 주의의무를,
　　제8항에서는 재임 중뿐만 아니라 퇴임 후에도 직무상 알게
　　된 영업상 비밀을 누설해서는 안 되는 영업비밀준수의무를
　　규정하고 있다. 또한 제9항에서는 회사는 준법지원인의 그
　　직무수행시 필요로 하는 자료나 정보에 대한 제출을 요구할
　　경우에 성실히 응해야 한다고 규정하고 있다. 준법지원인의
　　보고의무를 보더라도 개정상법상 준법통제체계는 구축과
　　운용에 대한 최종적인 의무가 이사회에 있다고 알 수 있다.
　　반면, 준법지원인의 책임에 관한 규정이 없는 것은 준법지
　　원인의 임무해태에 따른 책임을 부담하지 않는다는 것은 문
　　제가 있다.

<핵심체크 8> 자금조달 - 신주발행

[Ⅰ] 신주발행의 의의
1) 개념
　- 수권자본(발행예정주식)의 범위 내에서 회사설립 시에 발
　　행하는 주식을 공제한 미발행주식 중에서 주식을 발행하여
　　자본을 증가시키는 것을 말한다.
　- 우리 회사법의 신주발행은 자금조달수단의 하나로 이해할
　　수 있다.
　- 불공정한 신주발행을 예방하기 위하여 신주발행유지청구
　　권을 주주에게 인정하고 있다(제424조).
2) 신주발행의 종류
　가. 통상의 신주발행(회사의 자금조달 목적)

- 상법 제416조 이하의 규정들
- 주주배정, 제3자배정으로 구분
- 이사회의 결정으로 이루어짐
- 신주발행 효력발생은 납입기일 익일
나. <u>특수한 신주발행(자금조달과 무관)</u>
환주식의 전환, 전환사채의 전환, 신주인수권부사채의 신주인권의 행사, 준비금의 자본전입, 주식배당, 주식병합, 주식분할, 흡수합병 등의 경우에 신주를 발행하는 것

[Ⅱ] 신주인수권
1) 의의: 회사가 신주를 발행하는 경우 주주가 지주비율에 따라 우선적으로 신주를 인수할 수 있는 권리
cf. 상법은 주주의 신주인수권을 법정하고 예외적으로 신기술도입, 재무구조 개선 등의 회사의 경영상 목적을 달성하기 위하여 필요한 경우에 한하여 정관에 따라 주주 외의 자에게 신주를 배정할 수 있다(제418조).
2) 주주의 신주인수권
가. 의의(제418조 1항)
- 주주가 각자 가진 주식 수에 비례하여 신주를 인수할 수 있는 권리
- 추상적 신주인수권(주식과 분리, 양도, 담보제공 ×)
- 구체적 신주인수권(그 신주를 청약하고 배정받을 수 있는 권리)
나. 신주인수권과 주주평등의 원칙 ― 신주인수권은 비례하여 평등하게 이루어져야 함.
다. 제3자의 신주인수권
a. 의의 ― 제3자가 인수할 수 있는 권리 … 제3자에는 특정주주도 포함

b. 제한 – 법률에 의한 경우 이외에는 정관의 규정에 의해 부여

- **제3자 배정은 신기술의 도입, 재무구조 개선 등**

라. 신주인수권의 양도

  a. 의의: 구체적 신주인수권은 양도 가능. 상법은 신주인수권자가 신주인수권증서에 의해 신주인수권을 양도할 수 있도록 하였음(제420조의3 1항).

  b. 요건 – 정관의 규정 or 이사회가 신주발행사항의 하나로서 주주가 가지는 신주 인수권을 양도할 수 있는 것에 관한 사항을 정할 수 있다(제416조 5호).

  - 주주의 신주인수권에 대해서만 양도성을 부여, <u>원칙적으로 제3자의 신주인수권을 양도할 수 없다</u>[예외적으로 신주인수권부사채권자는 이사회의 정함에 따라 신주인수권만을 따로 양도할 수 있다(제516조의 2)].

  c. 양도방법 – 신주인수권증서의 교부

마. 신주인수권증서

  a. 의의 – 신주인수권증서는 주주의 신주인수권을 표창하는 유가증권이다.

  - 제3자의 신주인수권에는 발행할 수 없다(양도 × 때문).

  b. 성질 – 유가증권이다.

  c. 발행 – 이사회가 양도할 수 있음을 정한 경우에 한해서 발행

  d. 효력 - ① 권리추정력
  　　　　　　② 신주인수권의 양도방법(증서의 교부)
  　　　　　　③ 청약방법(신주인수권증서에 의함)

바. 신주인수권의 침해

  주주의 신주인수권을 무시하고 신주가 발행되는 경우에는 **신주발행무효의 소의 원인**되고, 신주인수권을 침해당

한 주주는 **신주발행유지청구권**을 행사

[Ⅲ] 신주발행의 절차(설립 시 주식발행과 비교가 중요)
1) 신주발행사항의 결정(416조)
　가. 결정기관 - **이사회**(원칙)/주주총회도 가능
　나. 결정사항(416조 제1호~6호)
　　a. 신주의 종류와 수
　　b. 신주의 발행가액과 납입기일: 액면초과발행은 무방하나 액면미달발행의 경우 이사회에서 결정하지 못하고 주주총회에서 결정. 주식인수인이 납입하면 그 익일에 주주가 되지만 출자이행하지 않으면 실권하고 실권주가 발생
　　c. 신주의 인수방법: 주주배정, 제3자 배정, 모집 중 어느 것을 할 것인가 결정
　　d. 현물출자에 관한 사항: 회사설립 시와 달리 정관에 규정이 없어도 현물출자를 받을 수 있다.
　　e. 신주인수권을 양도할 수 있는 것에 관한 사항
　　f. 신주인수권증서를 발행한다는 것과 그 청구기간
　　g. 신주배정기준일(제418조 2항)
2) 신주배정기준일 공고(제418조 2항)
　가. 결정 및 공고: 주주명부에 기재된 주주가 신주인수권을 가진다는 뜻과 신주인수권을 양도할 수 있는 경우에는 그 뜻을 기준일 **2주 전**에 공고한다.
　나. 실기주의의: 주식양수인이 배정일까지 명의개서를 하지 않아 주주명부상의 구주의 양도인에게 배정된 신주를 말한다(좁은 의미).
3) 신주인수권자에 대한 청약최고(제419조)
　회사는 청약일을 정하고 그 기일의 2주 전에 신주인수권자

에게 청약을 최고한다. 실권예고부청약최고의 경우 모집설
립의 경우 주식인수인에 대한 **실권예고부납입최고**(제307조)
와 달리 다시 일정한 기일을 정하여 청약최고를 할 필요 없
이 청약기일의 경과로 당연히 실권한다.

4) 주식인수
  가. 청약: 청약과 배정에 의해 주식인수가 이루어짐(신주의
       인수절차는 모집설립과 유사함).
  나. 배정: 배정에 의해 주식의 인수가 성립된다.
5) 출자이행
  가. 납입
      a. 전액납입
      b. 상계: 납입은 상계로서 회사에 대해 대항하지 못한다.
      c. 실권: 납입기일에 납입하지 아니한 때에는 인수인으로
          서의 권리를 잃는다(제423조). 설립 시와 달리 별도의
          실권절차를 거칠 필요 없이 납입기일의 경과로 당연
          히 실권된다.
  나. 현물출자 검사(제422조)
      법원에 검사인의 선임을 청구하여야 한다. 회사 설립 시
      에는 현물출자사항을 원시정관에 기재하는데, 신주발행
      시는 이러한 제한이 없다(제416조).

<신주발행과 설립 시의 주식발행과의 비교>

구분	설립 시 주식발행	신주발행(증자 시)
주식발행사항의 결정사항	발기인 전원동의	이사회
할인발행	불가	설립 후 2년 경과 후 허용
발행목표달성 여부	정관에 설립 시 발행주식 수가 기재되므로 전액인수 납입요	실제로 인수된 주식만 가지고 효력발생(마감발행)
실권	미납으로 인한 실권만 있음	미청약 or 미납으로 인한 실권(최고 없음)
주식인수하자치유(청약서 요건흠결, 착오, 사기, 강박에 의한 무효. 취소 주장)	설립등기 후 바로 치유	증자변경등기 후 1년 경과 후에 무효, 취소 주장 못 함.
현물출자	변태설립사항으로 정관기재학 검사 요함	검사만 필요
주주가 되는 시기	설립등기 후	주금납입기일의 익일
주식청약서 사용주의	주식청약서에 의한 청약	주식청약서 or 신주인수권증서에 의한 청약
비진의의사표시 부적용 및 상계불가	설립 시나 신주발행 시나 같음	

[Ⅳ] 신주발행의 효력발생

1) 일부 미인수의 경우(마감발행)

　　회사설립 시 발행주식총수가 인수. 납입되어야 하는 자본확정의 원칙이 적용되는 데 반하여 **신주발행 시에는 계획된 발행주식에 미달하더라도 기일 내에 인수, 납입된 주식만 발행하고 미인수, 미납입분의 발행은 포기할 수 있다.**

　cf. 납입기일까지 인수 or 납입되지 아니한 주식은 미발행주식으로 남게 되고 이사가 이에 대하여 담보책임도 지지 않는다. 이것은 회사설립 시에 발행하는 주식은 전부 인수 및 납입되도록 하여 자본확정원칙이 적용되고, 이에 대하여 발기인에게 자본충실의 책임을 부여하는 점과 다르다.

2) 효력발생 시기(423조)

  가. 주주가 되는 시기: 납입기일의 **다음 날**부터 주주가 된다.

  나. 주권발행 전의 주식양도: 신주의 효력발생 후에는 주식양
    도가 가능하지만, 주권발행 전에 그 양도는 회사에 대하
    여 효력이 없다. 회사는 신주의 납입 기일 후 지체 없이
    주권을 발행하여야 한다.

[Ⅴ] 신주발행의 등기

1) 변경등기

2) 변경등기의 부수적 효력

  가. 신주인수의 무효. 취소의 제한(제427조)

  나. 이사의 **인수담보책임**(자본충실책임, 제428조) - **납입담보
    책임** ×

[Ⅵ] 특수한 신주발행

구분	주주가 되는 시기	변경등기
준비금의 자본전입	신주배정일	자본총액변경 시 and 발행주식총수 변경 시 언제나 변경등기 필요
주식배당	주식배당 결의한 주총결의 시	
전환주식. 전환사채의 전환	전환청구 시	
신주인수권부 사채의 신주인수권행사	전액납입 시	
합병	변경등기 시	
주식병합 or 주식분할	주주 통지기간 or 채권자보호절차 종료 시	

[Ⅶ] 액면미달발행

1) 의의: 회사가 자금조달을 원활하게 하기 위하여 액면가액 이
  하로 발행가액을 정하여 신주를 발행하는 경우를 말하며, 할

인발행이라고 한다(설립 시 금지).
2) **요건**(제417조 2항 3항)
   가. 회사성립 후 2년이 경과
   나. 주주총회 특별결의
   다. 법원의 인가
3) 발행시기(제417조 4항): 법원의 인가를 얻은 날로부터 1개월 내에 액면미달발행
4) 상각(제455조): 액면미달발행 후 3년 내에 균등액 이상을 상각하도록 함

[VIII] 신주발행유지청구권
1) 의의(제424조): **회사가 법령 or 정관**에 위반하거나 현저하게 불공정한 방법에 의하여 주식을 발행함으로써 주주가 불이익을 받을 염려가 있는 경우에 그 **주주는** 회사에 대해 그 발행을 유지할 것을 청구할 수 있다.
2) 이사의 위법행위유지청구권(제402조)과 비교

위법행위유지청구권	신주발행유지청구권
1% 주주	단독주주
법령·정관에 위배	법령·정관에 위배, 불공정
회사에 회복할 수 없는 손해 발생	주주 자신의 불이익 받을 염려 있을 때
공익권	자익권
사전에 방지하기 위해 주주에게 인정	

3) 요건(제424조)
   가. 신주발행의 위법 or 불공정
   나. 주주의 불이익
4) 절차
   가. 당사자: 주주(단독주주)와 회사(상대방)

나. 청구방법: 행사방법에 특별한 규정 없음. 의사표시로도
　　가능, 소를 제기할 수 있고, 가처분도 가능
다. 청구시기: 사전적·예방적 조치
5) 효과
　가. 회사가 유지청구를 받아들인 경우: 회사는 신주발행의 유
　　지 여부를 결정하여야 한다. 주주의 신주발행유지청구만
　　으로 신주발행절차에 영향을 받는 것은 아니다.
　나. 회사가 유지청구를 무시한 경우: 소를 제기하여 판결이나
　　가처분이 있는데 무시하고 신주발행 하였다면 무효이다.
　　주주가 회사에 대해 유지청구의 의사표시를 한 경우에는
　　무효가 되는 것은 아니다.

[IX] 신주발행의 무효
1) 의의: 신주발행이 유효함을 전제로 하여 전개된 각종 법률관
　계의 안정을 꾀하고 회사를 둘러싼 다수인 간의 법률관계를
　획일적으로 처리하기 위해서 상법은 신주발행무효의 소를
　두어 신주발행의 무효는 일정한 기간 내에 일정한 자에 한
　하여 소로써만 주장할 수 있도록 하였고, 판결의 소급효는
　인정되지 않는다.
2) 무효원인(가급적 엄격하게 인정)
　가. 이사회결의 없는 신주발행
　나. 발행예정주식총수의 초과
　다. 요건을 갖추지 않은 액면미달발행
　라. 현물출자의 과대평가 및 검사절차 불이행
　마. 주주의 신주인수권을 무시한 신주발행
　바. 현저하게 불공정한 신주발행
3) 무효의 소
　가. 당사자 − **주주, 이사, 감사/청산인**(×), 피고는 회사, 이사

가 제소한 때 감사가 회사를 대표함.

  나. 제소기간(제429조) - **6개월**

  다. 절차(제430조) - 제190조 준용

4) 무효판결의 효력

  가. 대세적 효력 – 무효이고 제3자에게도 효력 미친다.

  나. 주식의 실효(제431조) 및 주금납입(제432조) - 소급효 제한

[Ⅹ] 신주발행의 부존재

신주발행의 절차가 전혀 존재하지 않음에도 불구하고 신주발행의 변경등기만 있는 경우 등 신주발행의 외관이 존재하는 경우

[Ⅺ] 불공정한 가액으로 주식을 인수한 자의 책임

이사와 통모하여 현저하게 불공정한 가액으로 주식을 인수한 자는 회사에 대하여 공정한 발행가액과의 차액에 상당한 금액을 지급할 의무가 있다(제424조의 2).

<핵심체크 9> 정관변경 및 자본금 감소

[I] 정관변경

1) 의의: 회사의 사업목적과 조직 및 자본에 관한 사항을 담고 있는 정관의 기재사항을 추가하거나 삭제 or 수정하는 것을 말한다. 정관을 자유로이 변경 가능. 주식회사는 주주총회의 특별결의로 정관을 변경할 수 있다. 정관변경의 범위에 대해서는 제한이 없다.

2) 절차: 주주총회 특별결의 요함. 종류주식을 발행한 경우 종류주주총회 결의

  - 종류주주총회의 결의(435조)

  - 공증인의 인증: 원시정관은 공증 요함. 설립 후는 인증 불요

  - 변경등기: 정관변경 자체는 등기할 필요가 없지만, 정관변경으로 등기사항이 변동되는 때에는 변경등기를 요한다. 하지만 등기가 정관변경의 효력요건인 것은 아니다.

3) 관련문제

  가. 발행예정주식총수의 변경 — 회사가 성립 후 발행예정주식총수를 증가하는 데 아무런 제한을 받지 않게 되었다. 따라서 정관에 기재된 수권주식 수(발행예정주식 수)를 변경하는 데 제한이 없어짐으로써 회사설립 시 발행주식이 1만 주도 설립 후 정관변경으로 발행예정주식총수를 1억 주로 늘릴 수 있다.

  나. 주금액의 변경 - 1주 금액은 정관의 절대적 기재사항이므로 1주의 금액을 인상하거나 인하하려면 정관변경이 필요하다.

    어느 경우든 1주 금액을 100원 이하로 하는 것은 허용 ×

[Ⅱ] 자본감소

1) 의의

가. 회사재산이 과잉이 되거나 회사에 결손이 생긴 경우 자본을 감소할 필요가 있으므로 엄격한 절차를 거쳐 자본을 감소할 수 있도록 하고 있다. 자본은 정관을 절대적 기재사항이 아니므로 **감자에는 정관변경절차가 필요하지 않다**.

나. 자본감소의 종류

  a. 실질적 자본감소(감소한 금액을 주주에게 반환함으로써 순재산도 같이 감소하는 경우)

  b. 명목상의 자본감소(계산상으로만 자본액을 줄이고 순재산은 사외에 유출하지 × 경우)

다. 자본감소제한 – 주식회사는 **5천만 원**의 최저자본금을 유지해야 함=<u>2009년 폐지</u>

2) 자본감소의 방법

주금액을 감소, 주식 수를 감소, 주총특별결의에서 정함

  cf. 주식소각 – 임의소각(주주의 동의에 의해서 일정한 주식을 소각)

               – 강제소각(주주의 의사와는 관계없이 회사가 일방적으로 주식을 소각)

               – 유상소각(주주에게 대가를 지급)

               – 무상소각(대가지급하지 않는 소각)

3) 자본감소의 절차

가. **주주총회 특별결의**

나. 채권자보호절차

다. 자본감소의 실행: 주식의 병합과 강제소각만 상법에서 규정

4) 자본감소의 효력

가. 효력발생시기: 자본감소의 절차를 완료한 때

나. 자본감소차익금의 처리: 자본준비금으로 적립

다. 질권의 효력: 주식의 동일성은 그대로 유지

5) **자본감소무효의 소**

가. 무효원인: 자본감소의 절차나 내용에 하자가 있을 때

나. 당사자: 주주, 이사, 감사, **청산인, 파산관재인 or 자본감소 승인하지 않은 회사채권자**

다. 절차: <u>변경등기일로부터 6개월 내에 제소</u>

라. 판결의 효과: 원고가 승소하면 자본감소는 무효. **소급효가 인정**

<핵심체크 10> 회사의 계산

[Ⅰ] 재무제표

1) 의의: 주식회사 이사는 매 결산기에 재무제표와 그 부속명세서를 작성하여 이사회승인을 얻어야 한다. 주식회사의 결산을 위해 작성하고, 주주총회의 승인을 받아 확정되는 회계서류를 말하는데, 대차대조표, 손익계산서, 자본변동표, 이익잉여금처분계산서 or 결산금처리계산서가 이에 해당한다.

2) 재무제표의 승인절차: 주주총회 보통결의에 의해 승인

[Ⅱ] 준비금

순재산액 중 자본금을 초과한 금액으로서 회사가 주주에게 배당하지 아니하고 사내에 적립한 금액을 말한다.

1) 법정준비금 – 이익준비금(이익을 적립재원으로 하는 준비금)
　　　　　　　 – 자본준비금(영업이익이외 자본거래에서 발생한 자본잉여금을 재원)

2) 임의준비금

[Ⅲ] 이익배당(협의의 이익배당, 현금배당) - 회사의 이익을 주주에게 분배하는 것. 영리법인의 본질

   cf. 중간배당: 연 1회의 결산기를 정한 회사는 영업연도 중에 1회에 한하여 이사회의 결의로 이익을 금전으로 배당할 수 있음을 정관으로 정할 수 있도록 하는 배당

   cf. 현물배당: 2012년 개정상법상 인정

[Ⅳ] 주식배당 - 금전 대신에 새로이 발행하는 주식으로 하는 이익배당

          - 주주총회 보통결의

          - 금전배당과 같이 배당이익이 있어야 배당

          - 발행예정주식총수의 범위 내에서 행함

          - 이익배당 총액 1/2까지

<핵심체크 11> 주식회사의 합병

1) 의의: 둘 이상의 회사가 경제적으로뿐만 아니라 법적으로도 하나의 회사로 통합되는 가장 견고한 기업결합방식이다.
2) 유형
   가. 흡수합병: A회사+B회사=A회사
   나. 신설합병: A회사+B회사=C회사
   다. 간이합병: 합병할 회사의 일방이 합병 후 존속하는 경우 합병으로 인하여 '소멸회사의 총주주의 동의'가 있거나, '소멸회사의 발행주식총수의 100분의 90 이상을 존속회사가 소유하고 있는 때'에는 합병으로 인하여 '소멸회사'의 주주총회의 승인을 이사회의 승인으로 갈음할 수 있다.
   다. 소규모합병: 합병 후에 존속하는 회사가 '합병으로 인하여 발행하는 신주의 총수가 존속회사의 발행주식총수의

100분의 5를 초과하지 아니하는 때'에는 그 '존속회사'의 주주총회의 승인을 이사회의 승인으로 갈음할 수 있다.

3) 경제적 목적: 규모의 경제를 실현하기 위해서라거나, 경영합리화를 위해, 경쟁력 강화를 위해, 시장지배력의 확대를 위해, 부실기업의 구제를 위해 등 여러 가지 목적이 존재한다. 가장 큰 이유는 보다 많은 이윤을 확보해 시장을 독점하기 위함이다.

4) 합병의 자유와 제한

가. 합병의 자유: 상법상 어떠한 종류의 회사와 가능하고, 실제로는 동일한 회사 간에 이루어지며, 주로 주식회사 간에 이루어진다.

나. 합병의 제한(상법상 제한)

a. 합병을 하는 회사의 일방 또는 쌍방이 주식회사 또는 유한회사인 때에는 존속회사 또는 신설회사는 주식회사 또는 유한회사여야 한다.

b. 유한회사와 주식회사가 합병하는 경우 존속회사와 신설회사가 주식회사일 경우 법원의 인가를 요한다.

c. 유한회사와 주식회사가 합병하는 경우 존속회사와 신설회사가 유한회사일 경우 주식회사가 사채를 완료하여야 한다.

5) 합병절차

이사회의 결의 → 합병계약서 작성 → 합병계약승인결의, 주식매수청구(반대주주보호) → 채권자보호 → 합병실행 → 창립총회(신설합병) or 보고총회(흡수합병) → 합병등기

6) 합병의 효과

회사의 소멸과 설립, 권리·의무의 포괄적 승계, 주주의 지위 이전, 질권의 효력

7) <u>합병무효의 소</u>

가. 원인 상법에는 규정이 없으나, 해석론에서는 합병제한규 정위반, 합병계약서의 기재요건 흠결, 합병결의 하자, 채 권자 보호절차 위반, 합병비율의 불공정이다.

나. 당사자 - 원고: 주주, 이사, 감사, 청산인, 파산관재인, 회 사채권자

피고: 존속 또는 신설회사

다. 절차 - **합병등기 후 6월 이내**에 제기, 소 제기 공고와 법 원의 재량기각 및 패소한 자의 연대배상책임 등은 회사 설립무효의 소의 경우를 준용

라. 효과 - 합병무효의 등기, 대세적 효력과 소급효, 합병 전 으로 환원

회사법제와
M&A

초판인쇄 2015년 2월 19일
초판발행 2015년 2월 19일

지은이 박한성
펴낸이 채종준
펴낸곳 한국학술정보㈜
주소 경기도 파주시 회동길 230(문발동)
전화 031) 908-3181(대표)
팩스 031) 908-3189
홈페이지 http://ebook.kstudy.com
전자우편 출판사업부 publish@kstudy.com
등록 제일산-115호(2000. 6. 19)

ISBN 978-89-268-6815-7 93360

이 책은 한국학술정보㈜와 저작자의 지적 재산으로서 무단 전재와 복제를 금합니다.
책에 대한 더 나은 생각, 끊임없는 고민, 독자를 생각하는 마음으로 보다 좋은 책을 만들어갑니다.